Britta Schinzel, Jürgen Taeger, Peter Gorny,
Thomas Dreier, Bernd Holznagel (Hrsg.)

E-Learning im Hochschulverbund

INFORMATIK

Britta Schinzel u. a. (Hrsg.)

E-Learning im Hochschulverbund

Grundlagen und Strategien
hypermedialer Kooperation in der Lehre

Deutscher Universitäts-Verlag

Bibliografische Information Der Deutschen Bibliothek
Die Deutsche Bibliothek verzeichnet diese Publikation in der Deutschen Nationalbibliografie;
detaillierte bibliografische Daten sind im Internet über <http://dnb.ddb.de> abrufbar.

Gefördert durch

 Bundesministerium für Bildung und Forschung

 Ein Projekt im Zukunfts- Investitions- programm der Bundesregierung

1. Auflage September 2004

Alle Rechte vorbehalten
© Deutscher Universitäts-Verlag/GWV Fachverlage GmbH, Wiesbaden 2004

Lektorat: Ute Wrasmann / Frauke Schindler

Der Deutsche Universitäts-Verlag ist ein Unternehmen von Springer Science+Business Media.
www.duv.de

 Das Werk einschließlich aller seiner Teile ist urheberrechtlich geschützt. Jede Verwertung außerhalb der engen Grenzen des Urheberrechtsgesetzes ist ohne Zustimmung des Verlags unzulässig und strafbar. Das gilt insbesondere für Vervielfältigungen, Übersetzungen, Mikroverfilmungen und die Einspeicherung und Verarbeitung in elektronischen Systemen.

Die Wiedergabe von Gebrauchsnamen, Handelsnamen, Warenbezeichnungen usw. in diesem Werk berechtigt auch ohne besondere Kennzeichnung nicht zu der Annahme, dass solche Namen im Sinne der Warenzeichen- und Markenschutz-Gesetzgebung als frei zu betrachten wären und daher von jedermann benutzt werden dürften.

Umschlaggestaltung: Regine Zimmer, Dipl.-Designerin, Frankfurt/Main
Gedruckt auf säurefreiem und chlorfrei gebleichtem Papier

ISBN 978-3-8244-2178-7   ISBN 978-3-322-81235-3 (eBook)
DOI 10.1007/978-3-322-81235-3

Inhaltsverzeichnis

Einleitung 1

Erster Teil: Allgemeine didaktische Analyse

Benjamin Stingl
Neue Medien in der Hochschulbildung: Problemfelder und Perspektiven............3
1. Die Virtualisierung des Klassenzimmers...3
2. Institutionelle Herausforderungen 3
3. Curriculum und Hochschuldidaktik..6
4. Neue Medien...14
5. Zur Planung und Gestaltung von hypermedialen Lernarrangements im Horizont von zeitlich begrenzten Projekten..19
6. Gender Mainstreaming: Geschlecht, Gleichheit, Differenz im Kontext von Bildung und des Einsatzes von Informationstechnologie 22

Bernhard Nett, Bernd Remmele und Britta Schinzel
Anforderungsanalyse und Zielbestimmung im Projekt RION – Rechtsinformatik online...27
1. RION als Verbundprojekt 27
2. Projektziele und Aufgabenbereiche...28
3. Rechtsinformatik: Disziplinarität, Curriculum, Didaktik 30
4. Bemerkungen zur Medienwahl und des Einsatzes von Kommunikationswerkzeugen im Projekt RION 41
5. Genderaspekte...45
6. Begleitende Evaluation 49

Bernd Remmele und Tanja Walloschke
Entwicklung hypermedialer Lernarrangements im Seminarbetrieb des Verbundprojektes RION...53
1. Mediale Transformation der Präsenzlehre...53
2. Restrukturierung der Lehre durch Verbund 61

V

Birgit Huber und Frank Röhr
Ergebnisse der begleitenden Evaluation von RION 75
1. Aufbau der Untersuchung 75
2. Auswertung 76

Zusammenfassung der Ergebnisse 83
1. Hypermedien und Strukturwandel der Hochschule 83
2. RION - Rechtsinformatik Online: Interdisziplinarität – Curriculum – Didaktische Transformation 83
3. Die Rolle der Evaluation für die Entwicklung einer Projektstrategie 86
4. Strategische Umsetzung 86
5. Geschlecht im Kontext von (hypermedialer) Hochschulbildung 89
6. Einsatz der Lernumgebungen JurMOO und ELS 90
7. Fazit 91

Zweiter Teil: Standortspezifische Reflexionen

Daniel Stenner
Einsatz von E-Learning in den Lehrveranstaltungen des Instituts für Informations-, Telekommunikations- und Medienrecht (ITM) 95
1. Lehrverpflichtungen am ITM 95
2. Bisheriger Einsatz von Multimedia im Rahmen der Lehrverpflichtungen des ITM 97
3. Projekt RION 98
4. Zukünftiger Einsatz von RION im Rahmen der Lehrverpflichtungen des ITM 101
5. Resümee 102

Benjamin Stingl
Zur Didaktik der Rechtsinformatik im Bereich Informatik und Gesellschaft 103
1. Der Bereich „Informatik und Gesellschaft" in Forschung und Lehre 103
2. Rechtsinformatische Lehrveranstaltungen im Projekt RION 105
3. Zur Evaluation der Seminare 111
4. Fazit 112

Birgit Kalscheuer
RION-Standort Karlsruhe 115
1. Der Standort Karlsruhe 115
2. E-Learning in Karlsruhe 116
3. Online-Veranstaltungen im Rahmen von RION 117

Anette Linkhorst
RION-Standort Oldenburg 121
1. Zielgruppen an der Universität Oldenburg 121
2. Erstes Online-Seminar (SS 2002) 122
3. Erstes standortübergreifendes RION-Seminar (WS 2002/2003) 123
4. Zweites standortübergreifendes RION-Seminar (SS 2003) 125
5. Schlussfolgerungen 127

Alex Stegemann
Das Online-Seminar Rechtsinformatik der Universität Lüneburg im SS 2003 129
1. Vorbereitung des Seminars 129
2. Durchführung des Seminars 129
3. Fazit 130

Dörte Gerhardt
Rechtsinformatik und computerunterstützte Lehre an der Universität Hannover: Der EULISP Virtual Classroom 133
1. Rechtsinformatik in Hannover 133
2. Zielgruppe 136
3. Der EULISP Virtual Classroom (EULISP-VC) 140
4. Ausblick und Einbeziehung der Projektergebnisse des RION-Projektes 144

Roman Mülchen
Entwicklung der Lernplattform und des Juristischen Informationssystems im Projekt „RION – Rechtsinformatik Online" 147
1. Der Standort Oldenburg 147
2. Einsatz einer Lernplattform 148
3. Auswahl einer Lernplattform 149
4. Installation 154

VII

5. Erweiterung der Lernplattform 159
6. Juristisches Informationssystem RechtsInformatik (JIRI) 164
7. Transformation in entsprechende Ausgabeformate (technische Realisierung) 170
8. Ausblick..176

Britta Schinzel
Empfehlungen zum Gender Mainstreaming in Projekten zu Neuen Medien in der Bildung 179
1. Geschlechterkonzepte 179
2. Gendersensitive E-Learning-Projekte 181
3. Systematisierungen 188
4. Empfehlungen zu E-Learning-Projekten 194
5. Evaluation 205

Literaturverzeichnis 211

Einleitung

Vom März 2001 bis zum August 2003 wurde das vom Bundesministerium für Bildung und Forschung im Rahmen des Programms 'Neue Medien in Bildung (Hochschule)' geförderte Verbundprojekt RION - Rechtsinformatik Online durchgeführt. Neben dem Institut für Informatik und Gesellschaft Freiburg, Abt. 1 Modellbildung und soziale Folgen, das für den ersten Teil dieses Bandes verantwortlich zeichnet, waren daran Hochschulen in Oldenburg, Münster, Karlsruhe, Darmstadt, Berlin, Göttingen und Hannover beteiligt.

Das BMBF verfolgte mit dem Förderprogramm ‚Neue Medien in der Bildung (NMB)' die Absicht, einen Beitrag zu der umfassenden fachlichen und finanziellen Herausforderung im Bildungsbereich zu leisten und die Grundlagen für eine durchgreifende und breite Integration der Neuen Medien als Lehr- und Lernmittel in Aus- und Weiterbildung zu schaffen. Gefördert wurden Projekte, die es sich zum Ziel gesetzt hatten, einen Mehrwert durch den Einsatz neuer Medien im Bereich des Lehrens und Lernens zu schaffen und den durch die Globalisierung und die IuK-Techniken induzierten Strukturwandel im Bildungsbereich zu forcieren (vgl. die NMB-Förderausschreibung). Im Projekt RION stand in diesem Zusammenhang die nachhaltige Entwicklung von Lehr- und Lernformen mit multimedialer Unterstützung im Studienbereich Rechtsinformatik im Mittelpunkt. Dazu gehörten Formen des kooperativen Lernens und kooperative Problemlösungsstrategien für die Praxis ebenso wie die Verbesserung der interdisziplinären Zusammenarbeit der an RION beteiligten Institute und Fächer (Jura, Informatik, Wirtschaftswissenschaften) und natürlich die Produktion von Studienmaterialien für die verschiedenen Teilbereiche der Rechtsinformatik im Rahmen des 'Juristischen Informationssystems Rechtsinformatik', sowie ferner eine Reflexion auf die geschlechterrelevante Bedingungskonstellation.

Dieser Band fasst im ersten Teil die Ausgangsbedingungen, die Unternehmungen der verschiedenen Arbeitsbereiche sowie die entsprechenden Evaluationsergebnisse zusammen, und versucht sie in den größeren Kontext des E-Learning zustellen. Zu diesem Zweck wird zunächst in einer ausführlichen Einführung in das Themenfeld „Neue Medien in der Hochschulbildung" der enge Zusammenhang zwischen fächerdifferenter, disziplinärer Hochschulstruktur, curricularer Ausrichtung und didaktischem Profil skizziert. Die Frage nach einer didaktisch sinnvollen Integration von Elementen des E-Learning in die Hochschulbildung lässt sich diesem Ansatz folgend u.a. nur von der Bestimmung des Grades der curricularen Fixierung und damit von der davon determinierten Lehr-Lernkultur her begreifen.

Waren und sind bis heute die meisten der an RION beteiligten Studiengänge durch einen instruktionistisch orientierte Lehre geprägt, führt die Auseinandersetzung mit dem Wissensbegriff didaktischer Konzepte und die Analyse der Struktur der Wissens- und Kommunikationsordnungen neuer Medien in eine konstruktivistische und kommunikationsorientierte Perspektive, in der Wissen als komplexer Zusammenhang erscheint, der in einem kontextuell entwickelten Rahmen von den Lernenden selbst erst zusammengefügt werden muss. Entscheidend ist in diesem Zusammenhang damit auch die Stärkung kooperativer Lernformen. Denn neben dem überholten Wissensbegriff bleibt die instruktionistische Lehrkonzeption, auch was die Organisation der sozialen Dimension des Lernens betrifft, begrenzt. Gerade in Hinsicht auf die Interdisziplinarität der Rechtsinformatik wurde in RION versucht, konstruktivistische und kooperative Elemente in der Lehre zusammenzuführen.

Eine zentrale Bedeutung bei der didaktischen Ausrichtung im Zusammenhang mit der Einführung neuer Medien kam auch der Berücksichtigung geschlechtsspezifischer Unterschiede zu. Die Frage nach dem Geschlecht erweist sich in diesem Kontext nämlich gleichzeitig als Frage nach divergenten Sozialisations- und Kommunikationskulturen, die unterschiedliche Anschlüsse in Unterrichtsmethodiken und Technikzugängen finden können. In dieser Perspektive steht eine Grundlagenforschung im Bereich der Bildung (auch in ihrer Ergänzung durch neue Medien) gerade erst in ihren Anfängen.

Neben den zusammenfassenden didaktischen Anforderungs- und Zielanalysen im Kontext des Einsatzes hypermedialer Kommunikationswerkzeuge sowie der Schilderung der Umsetzung des entwickelten strategischen Seminarkonzeptes versammelt der Band acht weitere Beiträge, die jeweils einen standortspezifischen Blick auf das Verbundprojekt oder auf spezifische Kernprobleme, wie den Betrieb einer Lernplattform oder geschlechtlich Dimensionen des E-Learning, werfen. So berichten die AutorInnen zum einen von den unterschiedlichen institutionellen Rahmenbedingungen und ihren individuellen Erfahrungen bei der Durchführung der Seminare im Rahmen des RION-Projekts und weiterer E-Learning-Initiativen. Zum anderen finden sich ein Beitrag mit der Schilderung der technischen Details des während der Projektlaufzeit aufgebauten juristischen Informationssystems JIRI sowie Empfehlungen zum Gender Mainstreaming in Projekten im Feld der Neuen Medien in der Bildung.

Erster Teil: Allgemeine didaktische Analyse

Neue Medien in der Hochschulbildung: Problemfelder und Perspektiven

Benjamin Stingl

1. Die Virtualisierung des Klassenzimmers

Ausführlichere Untersuchungen zur Geschichte der Idee des computervermittelten Lernens (Sacher 1990, Beck 1998) zeichnen ähnliche Bilder: Forderungen und Vorstellungen wie die vom „virtuellen Klassenzimmer" und einer grundsätzlichen „Entschulung" tauchen regelmäßig in bildungspolitischen Debatten auf, obwohl diese bereits vor rund drei Jahrzehnten entwickelt wurden und nicht realisiert werden konnten (Urhahne et al. 2000). Inzwischen wird die mittlerweile konkreter erfahrbare Technik genauer beschrieben als in älteren Szenarien, und auf diese Weise gewinnen Szenarien an Plausibilität. Es besteht die Gefahr, dass die Bereiche der Hochschulorganisation, Pädagogik und Didaktik in diesem Zusammenhang ausgeblendet oder zumindest wesentliche Aspekte nicht genug berücksichtigt werden. Der Einsatz neuer Medien in der Hochschule weist einen engen Zusammenhang mit organisatorischen und (bildungs-)politischen Fragestellungen auf. Im Kontext einer geforderten Integration neuer Medien in die Hochschule versucht diese Einführung den Blick daher zunächst insbesondere auf diese Fragekomplexe zu richten.

2. Institutionelle Herausforderungen

2.1 Expansion der Hochschule und die Folgen

Die deutsche Hochschullandschaft sieht sich seit einiger Zeit einer strukturellen Herausforderung gegenüber. Es existieren Spannungsmomente zwischen einerseits neuen Funktionen, die die Hochschulen angesichts tief greifender Veränderungen übernehmen müssten und älteren Strukturen, in denen sie verhaftet bleiben (vgl. zum Folgenden Wolter 1999). Zu dem potentiellen Funktionswandel beigetragen haben in erster Linie die gewaltige Expansion des Hochschulbesuches und die institutionelle Diversifikation der Hochschulen und Fachbereiche. Diese Expansion des Hochschulbesuchs ist wiederum eng mit einem Wandel der Sozial- und Berufsstrukturen in modernen Gesellschaften und einem veränderten Bildungsbewusstsein und Bildungsverhalten verknüpft. Die Öffnung der Universität für Studierende und Lehrende aus allen gesellschaftlichen Bereichen sowie die Professionalisierung der akademischen Berufe führt in eine starke Vergesellschaftung der Universität. Was ursprünglich Elitenbildung für einen knappen Prozentsatz der Bevölkerung war, hat sich von einem Privileg in einen rechtlich geschützten und gesellschaftlich gewünschten Anspruch auf Bildung verwandelt. Damit geht auch die Vorstellung einher, dass die Hochschulen auf die spezifische Nachfrage eines dynamischen Arbeitsmarktes reagieren. Hochschulen müssten auf diesen Funktionswandel eigentlich mit einer weitreichenden strukturellen Umgestaltung reagieren, die kaum ein Handlungsfeld im Makro- oder Mikrobereich der Hochschulentwicklung unberührt lässt. Die teilweise unbefriedigende Situation einer nicht ausreichenden Umgestaltung hat ihre wesentliche Ursache in der Auseinanderentwicklung zwischen Nachfrage, Aufgaben und Ressourcen und einer nicht durchgeführten institutionellen Modernisierung.

2.2 Strukturprobleme

Viele Struktur- und Organisationsmerkmale der Universität entspringen dabei noch einer alteuropäischen Tradition. Dazu zählt beispielsweise die Gliederung nach dem Fachprinzip in Fakultäten, die Ämterstruktur, das akademische Graduierungswesen, die körperschaftliche Verfassung, das Kooptationsprinzip bei der Berufung der Professorinnen und Professoren oder die Immatrikulation.

Als Merkmale der klassischen deutschen Universität des 19. Jahrhunderts finden sich heute noch das Prinzip der Lehrfreiheit (akademische Autonomie), die enge Verbindung zwischen Forschung und Lehre als konstitutive Aufgabe der Universität und als Kriterium für den wissenschaftlichen Nachwuchs sowie die Betonung des Prinzips eines selbsttätigen Lernens durch Teilnahme an der Forschung und der persönlichkeitsbildenden Funktion des Studiums („Bildung durch Wissenschaft").

Der Kulturföderalismus der verspäteten Nation Bundesrepublik Deutschland hat zudem zu einer bevorzugten Rolle der Länder in der Bildungspolitik geführt, die im Wechselverhältnis von Ministerien und Hochschulen eine ständig erweiterte administrative Detailkontrolle und -normierung des Hochschulwesens eingesetzt hat, die sich nicht zuletzt in der Regelungsdichte von Prüfungs- und Studienordnungen zeigt, die sich wiederkehrend mit dem Problem der vereinheitlichenden Anforderung von Gleichartigkeit und Gleichwertigkeit der Studienleistungen zu beschäftigen hat.

Neben den genannten Herausforderungen zwingen die sich wandelnden Produktionsweisen der postindustriellen Wissensgesellschaft die Hochschulen zu einer veränderten Standortbestimmung. Im Zuge dieser Entwicklung entstandene Ansprüche drängen die Universitäten mehr und mehr in die Rolle eines Dienstleisters. Neben Weiterbildungsangeboten sollen sie sich vermehrt dem Wissens- und Technologietransfer, regionalen Dienstleistungsaufgaben sowie der expliziten Vermittlung von sog. Schlüsselqualifikationen widmen.

2.3 Aspekte der Studienreform und der Fächerdifferenzierung

In der Studienreformdebatte besonders in der Folge des Bologna-Prozesses[1] haben diese Ansprüche zu einer angestrebten inhaltlichen und zeitlichen Straffung des Studiums durch Neuordnung des Prüfungs- und Graduiertenwesens (Einführung von Master- und Bachelorstudiengängen) geführt. Diese Neuordnung beinhaltet eine stärkere konsekutive Strukturierung des Studiums und eine Neudefinition des Verhältnisses von Erstausbildung und Weiterbildung, Berufs- und Wissenschaftsbezug.

In der Situation der Überlast durch chronische Unterfinanzierung und aufgrund der Unbeweglichkeit bestehender Steuerungsinstrumente setzen die Verwaltungsführungen der deutschen Hochschulen zusätzlich auf ein verändertes, autonomeres operatives Paradigma: In den Vordergrund rücken betriebswirtschaftliche Kriterien wie Effektivität, Effizienz und (internationale) Wettbewerbsfähigkeit. Im Fahrwasser des Wettbewerbs und des bestehenden Systems der Forschungsförderung vollzieht sich ein zunehmender Druck zur inter- und intrainstitutionellen Ausdifferenzierung von Fach- und Spezialgebieten an Hochschulen des gleichen Sektors bzw. Typs, die den Einrichtungen ein unverwechselbares Profil sichern sollen. In der Folge entstehen zunehmend arbeitsteilige Prozesse und Schwerpunktbildungen. Faktoren wie Reputation, Status und Größe entscheiden künftig über Fortbestand von wissenschaftlichen Einrichtungen. Es handelt sich also bei der Ausdifferenzierung bzw. Profilbildung von Fach- und Spezialgebieten keineswegs (nur) um eine intellektuelle Erscheinung, sondern auch um eine soziale und institutionelle Entwicklung, die sowohl akademische Karrieren als auch die Fachkulturen und deren Kommunikation und Kooperation beeinflusst.

---

[1] In der Bologna-Erklärung vom 19. Juni 1999 haben die für Hochschulwesen zuständigen Minister von 30 europäischen Staaten beschlossen, bis zum Jahr 2010 einen einheitlichen Europäischen Hochschulraum zu verwirklichen und zu diesem Zwecke auf eine Konvergenz der Hochschulsysteme in Europa hinzuarbeiten. Eckpunkte sind u.a. die Einführung eines Studiensystems, das sich im Wesentlichen auf zwei Hauptzyklen stützt und sich durch ein einheitliches Leistungspunktsystem und Modularisierung der Studiengänge auszeichnet.

2.4 Disziplinarität und Interdisziplinarität

Die Profilbildung sich neu strukturierender Bereiche und die damit einhergehende Kanonisierung von Lehreinheiten im Rahmen der Modularisierung von Master- und Bachelorstudiengängen ist ein sensibler Prozess. Mit der Umstrukturierung geht eine gesteigerte Verantwortung zur Entwicklung und Implementierung geeigneter Verfahren der Qualitätsprüfung und -sicherung insbesondere in Bezug auf die Entwicklung von Curricula Hand in Hand. Denn Voraussetzung für eine gelungene Profilierung ist einerseits eine Verständigung über Ziele und Aufgaben der Hochschule und des Studiums ebenso wie eine Aufarbeitung und (didaktische) Darlegung der eigenen Disziplinarität. Fachbereiche die ein (eigenes) Profil behaupten, brauchen die Bestimmung der Analyseebene der Erfahrungsobjekte, denen sich ihr Fach zuwendet: Wie macht sie diese fasslich und erklärbar (Klüver 1977)?

Oft beherbergen Fächer mit leitenden Disziplinaritäten auch welche, die sie mit anderen gemeinsam haben. Bei Forschungsgegenständen, Methoden und Erkenntnisinteressen ergeben sich zahlreiche Überschneidungen. Das Postulat einer leitenden Disziplinarität wird durch einen geeigneten Theorieentwurf, ein Paradigma nachgewiesen, das durch sein theoretisches Integrationsniveau zu überzeugen weiß (Heckhausen 1987). Die Rolle der Interdisziplinarität und damit ihre Qualität bestimmt sich dabei in Forschung und Lehre dadurch, inwiefern sie ein Medium der Selbstreflexion des Wissens sein und den Blick auf die disziplinären Zuständigkeiten und den jeweiligen Forschungs- und Lehrbedarf eröffnen kann (Weingart 1987). Für die Forschung scheint das oft klarer als für das forschende Lernen der Studierenden. Denn nicht nur die Gegenstände definieren die Disziplin, sondern die Art und Weise wie theoretisch und methodisch mit ihnen umgegangen wird. Durch die Problementwicklungen an den Forschungsgegenständen selbst wird die Interdisziplinarität durch Paradigmen und Theorien verschiedener Disziplinen wieder in die differenzierten Fächer hereingebracht; wo dies geleugnet wird, werden nicht nur institutionelle Barrieren, sondern auch Erkenntnisgrenzen errichtet, gerade für den Lernprozess der Studierenden (Mittelstrass 1996: 8ff.).

3. Curriculum und Hochschuldidaktik

3.1 Qualifikation vs. Zertifizierung

Aus der mit der Neuordnung der Studiengänge einhergehenden Forderung, die Lehre praxisnäher und verstärkt auf berufliche Tätigkeiten hin zu gestalten und dabei gleichzeitig interdisziplinäre Zusammenhänge und Schlüsselqualifikationen vermitteln zu wollen, ergibt sich ein immanentes Spannungsverhältnis (vgl. Höhn & Block 1997). Der vermeintliche Gegensatz erwächst mit aus der Vorstellung, es müssten berufsnotwendige Kompetenzen und Studieninhalte zu engst möglicher Deckungsgleichheit gebracht werden. Ein so verstandener 'Praxisbezug' setzt sich jedoch der Gefahr aus, dass viele, gerade aktualisierte Lehrinhalte bereits wieder veraltet sind, kaum dass ein Absolventenjahrgang sie durchlaufen hat. Von Seiten vieler Arbeitgeber besteht jedoch an einem Wettrennen dieser Art kein Interesse. „Praxisbezug" ist dem Institut der deutschen Wirtschaft zufolge „keineswegs" gleichbedeutend mit „enge[r] Ausrichtung an mittel- und kurzfristigen, berufsfeldbezogenen Qualifikationsinhalten der Wirtschaft", sondern vielmehr definiert durch „die Schlüsselqualifikationen Soziale Kompetenz und Transferfähigkeit"; d.h. durch „die Fähigkeit, das an der Hochschule erworbene Wissen zur Lösung der Problemstellungen in der betrieblichen Praxis anzuwenden", durch „Kommunikationsvermögen" und durch Teamfähigkeit (Konegen-Grenier 1997). Für Initiativen, u.a. die des BMBF, die einen durch Globalisierung und IuK-Technologien induzierten Wandel (der in dieser Hinsicht noch näher zu bestimmen sein wird) ernst nehmen wollen, hat die genannte Forderung zunächst Konsequenzen insbesondere in curricularer und didaktischer Hinsicht. Die Pole, zwischen denen die Gewichte zu verschieben sind, heißen dann nämlich nicht mehr „Theorie" und „Praxis", sondern „Problemorientierung" und „Prüfungsorientierung". Ob die Inhalte der Lehre „praxisnahe" oder „wirklichkeitsfremde" Akzente setzen, spielt für die Betriebsdynamik einer Hochschule derzeit eine untergeordnete Rolle. Sie ist zunächst primär eine Zertifizierungsorganisation. Eingangs-, Vor-, Zwischen-, Haupt- und Nebenprüfungen, „Leistungsnachweise" aller Art segmentieren je nach Fach mehr oder weniger rigide das Curriculum in eine Vielzahl abzuarbeitender Sequenzen. Das gesamte Lehrangebot ist häufig eine Abbildung von Studien- und Prüfungsordnungen. Entsprechend wird im Verhältnis zu den Studierendenzahlen dann auch der Personalbedarf für die Veranstaltungen berechnet. Anbieter, Nachfrager und Finanzierer der Lehre sind hier notgedrungen zur Übereinstimmung gezwungen.

3.2 Lehrveranstaltungstypen und Interaktion

In der deutschen Hochschullandschaft haben sich auf diese Weise im Zusammenhang mit dem Semesterschema als Zeittaktgeber bestimmte Lehrveranstaltungstypen etabliert, welche bestimmte Implikationen sprachlicher Kommunikationsmodelle und ihrer lerntheoretischen und pädagogisch-didaktischen Ausdeutung nach sich ziehen. So stehen in weiten Teilen der akademischen Umgebung noch die monologischen Veranstaltungstypen der Vorlesung und Übung im Vordergrund. Die Veranstaltungsform des

Seminars dagegen ist eine Kombination aus Einzel oder Gruppenarbeit und Plenumsarbeit. Hier steht das dialogische Moment im Vordergrund, bei dem die Sprecher sich in einer Dyade abwechseln (sog. „turn-taking"), d.h. eine Diskussion. Eine befugte Person beginnt und richtet sich an mehrere andere Personen. Zwar können die anderen Personen auch in ihrer dialogischen Einbindung Befugnisse erwerben, jedoch behält die Person mit der Ausgangsthese oder -fragestellung durch seine Vorgaben die Kontrolle über den Verlauf der Konversation. In Lehrveranstaltungen an Universitäten füllen oftmals ProfessorInnen oder TutorInnen die Rolle derjenigen aus, die die Diskussion initiieren und kontrollieren. Der Verlauf der Diskussion hängt von der Beibehaltung des dyadischen „turn-taking" ab, die über die Kontrollierenden läuft.

3.3 Zum Lern- und Wissensbegriff didaktischer Konzepte

Bereits seit den kognitionstheoretischen Vorstellungen von Dewey (Dewey 1916), über gedächtnispsychologische Thesen von Bartlett (Bartlett 1932), kognitionspsychologische Überlegungen von Bruner (Bruner 1966), bis hin zum entwicklungspsychologisch geprägten Denken von Piaget (Piaget 1954) und Wygotski (Wygotski 1974) besteht Einigkeit darüber, dass Lernen ein konstruktiver Prozess ist, in dem der Lernende aktiv auf Grundlage seines Vorwissens und unter Berücksichtigung sozialer, situationaler und kultureller Gegebenheiten Bedeutungszuweisungen vornimmt.

Der Kern aller hochschuldidaktisch, lernpsychologisch und kommunikationstheoretisch reflektierten Einsichten liegt zunächst in der Überlegung, dass es die Untersuchung von Differenzen in Diskursen sind, die eine relevante Lernentwicklung ermöglichen können (Miller 2003). Die Frage nach dem Vorwissen und damit das Grundproblem, das sich aber dabei aus der Sicht der didaktischen Aufbereitung durch Hochschullehrende ergibt, lautet: ExpertInnen können benennen, was sie wissen und können. Sie können aber selten erklären, wie sie sich dieses Wissen und Können angeeignet haben. Ein Problem dieses Wissens, das an anderer Stelle „implizites Wissen" (Polanyi 1985) genannt wurde, ist, dass es sich beim Akt der Gedächtnisbildung um eine Art „Vergessen hinein in die Struktur" der Subjekte handelt. Veranschaulicht werden kann dies mit dem Begriff der „Verdichtung" (Winkler 1993, 2002). Das Strukturmoment der Verdichtung lässt sich wiederum anhand der Analogie der Struktur der Sprache veranschaulichen. Das Problem der Wörter und ihrer Bedeutung ist, das diese dazu tendieren, ein komplettes Argument in sich einzuschließen, das zu erklären mindestens einen ganzen neuen Satz erfordert. Mehr noch sind sie Treffpunkte der verschiedenartigsten Ideen, die das sprachliche Lexikon als das Ergebnis einer gigantischen Verdichtung erscheinen lassen. Zentral für die Beherrschung des Lexikons ist dabei die

Kenntnis von Konnotationen, also die Anwendbarkeit der Wörter in (Handlungs-)Kontexten und damit die Steuerung ihrer Bedeutung. Auf diese Weise kommt auch ein historisches Moment ins Spiel, weil die Konnotationen immer auch als Ablagerungen vergangener Diskurse gedacht werden müssen. Auf der Ebene des Subjekts bedeutet dies, dass das Gedächtnis, wenn es mit dem Neuem konfrontiert wird, eine Vielzahl von Schemata und Skripte ausprobiert (alle entweder im Aufbau, Abbau oder Umbau befindlich). Dabei wird das Wahrgenommene auf Ähnlichkeit und Differenz geprüft und (kumulativ) in das System der Ähnlichkeiten und Differenzen eingehen (Winkler 1993). Texte und Kontexte bilden eine Ebene der Explikation; sie schreiten jene Verbindungen ab, die Begriffe als Assoziationen im Netz der Sprache verorten.

Die zentrale Aufgabe des Lernens und der Didaktik ist also eigentlich eine Dekondensierung und Dekompilierung von Wissen, die den regelhaften (Auf-)Bau von Schemata, und damit die Relationierung von Begriffen als Abstraktion zuallererst ermöglicht.

3.4 (Gemeinsame) Wissenskonstruktion im Hochschulseminar

Mit diesen Einschätzungen kann in der theoretischen und methodologischen Diskussion über die Möglichkeiten einer (gemeinsamen) Wissenskonstruktion im Kontext der Hochschule Stellung bezogen werden. In Übereinstimmung mit den meisten Ansätzen wird die Rolle der Sprache als wichtigstes Mittel kognitiver Transformationsprozesse betont. Daneben müssen im Diskurs mit anderen Mitgliedern einer sozialen Gruppe kompetentere andere das Subjekt im Diskurs dadurch unterstützen, dass sie ihm helfen, die Adäquatheit von Kontexten zu beurteilen (Fischer 2001: 18). Die Wissenskonstruktion im Diskurs ist dabei zumindest anhand zweier Dimensionen zu analysieren: Relevant ist sowohl eine epistemische Dimension zur Spezifizierung aufgabeninhaltsbezogener Handlungen, die eine Wissenskonstruktionsaufgabe mit sich bringt, als auch die Dimension der Kokonstruktion, auf der die Interaktion bei der gemeinsamen Wissenskonstruktion spezifiziert wird, um analysieren zu können, wie eine bestimmte Handlung in einer Gruppe durchgeführt wird (ebd.: 40).

Vor diesem Hintergrund kann sich z.B. die Veranstaltungsformen des Seminars und der Tutorate als Kombinationen aus Einzel(Gruppen-)arbeit und Plenumsarbeit als ein geeignetes Instrument der (gemeinsamen) Wissenskonstruktion erweisen. Im Bereich der Einzelarbeit mit der Lektüre von Texten und deren strukturierender Zusammenfassung liegt das Potential in der Möglichkeit kognitiver Elaboration in der Rekonstruktion bzw. Neukonstruktion thematischer Progressionen. Der Erfolg ist dabei allerdings davon abhängig, inwiefern es durch die Auswahl, Anordnung und Strukturierung der Seminarmaterialien (Aufgabeninhaltsbezug) gelingt, die Reflexion auf den Prozess der

Etikettierung und auf den Prozess der Evaluation von Wissensdomänen einerseits präzise und andererseits so individuell wie möglich zu unterstützen. Dazu gehören Hinweise darauf, nach welchen Klassifikationskriterien das für die jeweilige Themenbearbeitung benötigte Wissen in Wissensdomänen segmentiert, klassifiziert und vernetzt ist. Zweitens ist insbesondere bei interdisziplinären Transferleistungen Voraussetzung, die Parameter des Transfers offenzulegen, also die Kriterien der Relevanz, nach welchen Wissen aus einem anderen Gebiet ausgewählt und in das differenzierende Schema des eigenen Gebietes integriert wird. Wesentlich gerade für berufsbildende und damit weniger wissenschaftliche Fächer sind dabei Hinweise, dass wissenschaftliche Wissendomänen paradigmen-, theorie- und/oder methodenbasiert konstituiert sind (Antos 2000).

3.5 Lernaufgaben und (externe) Repräsentationen

Einzubringende Lernaufgaben zur Initiierung analytischer und produktiver Problemlösevorgänge sind dabei also als offene Konstruktionsaufgaben zu verstehen, die neben der Reflexion der Wissensdomänen jeweils auch das Wissen des Seminarleiters über die Natur der Informationsverarbeitung des Lerners, das Wissen über seine kognitive Strategien, seine Vorerfahrung mit Lernaufgaben, und auch sein Vorwissen über die Arten der Zielsetzungen von Lernaufgaben adressieren (Seel 2000: 241f.). Erst dieses Wechselspiel metakognitiver Prozeduren und Strategien ermöglicht mittel- und langfristig schließlich auch den Erwerb der von vielen Seiten geforderten Schlüsselkompetenzen „Transferfähigkeit" und „Problemlösekompetenz", also die Fähigkeit zur Übertragung und Anwendung von „Wissen" und Fertigkeiten auf neue Aufgaben- und Problemstellungen.

Positiv unterstützt werden kann der skizzierte Typus von Aufgabenstellungen aus didaktischer Sicht durch den Einsatz von externen Repräsentationen. Um die konzeptuelle wechselseitigen Bezug von Ideen in komplizierteren Wissensdomänen zu illustrieren, empfiehlt es sich, multiple Repräsentationen der involvierten Schemata anzustreben (vgl. in diesem Zusammenhang zu einer gendersensitiven Mediendidaktik Schinzel 2003). Besondere Bedeutung erfahren hierbei z.B. fallbasierte Szenarien mit praktischen Anwendungskontexten, weil diese Lernern einerseits erlauben ihre eigenen Wissensrepräsentationen auszubilden, um diese zukünftig in verschiedenen Situationstypen anzuwenden, und andererseits weil hier durch Vergleiche und Kontrastierungen der Übereinstimmungen und Differenzen der verschiedenen Fälle multiple Perspektiven und verschiedene thematische Zugänge eröffnet werden können (Spiro et al. 1988).

Insbesondere zur Verständnisförderung interdisziplinärer Erschließungsleistungen eignet sich der didaktische Einsatz von Modellen. Der Ansatz der didaktischen Transformation unter Zuhilfenahme von Modellen zielt einerseits darauf, relevante Aspekte abzubilden, andererseits dafür lernirrelevante Aspekte zugunsten der Betonung und Verdeutlichung des Wesentlichen wegzulassen. Den didaktischen Transformationsregeln, die bei einer Modellkonstruktion (Modellanalyse, Modelltransformation) und Modellrepräsentation zum Einsatz kommen, sind dabei einige Hauptüberbelegungen zugrunde gelegt: Bei jeder Modellbildung existieren Attribute des Originalzusammenhangs, die nicht im Modell abgebildet werden. Es können jedoch auch Modellattribute gebildet werden, die keine oder keine direkte Entsprechung im Originalzusammenhang haben. Auf diese Weise kann im vertretbaren Falle eine reduzierte Merkmalskomplexität oder eine vergröberte Relationsstruktur der Wissensdomäne erreicht werden. Grundsätzlich besteht die Möglichkeit für merkmalszusammenfassende Modellierungen, wenn die Ordnungen des abzubildenden Systems in ihrer Gesamtheit wahrgenommen werden können und nicht in ihre Teilstrukturen aufgelöst werden müssen. Ist eine stärkere Detailliertheit jedoch notwendig, empfiehlt sich der Einsatz von formalstrukturellen Modellierungen, bei denen Attribute des Originalsystems in strukturelle ähnliche Modellattribute umkodiert werden, die den potentiellen Modelllernern bereits bekannt oder zumindest verständlicher sind (zu einem entsprechenden mediendidaktischen Konzept im Rahmen des Projektes RION vgl. Remmele, Walloschke i.d.B.). Diese Ähnlichkeits- oder Analogiemodelle können den kognitiven Transfer erheblich vereinfachen helfen. Als weitere Unterstützung können textuelle, optische oder akustische Zusatzinformationen an das Modell angefügt werden. Wie im einzelnen Original-Modell-Konstruktionen und -Repräsentationen erfolgen können, unterliegt dem didaktisch-pragmatischen Kontext und folgt der Fragestellung „Modell wovon, für wen, wann, wozu" (vgl. Müller 1997: 25ff., Möhlenbrock 1979: 163ff., Stachowiak 1973, 1980, 1983).

3.6 Kokonstruktion: Kooperatives Problemlösen und Lernen

Ist von Lernaufgaben im Seminarkontext die Rede stellt sich auch die Frage nach der Bedeutung des kooperativen Lernens. Als potenzielle Vorteile werden im Zusammenhang mit kooperativen Lernarrangements zumeist die hohe Involviertheit der kooperierenden Gruppenmitglieder, die gemeinsame Lernplanung und Lernkontrolle wie auch die Motivation aufgrund der Gruppenzugehörigkeit sowie die Ausbildung von Kommunikations- und Kooperationsfähigkeit genannt. Zur Begründung der Wirkungsweise kooperativen Lernens existieren allerdings verschiedene Ansätze (vgl. Slavin 1995,

Dillenbourg et al. 1996, Dillenbourg 1999). Aus den aufgeführten Untersuchungen scheint sich eine komplementäre Ergänzung zwischen einer neo-piagetschen Position, die primär einen sozio-kognitiven Konflikt als Auslöser kooperativer Prozesse und individuell eintretende kognitive Umstrukturierungsprozesse betont, und einer neo-wygotskyschen Position abzuzeichnen, die auf die wechselseitige Bedingung sozialer und individueller Entwicklungen und insbesondere den kompetenten Anderen für die individuelle Entwicklung verweist: Nicht der jeweilig auftretende kognitive Konflikt beim Aufeinandertreffen unterschiedlicher Sichtweisen allein, sondern auch die durch ihn stimulierte Kommunikation fördert das Lernen. Die zentrale Interaktion bei dieser Kommunikation ist der Austausch von Erklärungen. Erklären besteht darin, dem Dialogpartner möglichst kohärente Erklärungsstrukturen zu liefern, so dass dieser sie in sein Vorwissen integrieren kann. Das Geben dieser Erklärungen hat wiederum eine das eigene Verständnis fördernde Funktion. Erklärungen sind damit in doppelter Hinsicht wertvoll: sie dienen einerseits dem Austausch und andererseits der eigenen Elaboration. Modellierungen des Interaktionsgefüges in kleinen Peergruppen weisen jedoch darauf hin, dass keine direkte kausale Verknüpfung zwischen den einzelnen Interaktionen der Kooperierenden und ihren möglichen Ergebnissen besteht. Das Erhalten einer ausführlichen Erklärung bedingt nicht zwingend einen erfolgreichen Lern- oder Problemlösevorgang. Wie für Lernaufgaben gilt auch für die Forderung, dass aus einer Erklärung erfolgreich gelernt werden kann, dass Hilfestellungen und Antworten spezifisch die vom Dialogpartner geäußerten Probleme adressieren müssen. Dabei sollte das Niveau der Hilfestellungen dem Niveau der gestellten Fragen entsprechen und diese sollte auch ohne größere Verzögerung gegeben werden. Das Gruppenmitglied, das die Antwort erhält, sollte Gelegenheit bekommen, das Mitgeteilte selbst anzuwenden und es muss diese Gelegenheit auch wahrnehmen. Daraus wird gefolgert, dass es bei kooperativen Lernsettings nicht genügen kann, allein auf spontan auftretende kognitive Konflikte zu vertrauen, sondern es auch bewusste, andauernde Anstrengungen der Kooperationspartner erfordert, ihre Sprache und Handlungen miteinander zu koordinieren. Aus diesem Grund wurden die Methoden kooperativer Arrangements dann so entwickelt, dass sie das kooperative Lernen auf eine Weise strukturieren, dass sich die Teilnehmer intensiv austauschen und ihr Wissen gemeinsam elaborieren können/müssen. (vgl. Webb 1989). Dieser Vorgabe folgt z.B. die sog. „Gruppenpuzzlemethode" (Aronson et al. 1978). Bei dieser Methode wird jeder Teilnehmer zunächst einer sog. Expertengruppe zugeordnet, die sich auf die Bearbeitung eines bestimmten Teilgebietes oder einer Teilfragestellung spezialisiert. Anschließend wird die Expertengruppe durch eine sog. Basisgruppe ersetzt, in der sich je ein Experte für ein bestimmtes Teilgebiet wiederfindet. Die Mitglieder der Basisgruppe sind nun dazu angehalten sich gegenseitig ihr Expertenwissen vorzutragen und zu erklären. Die Methode des sog. reziproken Lehrens (Palinscar & Brown 1984) betont für den Erwerb von Lesekompetenzen, die Relevanz der Formulierung von geeigneten Fragen und Zusammenfassungen und elaboriert über die Thematisierung dieser Aspekte eine stufenförmige, gemeinsame Offenlegung von Denkvorgängen, die paar- oder Gruppenweise durch wechselseitige Verbesserungsvorschläge oder Kritik hervorgebracht wird (zur Integration kooperativen Lernens im Projekt RION vgl. z.B. Remmele, Walloschke i.d.B.). In Metaanalysen zum Gruppenlernen, die den Schwerpunkt auf motivationale Aspekte richten, werden als Voraussetzung für ein erfolgreiches Lernen in der Gruppe darüber hinaus weitere beeinflussende Faktoren genannt: So ist es von Vorteil, wenn sich die Gruppe über das Ziel definiert, das individuelle und das Wissen der Gruppe zu mehren, und sich die Zusammenarbeit auch in für alle sichtbare Ergebnisse während und am Ende dieses Arbeitsprozesses niederschlägt (Marsick & Kasl 1997).

3.7 Erste Schlussfolgerungen

Mit dem hier explizierten Wissensbegriff und den daran anschließenden didaktischen Überlegungen wird die Vorstellung vom traditionellen Curriculum als einem fertigen Produkt mit feststehendem Lehrmaterial, eines geplanten Kurses, der garantierte Lernresultate hervorrufen kann, fragwürdig. Ein monolithisches Curriculum, das zu festgelegten Zeitpunkten bestimmte Fähigkeiten und Lernziele erwartet, ist bereits das singuläre Konstruktionsergebnis eines spezifischen Wissensselektions- und Organisationsprozesses einer Expertengruppe (Levine 2002: 5f.). Diese Vorgehensweise suggeriert zudem, dass die gewünschten Lernerfolge in ihrer gesetzten Linearität abprüfbar seien.

Bereits die große Heterogenität der Studierenden, die sich weniger an der sozialen Herkunft oder im Bildungsniveau des Elternhauses festmachen lässt, sondern sich in erster Linie in den individuellen Vorbildungsvoraussetzungen und Eignungsmerkmalen, aber auch in den subjektiven Studien- und Berufswahlmotivationen sowie den beruflichen und sozialen Zukunftsvorstellungen manifestiert, lässt an Teilen der Standardisierungstendenzen bei der Neustrukturierung von Studiengängen und bereits bestehenden, eher ausbildungsorientierten Studienfächern Zweifel aufkommen. Für die Erreichung der formulierten Ziele ist erforderlich, dass Disziplinen Reflexionen der historisch paradigmen-, theorie- und methodenbasierten Konstitution ihrer Wissensdomänen als curriculare Leitlinien zentral in ihrer Propädeutik und Erstausbildung verankern. Darüber hinaus benötigt ein Curriculum unter den geschilderten heterogenen Bedingungen eher mehr Freiheit um Lehrende und Studierende situativ in die Lage zu versetzen, diesen Bedingungen didaktisch qualifiziert zu begegnen. Insbesondere die Gestaltung von Studien- und Prüfungsordnungen und von Scheinanforderungen sowie personelle Ressourcen spielen dabei eine wichtige Rolle für die Möglichkeit der Realisierung der hier geschilderten didaktischen Ansätze. In vielen Fällen torpediert schon die Tatsache, dass sich Studierende in der Teilnahme auf die in Studienordnungen fixierten Anforderungen beschränken können, die didaktische Abweichung vom Durchschnittsprogramm. Die Fixierung auf Nachweise von Einzelleistungen und die überwiegend daran orientierte Gestaltung von Seminaren erschwert Gruppenprozesse und den dabei möglichen Erwerb von kommunikativen Kompetenzen erheblich.

4. Neue Medien

4.1 Zur Frage des didaktischen Potenziales „neuer Medien"

Wie oben geschildert (vgl. 2.3.3ff.), ist es im Wesentlichen eine aktiv-diskursive Dimension, die über Lernerfolge entscheidet. Zur Beurteilung der Frage des didaktischen Potenziales von Medien sind diese also zunächst auf diese Dimension hin zu befragen. Es liegt auf der Hand, dass computer- und internetgestützte Funktionalitäten, die lediglich die Zurverfügungstellung von Dokumenten verwirklichen, also reine Dokumentenverwaltungs- und Downloadfunktionen von „Educational Delivery Systems" oder „Course bzw. Content Management Systemen" (vgl. Schulmeister 1997) sich weiterhin in einem Paradigma bewegen, das die Vermittlung feststehender Lehrinhalte betont und nicht auf (gemeinsame) diskursive Prozesse ausgerichtet ist. Große didaktische Hoffnungen zur Unterstützung (gemeinsamer) Wissenskonstruktionsprozesse richten sich derzeit bei hypermedialen Lernsystemen zum einen auf die sog. „hypertextuelle" bzw. „hypermediale" Dimension dieser Systeme und zum anderen auf (textbasierte) Kommunikationswerkzeuge, die in ihrer Funktionalität aus der Geschichte der Internetnutzung hervorgegangen sind.

4.2 Hypertext und Hypermedia: Navigierbare Wissensordnungen

Durch Hypertext und Hypermedia, so ist gemeinhin die Auffassung, werden die Möglichkeiten und Problematiken der entlinearisierten Darstellung von Informationen angesprochen. Im Gegensatz zu konventionellem Text erlaubt das Hypertext-Konzept den BenutzerInnen auf Informationen so zuzugreifen, dass diese nicht auf eine vorgegebene Struktur von AutorInnen festgelegt sind. Hypermedia-Dokumente können außer Text noch andere unterschiedliche Medien beinhalten, wie z.b. Grafik, Ton und Film. Während multimediale Arrangements (z.b. Lehrfilme oder entsprechend aufgebaute Lernsoftware) also lediglich die lineare Kombination dieser unterschiedlicher Darstellungsmedien umfassen, sind diese bei Hypertexten und Hypermedien dagegen nicht mehr linear organisiert, sondern als Knoten über ein mehrdimensionales Netzwerk von strukturierten Verbindungen verteilt. Typisch für Hypertexte bzw. Hypermedien ist darüberhinaus die Aufhebung einer strengen Trennung zwischen AutorIn und BenutzerIn, da die BenutzerInnen die Dokumente in vielen Fällen individuell für ihre Zwecke modifizieren oder annotieren können (vgl. Müller 1997: 55ff).

Hypermediale Strukturen implementieren im Idealfall funktionale Organisationsprinzipien der Domänenspezifika eines Wissensgebietes (vgl. Ohler & Nieding 1997). Die Relationen dieser Strukturen haben jeweils eine semantisch-pragmatische und navigationale, also auch räumliche Dimension (vgl. Schulmeister 1997: 233ff).

Metaanalysen zu Studien, die die beeinflussenden Faktoren für die Güte der Interaktion mit Hypertexten zum Thema haben, kommen in diesem Zusammenhang dann auch zu wenig überraschenden Ergebnissen: Als dominante Faktoren werden die kognitive Stile der BenutzerInnen und deren Fähigkeiten im Bereich räumlicher Kognitionen vor allem Formen der Visualisierung genannt (Chen & Rada 1996). Somit bleiben auch Hypermediasysteme zunächst an das oben explizierte didaktische Problem der Frage der Lernaufgabe, der Repräsentation und dabei insbesondere der Modellbildung verwiesen. HypermediabenutzerInnen können beim „Browsing" also die dargebotenen verknüpften Dokumente für die Bearbeitung einer thematisch gerichteten Aufgabe nur mithilfe der Rekonstruktion der gebotenen Kohärenz einzelner Texte bearbeiten und die implementierten, verweisenden Organisationsprinzipien nur auf der Grundlage eines jeweils vorhandenen oder sich im günstigen Falle beim Browsing entwickelnden domänenspezischen Vorwissens benutzen. Somit sind diese aus didaktischer Sicht eher für Fortgeschrittene bzw. Experten einer Wissensdomäne von Nutzen.

Mediendidaktische Paradigmen, die primär auf Hypermedien setzen, müssen sich in diesem Zusammenhang also beeilen zu betonen, dass die zentrale Dienstleistung von Bildungsanbietern im Internet darin bestünde, dem Wunsch der Personen, die es zu Lehrzwecken aufsuchen, nach „Ordnung und Systematik eines auf ihre Lerninteressen und ihre Lernsituation ausgerichteten Angebots" nachzukommen (Kerres 2000: 176). Eine diesbezüglich „gestaltungsorientierte Didaktik" kann sich zwar bemühen, „das gesamte Umfeld des Lernens in den Prozess der Entwicklung von Lernmedien zu integrieren" (Kerres 1998: 239), kann das Dilemma der Invisibilisierung der Regeln der

Reflexion der Wissensordnungen durch die Implementierung von Hyperstrukturen aber letztlich nicht auflösen.

4.3 Kommunikationswerkzeuge: Mediale Struktur und Interaktion

Wurde vorher die Form des Austausches von Erklärungen in der Interaktion (vgl. 3.6) als entscheidender Faktor für Lernerfolge identifiziert, so rückt bei der Betrachtung der Kommunikationswerkzeuge des Internet insbesondere die Frage nach einem etwaigen Wandel der Sprache unter medialen Bedingungen in den Vordergrund. So ist Sprache Spezifikum des menschlichen Bewusstseins und das zentrale Medium subjektiven Ausdrucks. Sie büßt von ihren entsprechenden Möglichkeiten aber unter den medialen Bedingungen der Informationstechnologie einiges ein. Neben dem Problem des Verlustes metakommunikativer Ausdrucksqualitäten führt die Reduktion des Sprachcodes und die Stereotypisierung der Sprachformen in den verschiedenen Kommunikationskanälen zu einer Objektivierung und Distanzierung entsprechender Äußerungen (dies gilt gerade auch wieder für die zu kompensatorischen Gründen eingeführten Elemente zur Kommunikation affektiver u.ä. Ebenen, z.B. Emoticons). Insgesamt rückt die Mitteilungs- bzw. Verweisungsdimension der Sprache – und z. T. deren Beliebigkeit – in den Vordergrund.

Die konzeptionelle Mündlichkeit von Chat-Kommunikation wird in weiten Teilen durch medial induzierte Distanzbarrieren beeinträchtigt. Zu nennen ist hier die Trennung von Sprachproduzent und -produkt, die zeitliche Entkoppelung von Produktion und „Äußerung", die Substitution der Äußerung durch eine rein rechnergesteuerte Datenverarbeitungs- und Übermittlungsprozedur, die geographische Distanz der Teilnehmer, die mit den Modalitäten der Teilnehmerverwaltung gegebenen Möglichkeiten zum Spiel mit fiktiven Subjektkonstruktionen, sowie zuletzt die Vorgabe einer medialen Graphizität, die zu wiederkehrenden, beschränkenden Kodierungskonventionen führen. Teilnehmer können zwar freiwillig entscheiden, ob sie auf einen Turn reagieren wollen, die Fremd- oder Selbstwahl gelingt dabei aber nur nach Prinzipien die rein zufällig erscheinen (Beißwenger 2003). Foren- und Listenkommunikation, als erweiterte Email-Kommunikation, löst das dyadische Turn-Taking herkömmlicher sprachlicher Kommunikationsmodelle der Konversation ganz ab. Die dauerhafte graphische Repräsentation erlaubt es, durch das Sezieren von Zitaten, Positionen anderer herauszufordern und diese durch die Hinzufügung anderer (disparater) Argumente zu erweitern. Diese multilogische Dimension (im Vergleich zum Dialog) rückt diskursive Aspekte der Bedeutung stark in den Vordergrund. Der Fortgang der Diskussion entzieht sich jedoch grundsätzlich der Kontrolle des Initianden und bedarf der Regelung, die sich zunächst durch eine thematische Markierung (thread) und eine durch die Teilnehmer vorzunehmende Disziplinierung durch sprachliche Schemata und Skripte (topic vs. off-topic) ausweist (Shank 1993, Schütte 2003).

4.4 Zum didaktischen Einsatz von Kommunikationswerkzeugen

Die Debatte an der Schnittstelle von Werkzeugen und didaktischer Gestaltung erfährt den Versuch einer Präzisierung durch die Überlegungen zu sog. „Synchronizitätsgraden". Seit längerem führt die Einführung von Werkzeugen für räumlich und auch zeitlich verteilte kommunikative Zusammenarbeit immer wieder zu ähnlichen Schwierigkeiten: Wenn Nutzen und Aufwand auf die betroffenen Personen ungleich verteilt sind, dann ist der Anreiz zur Eingabe von Informationen zu gering und die Nutzung stockt (Schwabe et al. 2001). Die Theorie zur sog. „Mediensynchronizität" (Dennis & Valacich 1999) lieferte hier Gestaltungshinweise für die Medienwahl, die sich an den Situationscharakteristika intendierter Lernprozesse und der Gruppenarbeit orientiert. Verschiedene Kommunikationsprozesse und Interaktionsniveaus, so die These, machen den Einsatz von Medien mit unterschiedlichen Eigenschaften erforderlich. Auf der Basis der Unterscheidung konvergenter und divergenter Prozesse im Kontext diskursiver Zusammenarbeit wird ein differenzierter Medieneinsatz gefordert. Für konvergente Prozesse, die einen großen Abstimmungsbedarf erfordern, um für die Handlungsfähigkeit einer Gruppe zu sorgen, indem z.B. gemeinsame Bewertungen vorgenommen werden, wird hohe Synchronizität (Chats) vorgeschlagen, weil hier unmittelbares Feedback essentiell ist. Für divergente Phasen, die z.B. für die Lektüre und das Sammeln von Informationen und Ideen vorgesehen sind, erhöhen Medien mit niedriger Synchronizität (Foren, BBS) die Produktivität, da hier ein großes Parallelisierungspotential besteht und Medien mit einer höheren Überarbeitungsmöglichkeit bessere Lernerfolge erwarten lassen (Filk 2001: 69f.).

4.5 Diskursives Potenzial und die Rolle des Tutorings/der Moderation

Von einem mündlichen Kommunikationsaspekt her gesehen, können alle Beteiligten unmittelbar und vor allem gleichzeitig partizipieren und trotzdem kann ihre individuelle „Stimme" weiterhin vernommen werden. Von einem eher schriftlich ausgerichteten Kommunikationsaspekt her betrachtet beginnt (in Foren- oder Listenkommunikation) einer ein Thesenpapier, zu dem dann viele andere beitragen, es korrigieren, durch das Sezieren von Zitaten Positionen herausfordern und es durch Hinzufügung anderer Zitate erweitern. Diese Beobachtungen zeigen das Potenzial dieser Form der Kommunikation diskursive Aspekte der Bedeutung und des Verstehens in den Vordergrund zu rücken. Es geht um die Offenlegung der Implikationen von Ideen und damit der Bezugsrahmen der beteiligten Wissensordnungen. Diese Aktivitäten können als abduktiv (Peirce 1955) charakterisiert werden: es geht um die Figuren der Erzeugung der konzeptuellen Muster, mit denen eine Hypothese aufgestellt und gestützt werden kann. Die multilogische Dimension erlaubt es den Beteiligten auch über einen längeren Zeitraum hinweg disparate Argumente und Beispiele zusammenzubringen. Durch die Uploads von Materialien aus eigenen oder Beständen des Internets tritt eine Dimension der Hybridisierung von Information hinzu, da sich das Operationsfeld der Diskussion auf unzählige weitere Kontexte ausbreiten kann. Im günstigen Fall ergibt sich ein Vergleich von Weltanschauungen und Wissensordnungen. Die Teilnahme an dieser Form des Diskurses übt durch den Akt des Schreibens zumindest einen gewissen Zwang aus, die eigenen Denkprozesse zu beobachten und zu reorganisieren (Moss & Shank, 2002).

Diesem „Gewinn" an Diskursivität steht jedoch das o.g. (vgl. 4.3) Problem der Beliebigkeit und des Kontrollverlustes gegenüber. Der Erfolg in diesem Zusammenhang hängt dann wiederum in hohem Maßen von den Moderationskenntnissen der betreuenden Personen ab. Insbesondere muss für die thematische Gestaltung und Führung bei asynchronen Diskussionsforen und aufgabenorientierter synchroner Kommunikation in der Vorbereitung viel Zeit investiert werden, damit genügend Fragestellungen konstruiert werden können, die nahe genug an den Themen bleiben. Die Studierenden brauchen wiederum Hilfestellungen, wie ihre Antworten nahe an den Fragestellungen bleiben können, und wenn Antworten in eine zu entfernte Richtung gehen, sollten die Fragen erneut umschrieben werden können. In regelmäßigen Abständen sollte auch eine Zusammenfassung der Diskussion angefertigt werden und allen Studierenden zugänglich gemacht werden (Beaudin 1999).

4.6 Hypermediale Lernarrangements und kooperative Lernerunterstützung: Das Paradigma des „Hybriden Lernens"

Die Harmonisierung von Didaktik und Wahl bzw. Einsatz hypermedialer Elemente in der Hochschulbildung erweist sich vor diesem Hintergrund als ein subtiles Zusammenspiel didaktischer Zwecke, einzusetzender Werkzeuge und der Erkenntnis dynamischer Prozesse, welche sowohl von Hintergrunderwartungen, die aus der Präsenzlehre und der Interneterfahrung der Beteiligten gespeist, als auch von der medialen Struktur der Werkzeuge und ihren Auswirkungen auf die Interaktion beeinflusst sind.

Aufgabenorientierte Kommunikationsanlässe mit kooperativer Lernerunterstützung sind auf mediale Settings angewiesen, die die Vorteile der Eigenschaften der Kommunikationswerkzeuge jeweils kombinieren, durch diese Strategie deren Nachteile kompensieren helfen und durch die Möglichkeit der aktiven Veränderung von Inhalten und der Kommunikation über sichtbare Inhalte auch eine Beziehungsebene zu etablieren, die der Lern- und Medienbiographie der Beteiligten Rechnung trägt (Grune 2000: 43). Entsprechende Lernszenarien zur Verwirklichung kreativer und kooperativer Lernformen müssen also nicht nur auf die Darstellung von Inhalten sondern auch im Wechselverhältnis von medialer Struktur / Interaktion und präsentischer Interaktion den aktiven Aufbau von Bedeutungs- und Beziehungsstrukturen unterstützen. Aufgrund der bisher noch nicht genügend erforschten sozialen und kognitiven Ressourcen (vgl. Herring 1996), auf die dabei von den Teilnehmern in rein medialen Settings zurückgegriffen werden, und der Struktur der Vorerwartungen aus dem traditionellen Seminarbetrieb führt der Prozess der Implementierung pädagogischer Theorie (Baumgartner 1995: 241ff) bei der Konzeption hypermedialer Lernarrangements derzeit verstärkt dazu, dass im Zentrum dieser Arrangements nach enttäuschten Hoffnungen auf ein „virtuelles Klassenzimmer" wieder die präsentische Begegnung steht. Hypermediale Elemente werden dann eher als Ergänzung und nicht als Ersatz für herkömmliche Lernkonzepte angesehen werden, die gemeinsam in eine Gesamtlösung integriert werden. Die Hoffnung richtet sich jetzt auf „eine didaktisch sinnvolle Verknüpfung" von traditionellem Klassenzimmerlernen und „virtuellem Lernen" auf der Basis neuer Informations- und Kommunikationsmedien. Das entsprechende Paradigma verbirgt die dabei weiterhin ungeklärten Probleme hinter dem Etikett des „blended learning" oder „Hybriden Lernens" (Mayer & Seufert 2002).

5. Zur Planung und Gestaltung von hypermedialen Lernarrangements im Horizont von zeitlich begrenzten Projekten

5.1 Zum Institutionalisierungsprozess hypermedialer Hochschulbildung

Das Bundesministerium für Bildung und Forschung sprach in seinem Projektprogramm „Neue Medien in der Bildung" ausdrücklich von einem „durch die IuK-Techniken induzierten Strukturwandel". Die bisherigen Ausführungen haben verdeutlicht, dass es im Kontext neuer Medien in der Hochschulbildung nicht nur um die Einführung eben dieser Medien geht, sondern vielmehr um Fragen der Veränderung der Qualität, der Methodik und der Institutionalisierung der Wissenschaften in Forschung und Lehre selbst. Wenn als Ergebnis des Einführung von Hypermedien feststeht (deren Kommunikationswerkzeuge im Bereich der Forschung ihre Herkunft haben und dort fest etabliert sind), dass den beteiligten ModeratorInnen eine Schlüsselrolle zukommt, dann impliziert das zwar auch eine technische Qualifikation und die Frage nach der Institutionalisierung des potenziellen Erwerbs dieser Qualifikation. Der Kern des Strukturwandels im Spannungsfeld von medialer Struktur und der von ihr induzierten Interaktion liegt aber im voraussetzungsvollen Verständnis für eine historische Wissenschafts- und Wissensdomänenentwicklung und der entsprechenden Theorie-/Paradigmen- oder Methodenbasis. Diesem Wandel stehen im Bildungsbetrieb der Hochschulen derzeit aber augenscheinlich der historisch gewachsene Prozess der organisatorischen Institutionalisierung differenzierter Fächer und ihrer entsprechenden Zertifizierungsmechanismen entgegen.

Das BMBF war in der Ausschreibung des Programms „Neue Medien in der Bildung" bereits für etwaige „Defizite beim Einsatz neuer Medien an Hochschulen" sensibilisiert. Hoffnungen und Erwartungen richteten sich vor allem auf Gesamtstrategien, Zielbestimmungen der Hochschulen, was mit dem Medieneinsatz erreicht werden sollte und hochschulübergreifende Kooperationen (vgl. die NMB-Förderausschreibung). Die sich anschließenden Analysen und Empfehlungen sehen Mängel aber eher im Bereich der technischen Integration (oft verstanden als das Fehlen einer einheitlichen technischen Lösung). Andererseits wird das zu bestimmende Verhältnis didaktischer Szenarien zum Prozess der Modularisierung und Zertifizierung von Lehreinheiten im Zuge der Neuordnung von Ausbildungsgängen in der Argumentationslinie nicht anschaulich entfaltet. In dieser Hinsicht bedurfte es in den Projekten sicher einer Ergänzung der Erörterung der strukturellen Verwobenheit von Verwaltung, Lehre und Forschung. Die Einführung von „multimedialen Produkten" und „Modulen" ist keine genuin technische oder curriculare Reform. Der prozessuale Charakter dieser Einführung berührt in der Frage der didaktischen Gestaltung erheblich das Verwaltungsgefüge in und zwischen den betroffenen Fachkulturen.

5.2 Projektmanagement

Gerade auch die Praxis des Softwareprojektmanagements, also die Methode, an der sich die Organisation und Durchführung des Programms „Neue Medien in der Bildung" orientieren soll, kann hier eine wichtige Hilfestellung leisten. Mit der Einsicht, dass Softwarelösungen (in diesem Fall „hypermediale Lernsysteme") nicht nur zur Umsetzung mathematisierbarer Probleme entwickelt werden, sondern mit ihrer Implementierung grundlegend in den Bereich der Gestaltung von Lern- und Arbeitsprozessen eingegriffen wird, erscheint auch die Frage nach der sozialen Rollenverteilung zwischen Entwicklern, Gestaltern und Nutzern in einem anderen Licht (vgl. Dahlbohm & Mathiassen 1993). Bezogen auf Bildungseinrichtungen vervielfältigen sich die Perspektiven einer traditionellen „Anforderungsanalyse" noch einmal, denn es stellt sich die grundlegende Frage, wessen Mitbestimmungsrechte hinsichtlich der (Um-)Organisation von Arbeits- bzw. Lernumfeldern und -abläufen überhaupt bevorzugt berücksichtigt werden sollen oder können. Um in der Sprache des Softwareprojektmanagements zu bleiben; es herrscht von vorneherein eine starke Zielunsicherheit, die in Projekten zunächst das Offenhalten von Entscheidungen hinsichtlich der Umsetzung von vermeintlich feststehenden Zielen oder Kriterien erforderlich macht. Methodisch gefragt ist ein exploratives, iteratives Vortasten zur Bestimmung der jeweiligen Handlungslage, zum (Wieder-)Aushandeln von Handlungszielen bis hin zu deren Umsetzung.

Zu erwarten ist, dass die Anforderungen zu Beginn unvollständig und widersprüchlich formuliert sind. Es ist im Verlauf des Vorhabens oft mit Änderungen zu rechnen und erst mit fortschreitender Entwicklung können Prozesse in ausreichender Tiefe bestimmt oder vorangetrieben werden. Bei der Entwicklung oder Anpassung von Software ist die Unbestimmtheit und die Dynamik des Entwicklungsumfelds und der Entwicklungsgegenstände sehr hoch. Man hat erkannt, dass die Motivation und die Kreativität des adressierten Personenkreises sowie die Reaktions- und Innovationsfähigkeit der eingesetzten Software für den Erfolg von Projekten von hoher Bedeutung sind (vgl. Stelzer 1998). Das BMBF verwies auch hier sensibel auf mögliche Problemfelder, indem es auf das Fehlen von Anreizen für Hochschullehrerinnen und Hochschullehrer hinwies, überhaupt digitale Medien zu entwickeln und vorhandene Angebote einzusetzen und als Gegenmaßnahme veränderte Deputatsregelungen forderte. Ins Gewicht fallen dürften dabei aber wiederum auch die Erfahrungen der Softwareentwicklung, dass es sich bei diesen Entwicklungen um ausgeprägt arbeitsteilig und gleichzeitig stark verwobene Arbeitsprozesse handelt. Aus Projekten ist bekannt, dass die Verantwortungsbereiche zur Erfüllung der fachlichen oder technischen Aufgaben zu Beginn nicht klar definiert und voneinander abgegrenzt werden können.

Beim Versuch der Implementierung „Neuer Medien in der Bildung" handelt es sich unter diesen Voraussetzungen also um einen Versuch, theoriegeleitete Konzepte im Rahmen von Fallstudien mit allen Beteiligten (also mit Lehrenden und Lernenden) praktisch umzusetzen und zu erproben. Dementsprechend lassen sich beispielsweise konkretere Evaluationskriterien erst im Verlauf des Projektes auf der Basis dieser praxisbezogenen Fallstudien und unter Berücksichtigung didaktischer Konzeptionen und spezifischer situativer Bedingungen präzisieren und konkretisieren. Voraussetzung für ein solches Vorgehen ist zum einen die Möglichkeit einer aktiven Beteiligung wissenschaftlicher Begleitung an konkreten Umsetzungs- und Realisationsvorhaben und zum anderen ein kontinuierlicher Informationsaustausch zwischen wissenschaftlicher Begleitung und den beteiligten Lehrkräften (Laessoe & Rassmussen 1989, Ehn 1988).

6. Gender Mainstreaming: Geschlecht, Gleichheit, Differenz im Kontext von Bildung und des Einsatzes von Informationstechnologie

6.1 Gender Mainstreaming: Gleichstellung und Neue Medien in der Bildung

Im Kontext des Programms „Neue Medien in der Bildung" propagierte das BMBF zusätzlich das Konzept des sog. „Gender Mainstreaming". Gender Mainstreaming zielt laut BMBF auf eine Gleichstellung von Frauen und Männern als Gemeinschafts- und Querschnittsaufgabe. Es baut auf Erkenntnissen der Frauen- und Geschlechterforschung sowie Erfahrungen der internationalen Frauenförderpolitik auf. Gender Mainstreaming bedeutet, bei allen gesellschaftlichen Vorhaben die unterschiedlichen Lebenssituationen und Interessen von Frauen und Männern von vornherein und regelmäßig zu berücksichtigen, da es keine geschlechtsneutrale Wirklichkeit gibt. Für den Bildungsbereich beinhaltet es, alle Maßnahmen und Programme auf ihre potentielle Wirkung für beide Geschlechter zu überprüfen und so zu realisieren, dass sie zur gleichen Teilhabe der Geschlechter beitragen können. Im Feld der neuen Medien werden dabei folgenden Zielen besondere Beachtung geschenkt: Geschlechtsspezifische Auswirkungen der digitalen Medien auf Frauen und Männer sollen systematisch Berücksichtigung finden; die Interessen, Bedürfnisse und Wünsche von Frauen und Männern in der Entwicklung und im Einsatz von neuen Medien müssen in die Arbeit mit einbezogen werden; im Prozess der Konzeption, Produktion und Integration der neuen Medien sollen die Fähigkeiten und Potenziale von Frauen und Männer genutzt werden.

6.2 Gleichheit und Differenz: ein Paradox

Die Formulierung dieses Konzeptes und seiner Ziele grundsätzlich wünschenswert und zustimmungsfähig. Allerdings bleiben Probleme, die bereits auf dem Weg von der Frauenpolitik und Frauenförderung zur Gleichstellungspolitik zu beobachten waren. Im Rahmen von Frauenförderungen kam es z.B. bei Qualifizierungsoffensiven mit dem Ziel des Ausgleichs fehlender Kompetenzen zu Enttäuschungen, weil die Maßnahmen die gravierenderen Probleme bei der tatsächlichen Integration in den Arbeitsmarkt gar nicht oder nur unzureichend in den Blick nahmen. In der Gleichstellungspolitik, die das Geschlechterverhältnis dann entsprechend als sozialen Strukturzusammenhang, welches Ungleichheiten reproduziert, begriff, führte die Konkretisierung des Gleichheitsgrundsatzes des Grundgesetzes als Handlungsauftrag zum Versuch der

Entwicklung von Instrumenten, die die Gleichstellung im Inneren einzelner Organisation zu verankern suchte. Hier wurde mit Sanktionen bzw. später mit Anreizsystemen versucht, für eine entsprechende Verbindlichkeit zu sorgen. Theoretische Ansätze aus der Frauen- und Geschlechterforschung haben in der Hauptsache versucht, aus drei verschiedenen Perspektiven zur Entwicklung von Initiativen und Instrumenten der Gleichstellung beizutragen: Aus der Orientierung an dem Rechtsgrundsatz der Gleichberechtigung von Männern und Frauen werden die Begriffe der Gleichstellung und Gleichbehandlung in Anschlag gebracht. Damit begann aber schon die erste Schwierigkeit, denn der Versuch der Gleichbehandlung von (gerade auch in Bezug auf die Kriterien der Gleichstellung) offensichtlich Ungleichen, sieht sich mit der Frage eines geeigneten Referenzpunktes konfrontiert: Wenn Frauen und Männer gleichberechtigt sein sollen, dann muss auch jeweils (getrennt) auf Frauen und Männer fokussiert werden. Damit orientiert man sich aber nicht mehr nur an Gleichheit, sondern auch an der Differenz, der Verschiedenheit der Geschlechter. Um auf diese Weise keine Geschlechtsstereotypen zu reproduzieren, dürfe die Vorstellung von Differenz so die Argumentation, nicht auf die „Geschlechtsspezifika" von Fähigkeiten, Orientierungen und Präferenzen bezogen werden, sondern diese soll auf die Effekte eines sozialen Strukturzusammenhangs gerichtet werden, der die Lebenssituationen von Männern und Frauen präformiere und sie zu Verschiedenen und Ungleichen mache.
Als geeignetes Verfahren, diskursive Festschreibungen von „Geschlechtsspezifika" aufzuspüren und damit zu delegitimieren, wurde das Verfahren der „Dekonstruktion" angewandt. Indem dieses aber den bipolaren Rahmen der Rede von Frauen und Männern zur Disposition stellt, lässt sich das Problem, das die Gleichstellungspolitik zu lösen sucht, nun kaum mehr formulieren.
Insgesamt bleibt die Debatte der Geschlechterforschung auf der Suche nach einem verlässlichen Referenzpunkt eingespannt zwischen nicht vollständig zur Deckung zu bringenden (politischen) Positionen: einerseits geht es um Frage nach den Strukturen, die Macht, Arbeit etc. zwischen den Geschlechtern ungleich verteilen, und danach wie diese Strukturen beseitigt werden können; andererseits bleibt die Forderung, dass der Einsatz für die Interessen und Bedürfnisse des jeweiligen Geschlechts und die Strategie für den Erfolg von Verwirklichung von Gleichberechtigung jeweils verschieden sein müssen (vgl. dazu z.B. Wetterer 2002).

6.3 Gleichberechtigung und Bildung: Die Koedukationsdebatte
Für den Bildungsbereich lassen sich diese Problemlagen anschaulich an der Koeduktionsdebatte exemplifizieren. Hier wurde u.a. kritisiert, dass die Schule ein differenziel-

les Sozialverhalten generiere und dieses auch unterschiedlich (zum Nachteil von Mädchen und Frauen) honoriere. In empirischen Befunden zu geschlechtergetrenntem Unterricht wurde argumentiert, dass in reinen Mädchenklassen insbesondere in mathematisch-naturwissenschaftlichen Fächern die individuellen Fähigkeiten von Schülerinnen stärker herausgefordert würden, weil eine ständige Geschlechterkonkurrenz und -typisierung entfiele. In koedukativen Settings ging man dagegen von einer Honorierung von Jungen für jungenstereotype Fachwahlentscheidungen, Unterrichtsbeiträgen und Leistungen und entsprechend einer Honorierung von Mädchen für mädchenstereotype Entscheidungen aus. Mit einer Vielzahl von sozialen und entwicklungstheoretischen Argumentationslinien (z.B. die Notwendigkeit der Ausbildung eines weiblichen Selbstbildes oder die geschlechtshomogene Peer-Gruppenorientierung) wird aber auch hier sowohl für koedukative als auch für monoedukative Modelle schließlich konstatiert, dass sich einerseits für die Positionierung von Mädchen als Mädchen und andererseits für die Adressierung ihrer individuell entwickelten „Interessen" und möglicherweise latenten Potenziale eine schwierige Situation ergibt, insbesondere wenn Unter- bzw. Überlegenheiten in Unterrichtskontexten von beiden Geschlechtern ausgelebt werden sollen, ohne dass dabei Gleichberechtigung grundsätzlich in Frage gestellt wird (vgl. z.B. Metz-Göckel 1996). Theoretisch zu wenig beachtet bleibt dabei, wie genau sich die Art der (kommunikativen) Positionierung als Zugehörige(r) zu einer Geschlechtsgruppe zur Entwicklung von Interessen und Fähigkeiten verhält, und das schon zu Zeitpunkten, bevor der Lernraum Schule betreten wird. Ebenso bleibt ungeklärt, wie die aktualisierten Ergebnisse dieser aufeinanderbezogenen Entwicklung, die also auch vom Ringen um (Geschlechts-)Identität und Statusfragen geprägt wird, und in der Schule wieder als besondere „Stile" des Lernens auftauchen, sich überhaupt an die gebotenen kommunikativen und methodischen Settings des Unterrichts und seinen Themen anschließen (lassen). Beispiele aus der schulischen Praxis berichten zwar über gute Erfolge mit dem sog. Konzept einer „zufälligen methodischen Trennung", bei dem Unterrichtsmethoden, mono- bzw. koedukative Settings in verschiedenen Phasen und Fächern im Schuljahr zufällig zum Einsatz kommen, können bislang aber nicht begründen, warum sich dieses Konzept als erfolgreich erweist.

Auch die theoretische und methodische Debatte über das Konzept der sog. individuellen Lernstile leidet entsprechend unter einer diesbezüglichen Unzulänglichkeit der Definitionen: Es überlappt offenkundig mit anderen individuellen Unterschieden sowohl affektiver als auch kognitiver Art. Selbst Vertreter des Ansatzes bemängeln, dass die Forscher erst wissen müssten, was sie eigentlich genau bei einem Lernstil messen wollen (Ellis 1994: 508). Im Kontext des Booms geforderter Evaluierungsbestrebungen könnte dann gefragt werden, wie überhaupt Ergebnisse über „geschlechtsspezifische Auswirkungen digitaler Medien" im Bildungsbereich erzielt werden sollen, wenn bislang das Basisproblem noch nicht einmal für den Bildungssektor alleine adäquat konzeptualisiert werden kann.

6.4 Gender Mainstreaming: Gleichstellung als „Managing Diversity"?

So ist es auch nicht verwunderlich, dass die Gleichstellungspolitik in Ermangelung einer griffigen Adressierung ihres Basisproblems in bereitwilliger Übernahme von Strategien des Personalmanagements und der Verwaltungsmodernisierung zum „Gender Mainstreaming" (scheinbar) entproblematisiert wurde. Aus der Sichtweise institutionalisierter Mitarbeiterführung betont aber gerade das jetzt in Anspruch genommene Konzept des „Managing Diversity" weniger Gleichartiges als Verschiedenes: Die Absicht, die unterschiedlichen Potenziale von Frauen und Männern besser zu nutzen, soll jetzt dazu führen, eine gesetzlich garantierte und im Verwaltungshandeln umzusetzende Berücksichtigung der Potenziale von Frauen auf den Weg zu bringen. Von der Frage nach wie auch immer gearteten Strukturen des Verhältnisses der Verteilung von Macht und Arbeit zwischen den Geschlechtern und einer entsprechenden Entwicklung von Instrumenten einer „affirmative action" zur Beseitigung von offensichtlichen Ungleichbehandlungen bleibt in dieser altbekannten Perspektive der Förderung eines spezifisch weiblichen (und männlichen) Arbeitspotenziales allerdings nur wenig übrig.

6.5 Geschlecht und Informationstechnologie

Im Themenkreis der Verbindung der Komplexe Geschlecht und Informationstechnologie kehrt die Debatte in der Mehrheit zur Frage der Konstruktion von Geschlechtsidentität über das Mittel der Technologie und des Sprechens darüber zurück (vgl. z.B. Schelhowe 1999: 54). In Übernahme von Argumentationslinien feministischer Technikforschung wird betont, dass die Distanz von Frauen zur Technologie ein Produkt historischer und kultureller Konstruktionen ist. Männlichkeit und Technik werden als symbolisch verknüpft betrachtet, so dass technische Kompetenz zu einem wichtigen Teil maskuliner Geschlechtsidentität geworden ist (Schinzel, Parpart, Westermayer 1999: 41).

Ein weiterer wichtiger Impuls für den Forschungszusammenhang wurde neben der Frage der Selbstwirksamkeit geschlechterdifferenter Technikzugänge und Kompetenzzuschreibungen in der Rolle des spielerischen Kompetenzerwerbes in frühen Sozialisationsstufen und im Freizeitbereich z.B. durch Computerspiele gesehen, da hier in grundlegender Weise über situative Handlungsaktualisierungen wie Konkurrenz und Kollaboration, Motivationen, Bedürfnisse sowie kognitive und motorische Kompetenzen entschieden würde (vgl. z.B. Faulkner 2000).

6.6 Geschlecht, Bildung, Medien: Auf dem Weg zu einer integrativen Geschlechterforschung

Im Kontext von geschlechtersensitiven Untersuchungen im Bereich von Bildung und digitalen Medien ist damit eine Fokussierung auf die individuellen Subjekte und ihr Bemühen um Identität(en) im Kontext einer akademischen Fachkultur, auf deren z.T. spielerischen Auseinandersetzungen mit den Widersprüchen und Dichotomien immer von den jeweilig sich eröffnenden Spielräumen abhängig.

Als Zugänge zu diesen Spielräumen erweisen sich als geeignete, empirisch verfügbare Referenzpunkte zunächst die Entstehung und Typisierung von Fach- und Themenwahlentscheidungen. In der kommunikativen Konstruktion des Bildungsbetrieb ist einerseits der Blick auf die geschlechtsspezifische Verwerfungen der didaktisch-methodischen Settings insbesondere in ihrer technisch-medialen Verlängerung zu richten, andererseits müssen empirische Zugänge auch insbesondere Ressourcen aus anderen Sozialisationsstufen und Lebensbereichen in die Bewertung aktualisierter Kommunikationsvollzüge mit einbeziehen.

Mit einer aus diesen Bereichen angereicherten Perspektive geht es dann auf einer je individuellen Ebene um das Moment der Maximierung von Handlungsalternativen, denn angesichts der Offenheit des menschlichen Seins stellt sich nicht nur das ethisch-politische Problem der gleichen Partizipation, sondern auch das Problem bzw. die Aufgabe, möglichst viele Handlungsoptionen in ihrer Differenziertheit zu gewährleisten (vgl. Berszinski et al. 2002, Claus, Otto & Schinzel 2004).

Anforderungsanalyse und Zielbestimmung im Projekt RION – Rechtsinformatik online

Bernhard Nett, Bernd Remmele und Britta Schinzel

1. RION als Verbundprojekt

RION ist, wie immer wieder hervorzuheben sein wird, insgesamt ein sehr heterogenes Verbundprojekt. So unterscheiden sich die einzelnen Partnerinstitute nach konkreter disziplinärer Zuordnung der Rechtsinformatik in der jeweiligen Hochschule vor Ort und den Aufgaben innerhalb des Projektes. Explizit rechtsinformatische Lehre, von Juristen durchgeführt, findet sich sowohl an juristischen, ökonomisch-sozialwissenschaftlichen und informatischen Fachbereichen. So finden sich drei der RION-Partner in rechtswissenschaftlicher Fakultäten. Diese sind:
- das Institut für Informations-, Telekommunikations- und Medienrecht (Prof. Bernd Holznagel) an der Westfälischen Wilhelms-Universität Münster,
- das Institut für Rechtsinformatik (Prof. Wolfgang Kilian) an der Universität Hannover,
- die juristische Fakultät (PD Irini Vassilaki) der Georg-August-Universität Göttingen.

Zwei juristisch orientierte RION-Partner sind ökonomisch-sozialwissenschaftlichen Fachbereichen zugeordnet:
- das Institut für Rechtswissenschaften (Deutsches und Europäisches Zivil-,Arbeits-, und Handelsrecht; Prof. Jochen Marly) an der Technischen Universität Darmstadt,
- das Institut für Rechtswissenschaften (Bürgerliches Recht, Arbeitsrecht, Rechtsinformatik, Prof. Joachim Heilmann) an der Universität Lüneburg.

Weitere zwei juristisch orientierte RION-Partner finden sich an informatischen Fakultäten:
- das Zentrum für Angewandte Rechtswissenschaft (Institut für Informationsrecht, Prof. Thomas Dreier) an der Universität Karlsruhe (TH),
- das Institut für Informatik und Gesellschaft (Prof. Bernd Lutterbeck) an der Technischen Universität Berlin.

Eine besonders interessante Konstruktion bildet mittlerweile die Fakultät für Informatik, Wirtschafts- und Rechtswissenschaften an der Carl von Ossietzky Universität Oldenburg. An RION beteiligt sind hiervon:
- das Institut für Rechtswissenschaften (Bürgerliches Recht, Handels- und Wirtschaftsrecht sowie Rechtsinformatik, Prof. Jürgen Taeger),

- das Department für Informatik (Abt. Computer Graphics & Human Computer Interaction, Prof. Peter Gorny).

Nochmals andere Perspektiven auf das Feld der Rechtsinformatik hat zuletzt noch:
- das Institut für Informatik und Gesellschaft (Abt. Modellbildung und soziale Folgen, Prof. Britta Schinzel) der Universität Freiburg auf das Projekt geworfen.

2. Projektziele und Aufgabenbereiche

Bei den durch das BMBF-Programm „Neue Medien in der Bildung" geförderten Projekten wurden in einem gewissen Maß operationalisierbare Ziele definiert; d.h. bei der Nutzung von Bildungssoftware wird bis 2005 eine Spitzenposition Deutschlands angestrebt. Für die beteiligten Fakultäten und Fachbereiche würde dies eine möglichst vollständige Abdeckung eines Fachgebietes, eine relevante Beteiligungsgröße der erreichbaren Studierendenzahl und die Übertragbarkeit der Entwicklungsarbeiten auf andere Inhalte und Einrichtungen (z.b. in einem länderübergreifenden Verbund) bedeuten.

Im Bereich der Qualitätssicherung werden bei Erreichung der Projektziele Qualitätsverbesserungen im Bereich der Lehre erwartet, insbesondere auch durch die Entwicklung und Evaluation von Qualitätsstandards, die zu Erfolgen durch Nachhaltigkeit führen sollen.

Im Bereich der Entwicklung der Lehrformen soll die Entwicklung „neuer Kombinationen von Präsenzlehre und Selbst-/Fernstudienanteilen" im Vordergrund stehen; langfristiges Ziel ist hier die Erhöhung des Anteils „eines geführten bzw. betreuten Selbststudiums".

Innerhalb des Bereiches der Didaktik liegt der Schwerpunkt auf Konzeptionen, die inhaltliche, didaktische und gestalterische Gesichtspunkte als Teil der Gesamtstrategie sehen. Besonderes Interesse gilt dabei ferner der Erforschung und Berücksichtigung der Lerninteressen von Frauen (vgl. NMB-Förderausschreibung).

Was die relevanten Ziele des Förderungsantrags des RION-Konsortiums betrifft, geht neben aller Pionierarbeit gerade auch um die Entwicklung, Erprobung und Durchführung von multimedial ergänzten Lehrveranstaltungen als übergeordnetes und nachhaltiges Ziel. Die Multimedialität wird im Projekt RION durch die Erprobung und den Einsatz der telemedialen Lernumgebungen JurMOO und Hyperwave E-Learning-Suite gewährleistet. Im Bereich der Verbesserung der Qualität der Lehre galt es, die Präsenzlehre von reiner Wissensvermittlung zu entlasten. Durch die Rückkoppelung von Lehre und Inhaltserstellung und den hypermedialen Anteil wurde eine Erhöhung der pädagogischen Qualifikation angestrebt.

Die organisatorische Struktur für die sich aus den Zielen ergebenden Aufgabenverteilung innerhalb des Projektes gliederte sich folgendermaßen: RION besteht aus einem von Prof. Schinzel und Prof. Taeger geleiteten Konsortium, an dem die Standorte Freiburg, Karlsruhe, Münster und Oldenburg beteiligt sind. Die übrigen Standorte (Berlin, Darmstadt, Göttingen, Hannover, Lüneburg) sind als sogenannte Content-Provider an das Konsortium assoziiert.

Die beiden Hauptziele von RION, wie sie im ursprünglichen Projektantrag formuliert sind, waren, wie gerade benannt, die multimediale Aufbereitung der Rechtsinformatik für die Hochschullehre und die Integration der entsprechenden Ergebnisse in die Lehre der beteiligten Hochschulen. Die angestrebte Verknüpfung dieser beiden Ziele blieb allerdings aus verschiedenen Gründen hinter den ursprünglichen Erwartungen zurück. Insbesondere erforderte die Erstellung einer konsistenten multimedialen Darstellung der verschiedenen rechtsinformatischen Teilbereiche und deren funktionsfähige technische Realisierung so viel Zeit, dass nur Bruchstücke in die laufende Lehre Eingang finden konnten. Dies hatte allerdings die z.T. durchaus positive Folge, dass die von RION betriebene Lehre eine eigenständige Entwicklung durchmachen konnte.

Während nun die inhaltliche Aufbereitung eines juristischen Informationssystems der Rechtsinformatik (JIRI) den juristisch orientierten Konsortialpartnern und den Content-Providern oblag, stellte die Durchführung von mediatisierten Lehrveranstaltungen im Rahmen von RION eine Aufgabe aller Konsortialpartner dar, wobei sich auch einige interessierte Content-Provider beteiligten.

Die technischen Voraussetzungen für die Lehre und für das JIRI wurden von Oldenburg und Freiburg aus gewährleistet. Freiburg konzentrierte sich dabei auf die Implementierung eines MOOs, da dessen Eignung für Lehrzwecke auch im Rahmen des Projektes erforscht werden sollte. Nach einer von Oldenburg durchgeführten Bedarfsanalyse wurde dort entschieden, die Hyperwave E-Learning Suite als zentrale Lernplattform für RION zu betreiben. Zusammen mit der Möglichkeit, Lehrformen weitgehend unabhängig von bestimmten Lehrmaterialen zu entwickeln, bot die relative Freiheit in der technischen Realisierung den Hintergrund sowohl für eine spezifische Entwicklung der RION-Lehre, die im Teil 4 dokumentiert ist. Zunächst soll jedoch ein Blick auf die akademische Positionierung der Rechtsinformatik geworfen werden, um den Kontext der angestrebten hypermedialer Hochschulbildung verständlich zu machen.

Wie in den einleitenden Überlegungen (vgl. 2) skizziert, existiert zwischen der Disziplinarität eines Faches, seiner curricularen Ausgestaltung und seiner didaktischen

Ausrichtung ein enger Zusammenhang. Aus diesem Grund folgt die sich anschließende Darstellung dem Schema dieser Argumentationsrichtung.

3. Rechtsinformatik: Disziplinarität, Curriculum, Didaktik

3.1 Zur Disziplinarität der Rechtsinformatik

In den Achtziger Jahren entstand die Rechtsinformatik als neuer und dynamischer Themenbereich im Grenzgebiet verschiedener Disziplinen. Kilian (2001) zufolge ist die Rechtsinformatik nicht bloß die Summe einzelner Rechtsbereiche, sondern muss stattdessen als Verbindung von Lehre und Forschung, von Organisation und Untersuchung computervermittelter Zusammenarbeit, sowie von Analyse und beratender Begleitung informationstechnologischer Entwicklungen verstanden werden.

In Deutschland ist die Rechtsinformatik so verschiedenen Fakultäten angegliedert wie Jura, Informatik und Wirtschaftswissenschaften. Zugleich sind die Themen der Rechtsinformatik neu, veränderlich und komplex. Das macht die Dokumentationen und die Erstellung von pädagogischem Material schwierig. Während es auf dem Arbeitsmarkt eine steigende Nachfrage nach SpezialistInnen dieses Bereiches gibt, bleibt das Studieren von Rechtsinformatik aufgrund ihres fließenden und interdisziplinären Charakters eine Herausforderung. Wie aus eigenen Untersuchungen hervorgeht, weisen die rechtsinformatischen Studienangebote einen vergleichsweise geringen Prozentsatz an weiblichen Studierenden auf.

Für ein Rechtsgebiet wie die Rechtsinformatik, die sich mit den Voraussetzungen, den Anwendungen und den Auswirkungen der Informationstechnologie im Rechtssystem befasst, also es permanent mit Auswirkungen lebensweltlicher Sachverhaltselemente auf Rechtsgrundsätze und der Handhabung des Rechts zu tun hat, wird an Studierende damit ein stark erweitertes Anforderungsprofil gestellt. Das Fach Rechtsinformatik hat es sich zur Aufgabe gemacht, rechtstheoretischen Fragestellungen nachzugehen: die Gebiete des Datenschutzrechts und Telekommunikationsrechts bspw. sprengen die übliche Einteilung in Öffentliches, Zivil- und Strafrecht. Darüberhinaus ist es notwendig, für realitätsbezogene Systematisierungen im interdisziplinären Austausch genauere Kenntnisse über technische Verfahren zu erwerben (Kilian 2001).

Die Rechtsinformatik ist zwar aufgrund ihrer fachlichen Herkunft eine vorrangig juristisch orientierte Disziplin, ihre inhaltliche Ausdehnung reicht allerdings weit über die Rechtswissenschaften hinaus, relevante Teilbereiche sind, wie wir gesehen haben, an informatische und ökonomische Fakultäten angegliedert. So sind interdisziplinäre Kooperation sowie die Förderung von aktiver situationsspezifischer Wissensgewinnung für die Rechtsinformatik inhaltlich vor allem in zweierlei Hinsicht wesentlich: Zum einen ist das Verständnis der relevanten Rechtsnormen abhängig von einem Verständnis der informatischen und wirtschaftlichen Zusammenhänge. Zum anderen ist das Fach nicht durch die Reproduktion althergebrachter Dogmatik, sondern durch die Behandlung ständig neu entstehender, aktueller Problemstellungen gekennzeichnet. Die juristischen Kategorisierungen sind gerade erst im Gange (es herrscht z. B. noch nicht einmal Einigkeit darüber, wie „Information" juristisch zu fassen sei: traditionell als Sache oder in neuer eigenständiger Form, als „informationelles Gut").[2] Zwangsläufig fehlen abgeschlossene Curricula und demzufolge auch entsprechende Lehrbücher. Die RI-Lehre bei den Projektpartnern erweist sich entsprechend als sehr unterschiedlich. Besonders die Jura-Ausbildung unterscheidet sich von anderen Disziplinen. In den Rechtswissenschaften können die Studierenden keine Interessenschwerpunkte in die Abschlussprüfung einbringen. Stattdessen sollen alle Studierenden den gleichen Rechtskanon lernen. Die Universitäten versuchen seit einiger Zeit etwa durch neue Studiengänge (Informationswirtschaft/Karlsruhe) oder Zusatz- und Aufbaustudiengänge (ITM/Münster, Eulisp/Hannover), auf diese Situation zu reagieren. An diesen Aufbaustudiengängen wiederum partizipieren im hohen Maße Volljuristen, die z.T. bereits praktizieren und für die es somit besonders wichtig ist, zeitlich und räumlich ungebundener lernen zu können. Gerade aber auch Nicht-Juristen dürften in ihrer beruflichen Praxis in entsprechenden Betrieben zunehmend mit rechtsinformatischen Fragen konfrontiert sein, so dass hier ein Bedarf an Fort- und Weiterbildung besteht.

3.2 Curriculare Heterogenität

Die Standorte divergieren in ihren fachbereichsinternen thematischen Schwerpunktbildungen und Ausbildungsordnungen erheblich, denn sie unterscheiden sich auf der Ebene des eigentlichen Fachstudiums (Jura, Informatik BWL), hinsichtlich der Stellung Rechtsinformatik innerhalb des Studienganges (Pflicht oder Wahlpflicht) und hinsichtlich des zu erwerbenden Abschlusses (Staatsexamen, verschiedene Diplome, verschiedene Zusatzzertifikate); d.h. bei der Frage, ob es sich bei rechtsinformatischen Lehrangeboten um Einbettungen in grundständige Studiengänge handelt oder ob eigene postgraduale Studiengänge eingerichtet wurden. Damit sind bereits in der unterschiedlichen Ausrichtung hinsichtlich der Berufsorientierung und Berufsbefähigung außerordentlich gravierende Vorentscheidungen gefallen, die sich auf alles Weitere auswir-

---

[2] Zum Thema „Information" fand an der Universität Freiburg im Rahmen des RION-Projekts ein Seminar im Sommersemester 2002 statt (vgl. dazu B. Stingl: 'Zur Didaktik der Rechtsinformatik im Bereich Informatik und Gesellschaft' in diesem Band).

ken. Das hat insbesondere für die (Aus-)Bildungsziele und damit das Lehrangebot der jeweiligen Einrichtungen Konsequenzen. So wird das Themengebiet der Rechtsinformatik für Volljuristen im Standort Münster beispielsweise als Zusatzausbildung während des Hauptstudiums bzw. als postgradualer Studiengang in Hannover angeboten, wobei angehende Informationswirte in Karlsruhe rechtsinformatische Lehrveranstaltungen als Pflichtteile während des Hauptstudiums besuchen; für die Studierenden des betriebswirtschaftlichen und wirtschaftswissenschaftlichen Studiengangs mit juristischem Schwerpunkt in Oldenburg sind die Lehrangebote Teil eines Spektrums anderer möglicher Wahlfächer im Hauptstudium. Postgradualer Studiengang sowie juristische Zusatzausbildung dienen der Vermittlung von Spezialkenntnissen für die Tätigkeit als Jurist, im einen Fall umfassender, im anderen Fall spezialisierter auf bestimmte Ausschnitte beschränkt. Bei der Ausbildung zum Informationswirt geht es in rechtsinformatischen Lehrveranstaltungen eher um juristisch-technische Kenntnisse, die den Informationswirt für seine Schnittstellfunktion im Dreieck Informatik, Wirtschaft und Recht befähigen sollen, der primär wirtschaftlich orientierte Studiengang setzt thematisch auf Komplexe, die in der Hauptsache einen ökonomischen Verwertungszusammenhang bedienen.

3.3 Die Wiederkehr des Diskurses der Schlüsselqualifikationen und das Fehlen der Propädeutik

Eine zu Beginn des Projekts durchgeführte Basisbefragung hinsichtlich der über eine Vermittlung reinen Wissensstoffs hinausgehenden Lernziele der beteiligten Projektpartner ergab eine Reihe von erforderlichen Kompetenzen, die zumindest durch die Veranstaltungsangebote der Ausbildungsordnungen in keiner Weise gedeckt sind. So wird beispielsweise von den Studierenden nach dem Besuch von Vorlesungen mit Abschlussklausuren erwartet, sich in Seminaren mit „wissenschaftlich aufzuarbeitenden Einzelproblemkomplexen" zu beschäftigen. Hierfür hat jeder Studierende „ein wissenschaftliches Referat (mit Powerpoint) zu halten und eine entsprechende schriftliche Seminararbeit" zu erstellen. Ohne institutionalisierte wissenschaftliche Propädeutik wird umgehend als Ziel der Ausbildung eine interdisziplinäre und flexible Arbeitsmethode angestrebt, die sich noch dazu durch den Umgang mit multimedialen Recherchetools auszeichnet. In der Breite der angestrebten und gleichzeitig geforderten Kompetenzen schwingt sich die Rede in diesem Zusammenhang schnell auf den Ruhepunkt der Schlüsselqualifikationen, insbesondere der kommunikativen Kompetenz und der Information- oder Computerliteracy ein.

Studien zum Rechercheverhalten haben indes gezeigt, dass ein signifikanter Zusammenhang zwischen Lernstilen und Persönlichkeitsmerkmalen, die sich in einer Lernerbiographie ausbilden oder verstärkt werden, und dem Grad der Intensität und der Systematik bei der Informationsbeschaffung existiert (Heinström 2000). Insbesondere die Verbindung eines ausgeprägten Planungsaspekts vor Datenbankrecherchen mit der selbstbewussten Einschätzung der eigenen Fähigkeit, die Relevanz der Suchanfrage und der Ergebnisse beurteilen zu können, grenzen in diesem Kontext erfolgreichere Studierende von an oberflächlicheren Lernstilen und in der Tendenz an herrschenden Lehrmeinungen (wie in der Jurisprudenz in der Mehrheit üblich) orientierten Studierenden ab. Nicht zu vergessen ist daneben, dass heute bereits in die Schnittstellenarchitekturen und deren Binnendesigns selbst die Metakompetenzen zur erfolgreichen Bedienung eingeschrieben sind, die bisher Aushandlungsgegenstand und Resultat interaktiver Vergewisserungsverfahren innerhalb der Bildungssysteme waren oder gewesen sein sollten (Heiner 2002). Hinter der Forderung nach einer „interdisziplinären und flexiblen Arbeitsmethodik" unter Zuhilfenahme multimedialer Tools lauert noch vor den Fragen der technischen Erfahrung im Umgang mit Computersystemen die Wiederkehr der verdrängten Kommunikation über Metakompetenzen, Semantiken und der hermeneutischen Kompetenz für einen sich immer weiter ausdifferenzierenden Wissenschaftsbetrieb. Diese Einschätzung ließ sich auch durch eine Basiserhebung bei Studierenden der Rechtsinformatik fundieren. Auf die Frage, was sich die Studierenden von einem internetgestützten Lernangebot in der Rechtsinformatik für Juristen erwarten, zeigte sich überwiegend ein Bedarf nach exemplarischen Klausuren und Vorlesungsskripten, also ein Bedarf der an den Vorgaben des Curriculums und den Zertifizierungsstrukturen des Jurastudiums orientiert ist. Daneben besteht aber gleichzeitig eine Nachfrage nach Einführungskursen zur Handhabe von IT-Technologien, deren Beherrschung als Schlüsselkompetenz juristischen Arbeitens angesehen wird. Offensichtlich kommt hier das Dilemma zum Ausdruck, dass die exemplarischen Klausuren und Vorlesungsskripte allein nicht ausreichen, um im Studium zu reüssieren. Der gelungene Umgang mit den Schnittstellenarchitekturen setzt jedoch wie angedeutet die Kenntnis der juristischen Arbeitsweise und der Tücken der Falllösung bereits voraus. Insofern ist es auch nicht überraschend, dass das Interesse an reinen juristischen Datenbanken oder Paragraphensammlungen bei Studierenden im Grundstudium gar keine, und auch bei fortgeschrittenen Studierenden nur eine untergeordnete Rolle spielt. In der ebenfalls geringen Nachfrage nach juristisch kommentiertem Unterrichtsmaterial im Kontext eines internetgestützten Lehrangebotes für die Rechtsinformatik ist schon auf Ebene dieser basalen Befragung der immense Bedarf nach einem Kompetenzerwerb zu spüren, der sich zu einem nicht unerheblichen Teil nur in einem diskursiven, von Interaktion geprägten Rahmen vollziehen kann. Ein genauerer Blick auf den juristischen Ausbildungsgang, die juristische Arbeitsweise und den Status der Falllösung sollen diese Einschätzung hier weiter fundieren helfen.

3.4 Juristischer Ausbildungsgang und juristische Arbeitsweise

Die Studierenden der Rechtswissenschaft beginnen ihr Studium in der Regel mit dem Besuch von Grundvorlesungen in den traditionellen drei Rechtsgebieten Zivilrecht, Strafrecht und Öffentliches Recht. Hierzu bieten die Fachbereiche begleitende Arbeitsgemeinschaften an, deren Besuch an manchen Fachbereichen Voraussetzung für den Erwerb der ersten Übungsscheine ist, der sog. „Kleinen Scheine", die wiederum Voraussetzung für den Erwerb der „Großen Scheine" darstellen. Die mittlere Studienphase dient nach dem Selbstverständnis der Fachbereiche vor allem der Vermittlung des juristischen Grundwissens in ausgewählten Pflichtfächern. Neben Vorlesungen werden den Studierenden in dieser Phase Übungen angeboten, die auf den Erwerb der in den Prüfungsordnungen genannten Scheine ausgerichtet sind. Diese Scheine werden durch zwei mindestens „ausreichende" Fallbearbeitungen in Form von Konfliktentscheidungen erworben, und zwar eine in Klausur- und eine in Hausarbeitsform. Die Bearbeitungszeiten der Hausarbeiten liegen bei etwa drei bis vier Wochen. Im Verlauf des Studiums absolvieren die Studierenden in den drei großen Pflichtgebieten also eine Anfänger- und eine Fortgeschrittenenübung. Nachweispflichtig ist darüber hinaus noch die bloße Teilnahme an einer sog. Grundlagenveranstaltung, in der z. B. geschichtliche, philosophische und soziale Grundlagen des Rechts oder die Methoden der Rechtsanwendung behandelt worden sind. Eine gewisse Differenzierung des Lehrangebots erfährt die Schlussphase des Studiums. Zunächst entscheiden sich die Studierenden für eine Wahlfachgruppe innerhalb derer sie einen Schein (als Zulassungsvoraussetzung für das erste Staatsexamen) erwerben müssen und die in begrenztem Umfang bei den Examensgegenständen berücksichtigt wird. Nach sieben oder mehr Semestern Studium belegen fast alle Studierende Kurse bei externen RepetitorInnen, die sie auf den Stoff der Examensklausuren und der mündlichen Prüfung vorbereiten. Die Schlussphase des Studiums bietet daneben noch Seminare, in denen fortgeschrittene Studierende, Doktoranden und AssistentInnen eine von ProfessorInnen vorgegebene Themenstellung bearbeiten. Die didaktische Struktur dieser Veranstaltung ist ähnlich rigide wie die der Vorlesungen und Übungen. Meist sind sowohl das Seminarthema als auch die Themen der einzelnen Sitzungen vorgegeben. Die Wahlfreiheit der Studierenden besteht im Wesentlichen in der Auswahl des Seminars und, bei frühzeitiger

Anmeldung, in der Wahl des zu bearbeitenden Themas. Die Teilnahme an Seminaren ist freiwillig, kaum jeder zweite Studierende entschließt sich dazu (Schütte 1982, S. 61ff.).

In ihrer Ausbildung werden die Studierenden vor allem mit zwei Formen juristischer Arbeitsweise konfrontiert: Zum einen mit Erläuterungen des Normprogramms; traditionellerweise finden sie sich in Lehrbüchern und systematischen Lehrveranstaltungen. Ihr Inhalt besteht zunächst in einer bloßen Paraphrasierung des Gesetzestextes, die die technische Begrifflichkeit dem Noch-Laien verfügbar macht, sie ihm übersetzt. Solche Übersetzungen enthalten sodann auch Hinweise zum Regelungszweck einer Norm und Interpretationen zu ihrem Bedeutungsgehalt und führen so zu dogmatischen Überlegungen. Zum zweiten haben sich die Studierenden mit Fällen auseinander zu setzen, auf die das erläuterte und präzisierte Normprogramm angewandt werden kann. Die Studierenden haben Fall-Lösungen zu entwerfen und damit einen Ausschnitt (gutachtliche Vorbereitung einer Entscheidung) aus einer bestimmten juristischen Berufsrolle (Richter) zu simulieren. Die Entwicklung einer fallbezogenen Lösung läuft typischerweise über zwei Schritte: Über den Aufbau einer Prüfreihe und über dogmatische Argumentationen. Prüfschemata ordnen die Normprämissen aus Gesetz und Dogmatik, fassen sie zusammen und fügen sie in eine Reihenfolge und in eine interne hierarchische Struktur von über- und untergeordneten „Prüfstationen". Mit ihren Leitfragen grenzen solche Schemata gleichzeitig juristische und außerjuristische Themen voneinander ab. Argumentationsschemata geben Lösungsmodelle für juristisch definierte Problemfälle. Die Verarbeitung juristischer Fälle in Termini der juristischen Sprache setzt dabei die Technik der Zerlegung und Neukomposition nach den Relevanzkriterien juristischer Beurteilung voraus. Dies gelingt in Anwendung von Prüfschemata, die die erste Stufe juristischer Problemlösungen strukturieren. Die zweite Stufe lässt sich als Zuordnung juristischer Beurteilungsmöglichkeiten zu den im Prüfschema rekonstruierten Sachverhaltselementen darstellen. Argumentationsschemata stellen die Anwendung der Prüfschemata auf den konkreten Fall sicher, sie verknüpfen beide, indem sie die Sachverhaltselemente als Entscheidungsvariablen verdeutlichen, die das Prüfschema eröffnet. Prüfschemata stellen sachliche Voraussetzungen entwickelter juristischer Lösungen dar, weil sie den Rahmen setzen, innerhalb dessen dogmatische Institute erst ihre Verwendungsmöglichkeit finden. Sie legen die Fragestellung fest und grenzen die zulässigen Lösungswege ein.

3.5 Zum epistemologischen Status der „Falllösung"

Aus didaktischer Sicht bergen die Ausbildungsordnung und die praktizierten Arbeitsweisen für Lernziele, die über die oberflächliche Beherrschung der Methode der Subsumtion hinausgehen, einige Schwierigkeiten. Zunächst ist für das juristische Studium kennzeichnend, dass die grundsätzlich erforderliche wechselseitige Annäherung von Norm und Realität einseitig betrieben wird. Die Differenz vom Ereignis zum Fall, vom Bericht zum Sachverhalt wird auf diese Weise übergangen. Der Studierende erhält die Wirklichkeit als „Fall" vorgeführt, in dem – so der Anspruch dieser Vorgehensweise – kein Satz ohne rechtliche Bedeutung ist. In der Sprache der Subsumtionslogik: Der Lerner erfährt zwar, den Obersatz zu formulieren, nicht aber – was in der Praxis sehr viel langwieriger und schwieriger ist – den Untersatz zu präzisieren, also das Ereignis aufzuklären und seine Elemente nach normrelevanten Aspekten zu unterscheiden. Dabei ergibt sich auch die Problematik der Referenz: Es handelt sich um ein Zusammenspiel eines dichten Netzes von in der Rechtsarbeit jeweils neu herzustellenden Wissensrahmen, die ihr Fundament nur teilweise in schriftlichen Texten haben (jedenfalls nur teilweise in kanonischen Gesetzestexten). Der Vorgang, wie in komplexen Schritten Beziehungen zwischen einer Vielzahl von Elementen außerrechtlicher Lebenssachverhalte und Normtexten unterschiedlichster Art hergestellt werden, wird in den seltensten Fällen explizit deutlich gemacht (Busse 1993). D.h. z.B., dass die rechtliche Formung lebensweltlicher Sachverhaltselemente während des Studiums fast immer nur implizit mitläuft. Hinzukommt, dass während der gesamten Ausbildung gleichsam spiralförmig immer wieder gleiche oder ähnliche Themen vorgeführt werden, die so zunehmend stabile differenzierte und flächendeckende Lösungsmuster vermitteln sollen. Die Begründungstypik und damit die sich routinisierende Arbeitsweise tendiert zu einer disziplinären Geschlossenheit. Entscheidungsprämissen werden fast immer aus vorhandenen oder fallbezogen modifizierten Regeln, aus dogmatischen Konstrukten und den Regeln ihrer Geltungsgrenzen („Ausnahmen") abgeleitet. Die Spannweite reicht vom bloßen Berufen auf Autoritäten („... so die h.M.", die herrschende Meinung) über textbezogene Interpretationen einzelner Tatbestandsmerkmale bis hin zur Verbreiterung des potentiellen Aussagegehaltes einer Norm durch das Heranziehen von „Rechtsgrundsätzen". Die juristische Ausbildung lebt somit ausschließlich von der anwendenden, übenden Wiederholung. Die weitgehend hierarchische Struktur der rechtlichen Teilgebiete – sie sind nahezu alle in einen „allgemeinen" und in einen „besonderen" Teil gegliedert – lässt die Anwendbarkeit einmal gelernter Prinzipien auf neue Materialien leicht erweitern. Diese neuen Gebiete werden als Modifikationen von bereichsspezifischen Grundsätzen wahrgenommen, auf die immer wieder zurückgegriffen werden kann, wenn eine besondere, sachnahe Entscheidungsregel nicht zu finden ist. Stabilisierung, Differenzierung und Erweiterung sind prozessuale Erfolgsbedingungen für die Einübung des juristischen Arbeitens. Sie basieren auf der lernstrukturellen Prämisse, es müssten nur wenige Interpretations- und Handlungsmuster eingeübt werden und durch Verfeinerung transferfähig gemacht werden. Die Lernstruktur vollzieht hier etwas nach, was in der Sachstruktur scheinbar so gegeben ist; nur stimmt die Hierarchie des Normprogramms von den Kerngebieten des Rechts gar nicht mehr, und damit ist auch die konzentrische Lernanordnung höchst problematisch (Schütte 1982: 155f.).

3.6 Didaktischer Bedarf und Anforderungen für die Medienwahl hypermedialer Lernarrangements in der Rechtsinformatik

Da im ersten juristischen Staatsexamen eine große Stoffmenge geprüft wird, haben Studierende der Rechtswissenschaft großes Interesse an einer Instanz, die ihnen verlässlich alle Themengebiete in der notwendigen Tiefe vermittelt. Diese Instanz ist aber im Allgemeinen der außerhalb der Universität angesiedelte, kostenpflichtige Repetitor, der von der überwältigenden Mehrheit der Studierenden besucht werden. Dieser liefert ihnen Bedeutungshierarchien und arbeitet Fälle beispielhaft durch. Sowohl die juristischen Lerner wie auch die Dozenten können demnach auf den ersten Blick mit den Möglichkeiten, die das Lernen in Netzen bietet, wenig anfangen. Die Art der Informationsaufbereitung in Netzen scheint dem Lernen im juristischen Studium auf den ersten Blick sogar konträr entgegenzustehen, denn: Beim Einstieg auf einer unteren Lernstufe fehlen dem juristischen Lerner die Relevanzkriterien, die das selbstgesteuerte Lernen in Hypertextumgebungen voraussetzt.

Bei den durchgeführten Erhebungen der Studienbedingungen im Fach Jura betonten die Gesprächspartner aber nicht nur explizit ihren Bedarf, kooperativ zu lernen, Fallbeispiele zu üben und Argumente in freier Rede zu vertreten. Es zeigte sich zudem, dass der Besuch bei RepetitorInnen auch als Plattform benutzt wird, auf der man sich zu privaten Kleinstgruppen (ca. drei Personen) zusammenfindet. In ihnen werden Fälle aufbereitet und gemeinsam durchgearbeitet.

Hintergrund dafür ist, dass die Praxis und Spezialisierung in den Rechtswissenschaften erst während der Jahre des Referendariats nach dem Studium beginnt. Bis zum ersten Staatsexamen besteht keine im Curriculum verankerte Möglichkeit für kooperatives Arbeiten oder Vertreten eines Falles in freier Rede. Fähigkeiten, die in der Praxis für einen Juristen als unumgänglich erscheinen, werden bis zu diesem Zeitpunkt nicht eingeübt.

Viele ehemalige Studierende fühlen sich dann „ins kalte Wasser geworfen". Zugleich gaben einige an, im Referendariat mehr gelernt zu haben, als während ihres gesamten Studiums an der Universität. (Solche Erfahrungen haben bereits zu einigen Versuchen geführt, die Rechtswissenschaften zu reformieren und die Bemühungen dauern an.) Das Beispiel der Lehre der Rechtswissenschaften zeigt, dass unter den gegebenen Verhältnissen die Möglichkeit zu selbstorganisiertem, kooperativem Lernen sehr begrenzt sein kann.[3]

Für rechtswissenschaftlich geprägte Lehrangebote (d. h. auch durch Fachjuristen gelehrte Veranstaltungen der Rechtsinformatik an anders ausgerichteten Studienschwerpunkten) besteht eine wichtige, aber nur schwer zu klärende Frage darin, inwieweit sich eine instruktionistische, bestenfalls kompetitive Studienkultur ad hoc für die Transformation in eine konstruktivistische und kollaborative Lern-Kultur eignen kann. Aus didaktischer Sicht gerade in Hinblick auf die Entwicklung von hypermedialen Lernarrangements wirft also zunächst die historische Entwicklung der Rechtswissenschaft, die sich in der Sachstruktur niedergeschlagen hat, die größte Problematik auf. Daneben führt der Versuch der Übertragung der Sachstruktur auf eine konzentrische Lernanordnung im Zusammenhang mit der „Koexistenz" einer empirischen und normativen Orientierung in der juristischen Arbeitsweise und der Falllösung, zu einer erheblichen Kohärenzproblematik mit entsprechenden Konsequenzen für die Möglichkeiten einer referenzierenden (externen) Repräsentation gerade auch mit Hypermedien. Ebenfalls juristisch orientierte BMBF-Projekte wie z.B. das Projekt „Multimediale Europaorientierte Juristenausbildung" beggegnen dieser Problematik ebenfalls. Die Rede von der „Wissensarchitektur des Rechts", die mithilfe der „Wissenswerkzeuge" einer „visuellen Grammatik" das Gesamtbild der rechtlichen Struktur in jeweils genau bestimmbaren Ausschnitten und Abstraktionsgraden zugänglich macht, und damit die Komplexität der gesetzlichen Regelung transparent und nachvollziehbar werden lässt, findet jedoch seine Grenzen in dem Satz: „Die prinzipiell möglichen Wege durch die Architektur des Rechts sind im Wissenswerkzeug präzise gezeichnet, aber die Entscheidung über den im konkreten Fall jeweils richtigen Weg muss vom Prüfenden

---

[3] Die Lehrenden eines Partnerinstituts äußern, dass die Seminarplätze knapp seien. Daher wählen die Studierenden vorbereitende Seminartreffen, um ein Thema zu bekommen, zu dem sie Material lesen und sammeln, um dann eine Ausarbeitung anzufertigen, die sie auf dem Präsenz-Seminartermin vorstellen. Die Studierenden nutzen dabei nur selten die Möglichkeit, ihre Arbeiten vor dem Seminartermin mit den Dozenten zu diskutieren, woraus Missverständnisse resultieren, wenn die Studierenden ihre Ausarbeitungen anders anlegen als vor dem Hintergrund der restlichen Ausarbeitungen sinnvoll - letztere lernen die Studierenden aber in der Regel erst auf dem Präsenztermin kennen, wenn sie ihre Präsentation nicht mehr ändern können. Das Auditorium im Seminar ist mehr oder weniger passiv, was bis zu einem gewissen Grad auf das mangelhafte Verständnis für die Themen der Kommilitonen zurückzuführen ist. Die Studierenden „wachen" nur „auf", wenn sie ihre Arbeit vorstellen. Diskussionen unter den Studierenden sind mehr als selten.

selbst getroffen werden." (MMJA o.J.) Diese Systeme sind und bleiben gerade auch in juristischen Kontexten aus didaktischer Sicht eher für weiter Fortgeschrittene bzw. Experten einer Wissensdomäne von Nutzen. Darüber hinaus laufen diese auch immer Gefahr, schnell veraltet zu sein, wenn sie von Hochschulen aus strukturellen Gründen nicht nachhaltig redaktionell betreut werden können oder wie in unserem Falle während der Projektlaufzeit gar nicht in hinreichender Form erstellt werden können.

Die didaktische Bedarfsanalyse für die Entwicklung hypermedialer Lernarrangements in der Rechtsinformatik bleibt somit nicht allein an eine ausschließliche Übertragung propositionalen Lehrbuchwissens in eine navigierbare Ordnung verwiesen, sondern aufgrund der Tatsache, dass juristische Entscheidungsprozesse informationell nicht beschrieben werden können und diese immer Bewertungsakte erfordern, stehen insbesondere auch die diesbezüglichen lokalen Vorbildungsvoraussetzungen und weiterführend die entsprechenden Studien- und Berufswahlmotivationen der Studierenden im Vordergrund.

Die längerfristigen Projektziele der Entwicklung, Erprobung und Durchführung von multimedial ergänzten Lehrveranstaltungen (im Verbund) und die dazu notwendigen kurz- und mittelfristigen Ziele einer Rückkopplung von Lehre, Inhaltserstellung und hypermedialem Arrangement zum Zwecke der Erhöhung der (medien-)pädagogischen Qualifikation der Beteiligten ließen vor dem Hintergrund der skizzierten didaktischen Bedarfsanalyse folgende Gestaltungselemente sinnvoll erscheinen.

Die Heterogenität der (geforderten) Vorbildungsvoraussetzungen der Besucher der zur Debatte stehenden Lehrveranstaltungen, die sich zum einen aus ihrer curricularen Verankerung und zum anderen aus der Sonderstellung der Rechtsinformatik ergibt, verweist zentral auf die Notwendigkeit einer Konzeption, die jeweils tutorielle Betreuung in den Mittelpunkt rückt, um dieser Heterogenität begegnen zu können. Hiermit soll nicht verdeckt werden, dass in diesem Zusammenhang selbstverständlich erneut die zentrale didaktische Problematik im Zusammenhang mit dem Wissens- und Lernbegriff adressiert wird. Auch Michael Kerres, der diese Sollbruchstelle bei der Konzeption hypermedialer Lernarrangements elegant in die Vokabel „Didaktisches Knowledge Engineering" kleidet, kommt nicht umhin zu konstatieren, dass für die didaktische Transformation von bzw. das Eröffnen von Zugängen zu Expertenwissen für die Bedürfnisse von Laien gerade Fortgeschrittene (und wie wir meinen, also TutorInnen) besonders geeignet erscheinen, weil bei diesen die Konzepte und Prozeduren der Wissenskompilierung noch nicht einen so ausgeprägten Grad der impliziten Routinisierung erreicht haben (Kerres 1998: 184ff.). Der Erfolg bei der Arbeit sog. „didaktischer

Designer" oder eben auch TutorInnen und damit auch die Arbeit jedes BMBF-Projektes im Programm „Neue Medien in der Bildung" hängt dann jeweils von sehr personal gebundenen Kompetenzen ab. Die Kompetenz, die hier gefragt ist, lautet in Kurzform, ob man in der Lage ist, Beobachter beim Beobachten zu beobachten. Also weniger das Wissen (know that) des Experten, als das Reflektieren auf das Können (know how) in seiner spezifischen Explizitheit ist Teil dieser Kompetenz. Nicht jeweils das Aktualisieren der Verfahren des Könnens steht allein im Vordergrund, sondern gerade die benennende Charakterisierung der das Können bestimmenden Erfolgsbedingungen ist gefragt (Stekeler-Weithofer 1995, Neuweg 1999).

Daneben legt in der spezifischen RION-Bedarfsanalyse die explizite Nachfrage nach Zusammenarbeit zum Erwerb der z.T. schwach entwickelten Kompetenzen wie die gemeinsame Erarbeitung von Fallbeispielen, die gemeinsame Übung und Argumente in freier Rede zu vertreten, die Integration von Methoden des kooperativen Lernens zu möglichst frühen Zeitpunkten in den Ausbildungsbetrieb nahe. Die Forderung nach (technischen) Schlüsselkompetenzen sowohl von Seiten der Standortvertreter als auch von Seiten der Studierenden ist wiederum im Zusammenhang mit der Tatsache zu sehen, dass die Propädeutik in der Rechtswissenschaft erst mit dem Besuch bei Repetitoren einsetzt, und auch hier dann eher die übende Wiederholung exemplarischer Falllösungen, nicht aber die Heranführung an die „Forschungsform" der Rechtsarbeit dominiert. Diesem strukturellen Dilemma muss sich eine ernstgemeinte Initiative einer Implementierung von (hypermedialen) Lernarrangements in der Rechtsinformatik stellen. Über die genannten „didaktischen" Elemente tutorieller Begleitung und kooperativer Methodik hinaus bestehen dann noch explizite thematische Anknüpfungspunkte für das Verständnis der „Forschungsform" der Rechtswissenschaft und eine kooperative Interdisziplinarität in der Rechtsinformatik sicherlich in der notwendigen Abhängigkeit des Verständnisses der relevanten Rechtsnormen von einem Verständnis der in ständiger Veränderung befindlichen informatischen und wirtschaftlichen Zusammenhänge.

Die Medienwahl für die Konzeptionierung hypermedialer Lernarrangements im Projekt RION war also einerseits vom Kriterium einer Eignung für die Unterstützung teletutorieller Prozesse bestimmt, andererseits musste ein potenzieller Medieneinsatz genügend Spielräume für die Erprobung kooperativer Szenarien im Rahmen computervermittelter Kommunikation eröffnen können. Zuletzt war ein datenbankbasiertes System erforderlich, dass als Dokumentenverwaltung für den Einsatz des geplanten Hypertextsystems zur rechtsinformatischen Information (JIRI) dienen konnte.

4. Bemerkungen zur Medienwahl und des Einsatzes von Kommunikationswerkzeugen im Projekt RION

4.1 Die Lernplattform als „boundary object" an der Schnittstelle von Didaktik, Technik und Kommunikation

Vorgabe des Bundesministeriums für Bildung und Forschung im Rahmen des Programms „Neue Medien in der Bildung" war, dass für das Projekt eine bereits vorhandene Plattform-Software benutzt werden solle, die Ressourcen also nicht für eine technische Neuentwicklung aufgebraucht werden dürften. Mit proprietärer Software handelt man sich aber immer ein Problem grundsätzlicherer Natur ein. Die verschiedene Gewichtung lerntheoretischer Modelle sollte eigentlich auch die Entscheidung für eine bestimmtes Design und für entsprechende Navigations- und Interaktionsmethoden ermöglichen. Überwiegend sind diese Entscheidungen jedoch schon von den Lernplattform-Produzenten getroffen worden, so dass die Entscheidung für eine bestimmte Lernplattform automatisch die Gestaltungsfreiheit der BenutzerInnen einschränkt (Schulmeister 2000). Es mag wie eine Binsenweisheit klingen – aber Standardisierungen wirken hier immer restriktiv.

Diese Einschränkungen stammen bei Lernplattformen oft schon aus der technischkategorialen Bestimmung ihres Designs.

In der Regel eröffnet sich durch das Instrument der Rechtevergabe schon im Bereich einfacher Content-Management-Systeme die Perspektive, bestimmte Nutzergruppen auf ein System zuzulassen und diesen dann jeweils typische Funktionen zuzuordnen. Dieser Vorgang wird mit dem Begriff der „Rolle" erfasst. Viele Systeme unterscheiden dabei zwischen AutorInnen-, TutorInnen-, LernerInnen- und AdministratorInnen-Rolle.

Innerhalb des Paradigmas der „Rollenvererbung" bieten die Mehrzahl der Lern-Management-Systeme Funktionen im Wesentlichen aus zwei Bereichen: Einmal ermöglichen sie für AutorInnen die strukturierte Darstellung von Lernmaterial in einer modularisierten Form und die Bereitstellung von Werkzeugen zur Bearbeitung dieses Materials sowie Werkzeuge, die für die computerunterstützte Kommunikation und die Interaktion der beteiligten Personen vorgesehen sind (Albrecht & Neumann 2002: 3).

Die Bemühungen im Feld der Entwicklung von Evaluationskriterien von E-Learning-Plattformen und Veranstaltungen sehen sich in dieser Konstellation bei der Erstellung von Kriterienkatalogen mit einem wiederkehrenden Dilemma konfrontiert: Die implementierten Kommunikationswerkzeuge in Lernplattformen stammen aus einer Reihe unterschiedlicher Interaktions- und Nutzungskontexten, die eng verwoben sind mit der

Evolution des Internets. Hier schließt sich dann die Diskussion um das Potential für unterschiedliche Interaktionsniveaus an, die diese Werkzeuge ermöglichen sollten, aber aufgrund ihrer medialen Struktur auch verhindern können. Das wiederum impliziert für didaktische Planung und Evaluation, dass BenutzerInnen nicht bloß RezipientInnen von Lehrmodulen sind, sondern in den medial vermittelten Informations-, Kommunikations- und Lernprozess gestaltend eingreifen. Gegenstand der Gestaltung und für eine begleitende Evaluation ist dann gerade nicht die inhaltliche statische Qualität des Materials, sondern, in wie weit der flexible Einsatz von Elementen der Lernplattformen helfen können, Lernprozesse durch Interaktionen zu initiieren und/oder zu unterstützen (Baumgartner 1999, Häfele 2001, Baumgartner, Häfele & Maier-Häfele 2002 a & b).

Damit wird aber deutlich, dass es auch in der Praxis der Formen einer E-Learning-Veranstaltung, die verstärkt auf ein konstruktivistisches Paradigma in einem sozialen, teamorientierten Prozess setzt, immer auch zu Überlagerungen mit dem Instruktionsparadigma, bei dem ein Lehrender zeitweilig das Lernen steuert, oder mit einem kognitivistischen Paradigma kommt, bei dem das Lernen in einem aktiven Aneignungsprozess stattfindet, welcher tutoriell begleitet wird.

Ein Großteil der Ergebnisse im Hinblick auf den Erfolg und die Evaluierung von E-Learning-Veranstaltungen waren also bei diesem Wissenstand vom Grad der Harmonisierung des didaktisches Designs und der Medienwahl, die die eingesetzte Lernplattform in der Lage ist zu eröffnen, vorhersagbar. Denn von der Kenntnis dieser Zusammenhänge abgesehen, ist die andere wesentliche Determinante die gewandelte Rolle der Lehrenden, die hauptsächlich als TutorInnen zu ModeratorInnen werden müssen und deren wesentliche Aufgabe darin besteht, auf der Basis der Kenntnis der Kommunikationsdynamiken der eingesetzten Werkzeuge Diskurse zu initiieren und Anreize für die TeilnehmerInnen zu schaffen, sich dauerhaft zu beteiligen.

Einsatz und Erfolg multimedialer Lernumgebungen bleiben in der wissenschaftlichen Diskussion und Bewertung zunächst umstritten (Schulmeister 1996: 365 ff.). Dies gilt für die Evaluation konkreter Systeme genauso wie für die Erstellung von Evaluationskategorien auf lerntheoretischer Grundlage. Auch in diesem Zusammenhang heißt es wiederum: Ein didaktisches Konzept sollte in dieser Situation nach Möglichkeit die Adressaten, die Lehrenden, die Beziehungen zwischen den beteiligten Gruppen und die Lernsituation (Kooperation und Kommunikation) antizipieren (Schulmeister 1996: 79). Für multimediale Lernumgebungen kann mit Jonassen und Mandl (1990) konstatiert werden, dass sich zwar orts- und zeitungebunden sehr viele Materialien erschließen lassen, auf die Anwender aber auch höhere Ansprüche zukommen, sich in der Umgebung sicher und selbständig zu bewegen.

Die geforderte Medienkompetenz (vgl. Baacke 1996) fällt bei Lehrenden (und bei Studierenden) nicht vom Himmel (was sich auch an der Konjunktur entsprechender Publikationen ablesen lässt) und in der Kombination mit dem Grad der Harmonisierung von Didaktik und Medienwahl lassen sich hier für das Anfangsstadium zu erwartende Ergebnisse aus entsprechenden Studien beispielhaft illustrieren: Beiträge in Foren werden zu Beginn einer virtuellen Veranstaltung erheblich häufiger rezipiert, die Frequenz lässt im Verlauf des Seminars dramatisch nach. Die TeilnehmerInnen lesen die früh geposteten Beiträge, schreiben im günstigen Fall eigene Beiträge und steigen dann aus dem Diskurs aus. Weibliche Studierende schreiben im Vergleich kürzere Beiträge, thematisieren dafür aber stärker persönliche Erfahrungen im Kontext des Seminars. TutorInnen, die durch weitere Deputatsverpflichtungen stark belastet sind, können nicht in der erforderlichen Geschwindigkeit auf Anfragen reagieren. Auch zwischen weiblichen und männlichen TutorInnen zeigen sich Unterschiede hinsichtlich der Bereitschaft, Diskussionsbeiträge zusammenzufassen und als Hilfestellung in threads zu strukturieren (vgl. z.B. Jelfs und Colbourn 2002: S.133f., Link 2002, vgl. auch die Teile zum Thema Gender in diesem Band).

4.2 Hyperwave E-Learning Suite und Juristisches Informationssystem Rechtsinformatik (JIRI)

Aufgrund der genannten Vorgaben des BMBF wurde vom Konsortialpartner in Oldenburg die Lernplattform Hyperwave E-Learning Suite ausgewählt und für die Bedürfnisse der entwickelten Konzeptionen fortlaufend angepasst. Auch die Ausarbeitung eines Juristischen Informationssystemes zur Rechtsinformatik oblag dem Standort Oldenburg. Ausführliche Informationen zu der Implementierung und Anpassung dieser Systeme finden sich im zweiten Teil dieses Bandes (vgl. den Beitrag von R. Mülchen).

4.3 JurMOO: explizit-theatrale Kommunikation und Kooperation

Ein MUD (Multi User Domain) oder MOO (MUD, object oriented) (vgl. Bruckman 1998) ist eine Ansammlung von meist textbasierten virtuellen Räumen, die sich durch einen Schwerpunkt synchroner Kommunikationsmodalitäten auszeichnen. Ursprünglich für Fantasy-Rollenspiele wie z.B. „Dungeons and Dragons" entwickelt, wurden MUDs und MOOs in den letzten Jahren mehr und mehr für andere Zwecke verwendet. So existieren mittlerweile sog. „Organisational-MUDs", in denen ein Austausch zu einem bestimmten Thema stattfindet, „Social-MUDs", in denen virtuelle Lebenswelten

entstehen und Educational MOOs. Gemeinsam ist allen MUDs und MOOs, dass die Nutzer Identitäten, sogenannte character oder avatare, sowie eigene Räume und Objekte schaffen können. Für Educational MOOs bedeutet das insbesondere, dass die Lernenden an der Gestaltung der Lernumgebung mitwirken können. Zur genaueren Beschreibung der besonderen Qualitäten, die sich beim Einsatz eines MOOs entfalten können, haben sich zwei Begriffe etabliert. Die sog. Konzepte der „immersion" und der „agency" sind dabei jeweils in einem engem Zusammenhang zu sehen. „Immersion" betont zunächst die explizit räumliche Strukturierung der begehbaren Ausschnitte einer nach eigenen Vorgaben gestaltbaren Welt. Die besondere „Kommunikationsdichte", die im Vergleich zu anderen synchronen Kommunikationswerkzeugen immer wieder betont wird (vgl. Haynes 1998, Davis und Rouzie 2002), ergibt sich aus der Überlegung, dass für das entstehende Gefühl der Involviertheit in der räumlichen Umgebung eines MOOs eine spezifische technisch verstärkte Theatralität notwendig ist, die sog. „agency". „Agency" wird so verstanden, dass sich die TeilnehmerInnen, die sich in einem MOO einfinden, explizit als Spieler mit einem spezifischen, zu gestaltendem Charakter auftreten. In den Vordergrund wird diese Offenlegung des Handlungszusammenhangs von Kommunikation durch die Tatsache gerückt, indem die Spieler über eine rudimentäre Kontrollsprache verfügen, die einerseits der räumlichen Bewegung und andererseits der Interaktionen mit den vorhandenen und zu erzeugenden manipulierbaren Objekten dient. Darüberhinaus existiert für den expliziten Ausdruck von Emotionen ein eigener „Kommunikationskanal", der nicht wie in Chats üblich lediglich ikonische Emotes ermöglicht, sondern die Möglichkeit einer propositionalen Form des Ausdrucks von subjekt-bezogenen Äußerungen bietet.
Die Interaktionsmöglichkeiten in einem MOO und die Freiheitsgrade im Hinblick auf das Kreieren von Identitäten, Räumen und Objekten legen eine spezielle didaktische Ausrichtung in JurMOO nahe. Haynes und Holmevik (Haynes und Holmevik 2000) beobachten, dass der klassische Frontalunterricht im MOO nur schwer durchsetzbar ist, da sich durch die Schaffung von Identitäten oft Hierarchieunterschiede verwischen. Das MOO erweist sich in Untersuchungen zum Einsatz im Bereich des Fremdsprachenerwerbs einerseits als besonders geeignet zum Abbau von Ängstlichkeit gegenüber der technischen Umgebung, die in ihrer expliziten „Überhöhung" ihrer Funktionsweise gleiche Zugänge eröffnet. Daneben legt die simultane Verknüpfung von synchronen kommunikativ-dichten Funktionen und der Repräsentation der prozessualen Ergebnisse asynchroner Diskurse (z.B. einzelne Lernschritte) einen Einsatz für kooperative Prozesse nahe.

5. Genderaspekte

5.1 Einleitung

Geeignete, empirisch verfügbare Perspektiven für eine geschlechtersensitive Begleitung eines hypermedialen Hochschulprojekts sind in der kommunikativen Konstruktion des Bildungsbetriebs einerseits durch eine Untersuchung geschlechtsspezifischer Verwerfungen der didaktisch-methodischen Settings insbesondere in ihrer technischmedialen Verlängerung zu eröffnen, andererseits müssen empirische Zugänge auch insbesondere Ressourcen aus anderen Sozialisationsstufen und Lebensbereichen in die Bewertung aktualisierter Kommunikationsvollzüge mit einbeziehen (vgl. ausführlicher Stingl i.d.B. s.o.).

Die Untersuchung von Techniknähe und Technikdistanz in den Ausprägungen divergenter Selbstzuschreibungen und Kompetenzen sind im Zusammenhang der Herstellung von Geschlechtsidentitäten zu befragen. Gegenstand einer ersten weiterführenden Evaluation sollte im Projekt RION insbesondere die Untersuchung der Verknüpfung von spielerischem Kompetenzerwerbes im Freizeitbereich, Computerkenntnissen sowie der damit zusammenhängenden Einbindung in eine spezifische Kommunikationskultur sein.

5.2 Interesse, Kompetenz, Nutzung, Kontext

Die Chancen und Möglichkeiten, die die Neuen Medien bzw. Informations- und Kommunikationstechnologien für die Entwicklung innovativer Lehr- und Lernmethoden bieten, sind längst unumstritten, so aber auch die Probleme, die diese aufwerfen. So zeigen sich verstärkt Gender-Divergenzen, die u. a. auf unterschiedlichen Medieninteressen, Medienkompetenzen und Mediennutzungen beruhen (Feierabend und Klingler 2000; van Eimeren und Ridder 2001; Eckhardt, Mohr und Windgasse 2002; Buchen und Philipper 2002).

Zunächst transportieren die Medien als Vermittler zwischen Inhalten, sozialen Interaktionen und Techniken Geschlechter-Kodierungen und bieten gleichzeitig eine Bühne für Geschlechterperformanzen. Sie können so den Prozess der Geschlechterordnung reproduzieren und tun dies auch häufig über den im Folgenden beschriebenen Mechanismus.

Informationstechnische und Medienkompetenz werden über den individuellen und kollektiven Umgang mit Computern und Neuen Medien erworben und verstärken sich gegenseitig: wer Neue Medien kompetent nutzt, erlangt informationstechnische Kompetenz; wer informationstechnische Kompetenz besitzt, kann über die Informations-

und Kommunikationstechnologien, über Vernetzung und Multimedia aktiv am beruflichen und gesellschaftlichen Leben teilnehmen, seine Kompetenzen, auch mit E-Learning, erhöhen. Hier beginnt der Zirkel von Kompetenz- und Interessenbildung und damit Professionalisierung, der sich in den hergestellten Produkten über das spezifisch geprägte Design von Technik, das dann Menschen ähnlicher Orientierungen, Interessen und Umgangs- und Zugangsweisen anzieht, fortsetzt. Daher ist auch auf der Ebene der Technik selbst und ihrer Überformungen innerhalb der Neuen Medien und ihrer Nutzung anzusetzen, um eventuelles „Gendering" zu eruieren und zu eliminieren bzw. durch andere Kodierungen, Interaktionsmuster und Herangehensmöglichkeiten zu ergänzen.

Die spezifische Fachkultur sowie die Lehrziele bestimmter Fächer beeinflussen überdies das Mediendesign und den Zugang zu den Neuen Medien bzw. deren Attraktivität für bestimmte Gruppen (z. B. Frauen). Diese Faktoren beeinflussen auch die verwendete Sprache, den Zugang zu, die Filter, Hierarchisierungen und Verlinkungen von Information (die Wissensordnung), woraus sich dann bestimmte Lehr- und Lernformen definieren bzw. abgrenzen lassen. Besondere Einflüsse auf Lernerfolge haben die bereitgestellten Möglichkeiten zu Kommunikation und Kooperation, die die Lern- und Kommunikationsstile sowie die Lernziele der Studierenden unterstützen oder behindern können.

Ein Gender inkludierendes Design umfasst den Zugang zu den Neuen Medien, die Entwicklung von Lernplattformen und von weiteren Tools, insbesondere die Benutzung, die Aufbereitung und den Zugang zu Inhalten, insbesondere die Navigation, und die Organisation der Lehre, die Unterstützung der Kommunikation und Kooperation, sowohl technisch wie organisatorisch und die konkreten Interaktionen, sowie die Mediendidaktik; dies alles in Abhängigkeit von den ins Auge gefassten Zielgruppen, deren Medienerfahrungen und Lernzielen.

5.3 Computer und Selbstkonzept

So zeigte sich als entscheidendes Ergebnis einer ersten kursorischen Erhebung ein signifikanter Rückgang des Frauenanteils in der Besucherzahl rechtsinformatischer Lehrangebote an juristischen und ökonomischen Standorten, an denen ein ansonsten zahlenmäßig ausgeglichenes Geschlechterverhältnis besteht. Nach den uns zur Verfügung gestellten Daten[4] gilt als Faustregel für rechtsinformatische Veranstaltungen ein Drittel

---

[4] Z.B. die Münsteraner Notenspiegel:
www.uni-muenster.de/Jura.itm./hoeren/INHALTE/lehre/noten_holznagel.pdf.

Frauen und zwei Drittel Männer. So fanden sich auch in den von uns im Wintersemester 2001/02 ausgewerteten Veranstaltungen 23 Frauen und 54 Männer.
In einer weiteren Erhebung, die noch detaillierter darzustellen sein wird, zeigten sich bei Tätigkeiten, die über Routineanwendungen am Computer hinausgehen, deutliche Verwerfungen zwischen den Geschlechtern. Damit konnten die Ergebnisse einschlägiger Befunde zu divergenten Nutzungsprofilen reproduziert werden (Schinzel 2001), die das Ergebnis von Sozialisationsprozessen sind und sich auch in diversifizierten Selbstkonzepten hinsichtlich der Einschätzung der eigenen Computerkompetenz niederschlagen (d. h. weibliche Studierende schätzen ihre Fähigkeiten geringer ein). Als diese Ergebnisse stabilisierender Faktor konnte ermittelt werden, dass der Computer im Bekanntenkreis der männlichen Studierenden deutlich öfters Gesprächsthema ist und damit mehr Expertenwissen ausgetauscht wird, als dies unter weiblichen Studierenden der Fall ist.
Im Zusammenhang von Computernutzung und Geschlecht zeigen sich in einschlägigen Untersuchungen deutliche Verwerfungen zum Nachteil weiblicher Nutzer. Forschungen zum computerspezifischen Selbstkonzept männlicher und weiblicher Nutzer thematisieren dieses Selbstkonzept, d.h. die Einschätzungen der eigenen Begabung, einerseits in Abhängigkeit von der Intensität der Computernutzung und andererseits als ursächlich für die Entwicklung von Computerkompetenz (Dickhäuser 2001). Als Intervention werden in Bezug auf die meistens schlechter gestellten Nutzerinnen demnach die Intensivierung der Computernutzung und Reattributionstrainings in Bezug auf die Bewertung der eigenen Computerkompetenz vorgeschlagen. Im englischsprachigen Raum spricht man in diesem Zusammenhang in Anlehnung an Bandura (Bandura 1997) von „self efficacy research", also von Forschung zur sog. „Selbstwirksamkeit". In der Messung skalierter Selbsteinschätzungen in Bezug auf computerbezogene Aufgabenstellungen versuchen Studien dieser Art den o.g. Zusammenhang nachzuweisen (vgl. z.B. Cassidy & Eachus 2001). Neben einer ersten Überprüfung dieser Thesen erschien es uns in diesem Zusammenhang auch interessant, Bezüge zum Verlauf individueller Medienbiographien herzustellen und damit bestimmte kritische Schwellen und Stationen freizulegen, die den Zugang und die Ausbildung von Medienkompetenz erschweren oder erleichtern können (vgl. Baacke 1996). Basisauskünfte über die Computerliteracy waren auch vor dem Hintergrund der Beurteilung des Schulungsbedarfes vor dem Einsatz von internetbasierten Kommunikationsmedien erforderlich.
In einer kürzlich durchgeführten Meta-Analyse der Forschungskonstrukte zur sogenannten „computer anxiety", der Computerangst unter Berücksichtigung des Zusam-

menhangs mit dem Geschlecht, kommen die Autoren (King et al. 2002) zu dem Schluss, dass das Geschlecht selbst keine ausschlaggebende Variable in der Beurteilung von Unterschieden von Computerangst darstellt. So entwickelt sich ein positives Computerselbstkonzept auch nicht linear, sondern ist in der Regel durch Brüche und Rückschläge gekennzeichnet. Signifikante Zusammenhänge mit dem Geschlecht gibt es aber, im Sinne unserer Argumentation der Medienbiographie, in der Attribuierung des Computers einerseits als Kommunikationsmedium oder andererseits als spielerische Aneignung eines „computational tools". In der Aufarbeitung der Forschungsliteratur wird darüber hinaus einhellig die Bedeutung der Computerspiele in der Sozialisation der männlichen Computernutzer zu ganz spezifischen Zeitpunkten der Medienbiographien als relevante Einschnitte hervorgehoben.

Obwohl sich einer neuen Studie zufolge (Feierabend und Klinger 2000) die Computernutzung im Jugendalter zwischen Mädchen und Jungen in Deutschland grundsätzlich angenähert hat, existieren weiterhin Unterschiede in der Häufigkeit des Einsatzes des Mediums und bei der Art und Weise der Nutzung. Während Jungen zu 70% angeben, den PC mehrfach die Woche zu nutzen, sind es bei den Mädchen 49%. Und für unseren Zusammenhang noch interessanter: Während Jungen in dieser Studie zu 65 % angeben, täglich oder mehrfach in der Woche Computerspiele zu spielen, geben dies Mädchen nur zu 28 % an. Texte schreiben oder Arbeiten für die Schule am Computer zu erledigen, ist wiederum eher eine Domäne der Mädchen. Musik hören, Bild- und Videobearbeitung und Programmieren sind Tätigkeiten, die von Jungen deutlich stärker als von Mädchen ausgeübt werden.

Die Statistiken zeigen zwar, dass es durchaus junge Mädchen gibt, die genauso wie Jungen Computerspiele einsetzen, Musik am Rechner hören oder auch programmieren. Die stärker bei den Mädchen festzustellende Nutzenorientierung beim Einsatz von PC und Internet und die bei den Jungen festzustellende Tendenz, sich diese Geräte und Technik eher spielerisch und durch „Trial und Error" zu erschließen hat aber, wie oben gesehen, Konsequenzen für spätere Lebenswege. Durch die unterschiedlichen Herangehensweisen erlangen Jungen langfristig eine größere Selbstsicherheit im Umgang mit dem Computer als „technischem Medium" als Mädchen.

Noch differenzierter stellt sich die Tendenz der Ergebnisse in einer Studie aus der Schweiz dar: In der Frage nach dem Computerbesitz geben 89,7% der Mädchen und 94,9% der Jungen an, zu Hause einen Computer zu haben. Wird jedoch gefragt, wo der Computer zu Hause steht (der am häufigsten durch die Befragten genutzte), ergeben sich klare Unterschiede: Während annähernd 50% der Jungen angeben, dass sie in ihrem eigenen Zimmer einen Computer haben, sind es nur 15% der Mädchen. Die Mädchen geben am häufigsten an, der Computer stehe im Büro des Vaters oder der Mutter oder in einem anderen Zimmer (Kielholz 1998, S. 56).

Vor diesem Hintergrund zeigt sich bei Mädchen auch ein eigener Zugang des Lernens des Umgangs mit dem Computer: Während Jungen sehr viel häufiger Autodidakten sind oder den Computer-Einstieg durch Freunde erhalten, liegen bei den Mädchen Eltern, LehrerInnen und Geschwister vorne. Ähnliches gilt für das Kennenlernen des Internets. Schule und Unterricht spielen für den Zugang zu Computern und Internet in jedem Falle eine wichtigere Rolle als für Jungen.

Im Zuge von Bestandsaufnahmen zum angestrebten Gender Mainstreaming in der beruflichen Bildung wird dieser Befund für erwachsene Frauen dann auf einen Nenner gebracht: „So wollen Frauen Medien als Arbeitsmittel, als Werkzeug, verwenden. Sie sollen einfach zu nutzen und unkompliziert und zielgerichtet anzuwenden sein. Im Gegensatz zu vielen Männern haben die meisten Frauen daher wenig Interesse daran, Funktionen und Vielfalt von Möglichkeiten langwierig zu erkunden. Frauen wollen eher gemeinsam mit anderen lernen, sich in ihrer Sprache über Technik verständigen und verstanden werden und in einer angenehmen, konfliktarmen Atmosphäre lernen, die sie mitgestalten können." (Pohlmann 2002, S. 8f.).

6. Begleitende Evaluation

6.1 Leitende Fragestellungen

Im Kontext des Einsatzes hypermedialer Elemente sind Beteiligte nicht lediglich passive Rezipienten von Lehrmodulen, sondern diese greifen in einen medial vermittelten Informations-, Kommunikations und Lernprozeß gestaltend ein. Gegenstand der Gestaltung und der Evaluation als unterstützendes Instrument ist dann gerade nicht die inhaltliche statische Qualität des Materials, sondern, in wie weit der flexible Einsatz von Elementen der Lernplattformen helfen können, Lernprozesse durch Interaktionen zu initiieren und/oder zu unterstützen (Baumgartner 1999, Häfele 2001, Baumgartner, Häfele und Maier-Häfele 2002). Die Kriterien der Evaluation entstehen erst im Verlauf des Projektes auf der Basis praxisbezogener, fallbasierter Anwendungsbeispiele und lassen sich im Fortgang nur jeweils unter Berücksichtigung der didaktischen Konzeptionen und spezifischer situativer Bedingungen präzisieren und konkretisieren. Gefragt ist im Sinne der Projektarbeit ein exploratives, iteratives Vortasten zur Bestimmung der jeweiligen Handlungslage, zum (Wieder-)Aushandeln von Handlungszielen bis hin zu deren Umsetzung.

Das Einholen von Daten über den (Kontext des) hypermedialen Lehr- und Lernprozesses kombiniert traditionelle Verfahren der Akzeptanzmessungen der „student evaluation" als Rückmeldung durch Befragung der Studierenden im Sinne von Eingangs-, Zwischen- und Endbefragungen mit kontextsensitiven Assessment-Instrumenten, die die Evaluation des Vorgangs des hypermedial ergänzten Lernens in Form eines context and process monitoring bzw. class-room-research z.B. durch teilnehmende Beobachtung und Inhalts- und Dokumentenanalyse erweitert (vgl. Roloff 2001).

Gerade unter der Vorgabe der Einnahme einer Geschlechterperspektive ist im Kontext hypermedialer Hochschulbildung jeweils eine differenzierte Zielgruppenanalyse vorzunehmen, die insbesondere Fragen der Nutzung der einzusetzenden Werkzeuge und damit antizipierend und weiterführend Usability-Aspekte adressiert. Da sich Lehrveranstaltungen aber nicht im luftleeren Raum abspielen, ist zur Kontextualisierung bei der Erhebung von Daten der Blick auf disziplinäre und curriculare Rahmenbedingungen zu richten, um so zu einer Bestimmung von determinierenden strukturellen, konzeptionellen und organisatorischen Merkmalen der Lernsituation zu gelangen.

6.2 Methodik

Für die Evaluation wurden sowohl quantitative als auch qualitative Zugänge gewählt. Zum einen wurden Fragebögen mit Antwortmöglichkeiten zum anderen teilstrukturierte Befragungsverfahren wie z.B. Gruppendiskussionen eingesetzt. Bei Eignung wurden die durch Befragung gewonnenen Daten sowie weiteres Material aus den Lehrveranstaltungen einer qualitativen Inhaltsanalyse zugeführt.

Bei Befragungen mit geringer Strukturierung sprechen die Forschenden zu Beginn lediglich das Gesprächsthema an. Danach greifen sie nur noch ein, um die „Selbstläufigkeit" des Interviews zu unterstützen. Nur wenn dies nicht gelingt, werden anhand eines Leitfadens offene Fragen ins Gespräch gebracht. Durch „demonstrative Vagheit" ihrer Äußerungen zeigen die Forschenden eine „(milieuspezifische) Fremdheit und Unkenntnis [...], wie es der methodologischen Grundhaltung der Fremdheit in der Wissenssoziologie, der Phänomenologischen Soziologie und der Ethnographie entspricht" (Bohnsack 1999: 214). Die Befragten werden dadurch veranlasst, der „Unwissenheit" der Forschenden abzuhelfen, indem sie der Logik ihres eigenen Diskurses bzw. ihrer eigenen Erzählung folgen (vgl. Bohnsack 1999: 213f.) und dabei – ungehindert durch strukturierende Vorgaben wie Antwortkategorien etc. – ihre eigenen Sinnbezüge, Kategorien und Kriterien zum Thema entwickeln. Diese von Respekt vor dem Feld und der Expertise der Befragten für ihre Lebens- und Arbeitswelt geprägte Forschungsmethodik ist insofern auch eine partizipatorische. Bei der Auswertung von

Gruppendiskussionen sind insbesondere die Kristallisationspunkte von Interesse, an denen sich die von den Befragten selbst gewählten Schlüsselthemen manifestieren. Diese sind beispielsweise an den Reaktionen der Diskutierenden wie breiter Zustimmung bzw. Ablehnung bestimmter Beiträge erkennbar, an der wiederholten Nennung von Themen, aber auch an der Zu- und Abnahme der Lebhaftigkeit des Diskussionsverlaufs. Es ist aber auch bedeutsam, welche Bereiche gar nicht thematisiert werden. Das Interesse der Forschenden ist im qualitativen Interview nicht nur auf das reflexive Wissen der Akteure gerichtet, sondern auch auf „implizites" [Polanyi] oder auch „atheoretisches" [Mannheim] Wissen, in dem sich u.a. kollektive Wissensstrukturen abbilden können. Dieses Wissen wird oft von den Befragten selbst als solches nicht erkannt, wirkt jedoch – ebenso wie das reflexive Wissen – handlungsleitend. Die Triangulation verschiedener Quellen und Methoden bietet darüber hinaus eine mehrdimensionale Sicht auf das Feld, wodurch die Bewertung der Aussagekraft der verschiedenen Quellen erleichtert und das Erfassen von „Bewusstheitskontexten" (Glaser/Strauss 1974) möglich wird. Diese rekonstruktive Verfahrensweise erlaubt somit, einerseits individuelles Wissen der Akteure, andererseits aber auch – an die Geschlechtszugehörigkeit gebundene – kulturelle Selbstverständlichkeiten und kollektive inkorporierte Habitualisierungen zu erfassen und zu unterscheiden (vgl. Behnke/Meuser 1999: 9). Gleichzeitig bleiben bei qualitativem Vorgehen heterogene Zugänge der Studierenden abbildbar. Individuelle Ausprägungen werden als solche erkannt und müssen nicht dem Label Geschlecht subsumiert werden, wo dies gar nicht angebracht ist. Es sind durchaus geschlechtsdifferente kontextabhängige Handlungsmuster zu erwarten, und Vorannahmen begleiten den Blick auf den Forschungsgegenstand. Trotzdem soll gerade die Unterscheidungskategorie Geschlecht nicht den Blick auf andere eventuell wirksame Unterscheidungskategorien verstellen (vgl. Claus und Otto 2003: 5f.).

Entwicklung hypermedialer Lernarrangements im Seminarbetrieb des Verbundprojektes RION

Bernd Remmele und Tanja Walloschke

1. Mediale Transformation der Präsenzlehre

Die Spezifika der medien-didaktischen Anforderungsanalyse im Projekt RION hatten im Hinblick auf eine mögliche Erreichung der Projektziele der Entwicklung, Erprobung und Durchführung von multimedial ergänzten Lehrveranstaltungen (langfristig im Verbund) zunächst die Notwendigkeit einer Konzeption ergeben, die unter ihren Gestaltungselementen jeweils eine tele-tutorielle Betreuung in den Mittelpunkt rückte. Die lerntheoretischen und medien-didaktischen Grundlagen sowie die (geschlechterspezifischen) Ergebnisse der ersten Erhebungs- und Auswertungsphase wurden den Projektbeteiligten auf gemeinsamen Arbeitstagungen kommuniziert und für eine zunächst lokale Umsetzungsphase von tele-tutoriell betreuten Veranstaltungen geworben. Hintergrund für die Überlegung einer zunächst lokalen Umsetzung war einerseits der Gedanke, die Standortspezifika beim Einsatz hypermedialer Lernarrangements noch genauer hinsichtlich der lokalen Lernkultur differenzieren zu können. Andererseits wurde mit der lokalen Phase auch eine Qualifizierung der mit der Durchführung der Veranstaltungen betrauten Personen angestrebt, um im Hinblick auf den geplanten Verbund idealerweise eine Nivellierung zumindest hinsichtlich der Ungleichheiten in Bezug auf rein technische Kompetenzen herbeiführen zu können. Die lokale Phase sollte außerdem wichtige Anhaltspunkte dafür liefern, wie eine gemeinsame Beteiligung der Partner in dem angestrebten Verbund trotz divergenter Ressourcen, Interessenlagen und Kompetenzen gelingen könnte.

An einer Zusammenarbeit für die gemeinsame Erarbeitung einer medien-didaktischen Konzeption mit dem Standort Freiburg war im Rahmen der lokalen Transformation der Präsenzlehre aber lediglich der Standort Münster interessiert. Hier wurden im WS 2001/2002 und im SS 2002 zwei internetgestützte Lehrveranstaltungen durchgeführt. Der Standort Oldenburg führte im SS 2002 in Eigenregie ein reines Online-Seminar durch.

1.1 Zur didaktischen Konzeption und Durchführung der internetgestützten Lehrveranstaltungen am Standort Münster

Bedarfs- und Zielanalyse

Bei der Konzeption einer einzelnen oder verbundübergreifenden internetgestützten

Lehrveranstaltung sollten zunächst die Bedürfnisse, Ziele und Voraussetzungen der Adressaten thematisiert werden (vgl. Albrecht 2002: 148). Bei einer konstruktivistisch ausgerichteten, innovativen Veranstaltungskonzeption können hier aber auch Differenzen zwischen einer diskursiven, aktivierenden didaktischen Grundorientierung, den Bedürfnissen der angesprochenen Studierenden und den geforderten Nachweisen über zu erbringende Studienleistungen entstehen, die auf die jeweilige Ausbildungsordnung und das Curriculum zurückgehen.

In unserem Falle sprachen sich im Rahmen der Erhebung des Studierendenfragebogens einerseits eine deutliche Mehrheit allgemein für klassische fachliche Lernhilfen, wie Zugänge zu juristischen Datenbanken und die Bereitstellung von Linksammlungen, exemplarischen Klausuren oder Vorlesungsskripten aus, die von einem internetgestützten Lehrangebot erwartet wird. Hier spiegelt sich eindeutig die Orientierung an einer curricular determinierten rigiden Lehr- und Lernkultur wieder, die den Einsatz von multimedialen Lernumgebungen mit konstruktivistischen didaktischen Ansätzen zunächst fragwürdig erscheinen lässt. Andererseits verweist der Wunsch nach Hilfestellung bei multimedialen Recherchetools aber wiederum auf den Bedarf nach Propädeutik und damit tutorieller Unterstützung.

Diese Befunde werden durch unsere weiteren Befragungsergebnisse gestützt: Dezidert geäußert wird die Nachfrage nach juristisch kommentiertem Unterrichtsmaterial. Die Studierenden wünschen sich in etwaigen internetgestützten Lehrveranstaltungen insbesondere aber auch eine Einführung in die Grundlagen der Informationstechnologien und in die Benutzung von Anwendungsprogrammen.

Was die zu zertifizierende Leistungen anbetrifft, so wird (aufgrund der Prüfungsordnungen) von der Seite der Lehrstühle, so auch im Falle von Münster, an einer individuellen schriftlichen Ausarbeitung eines Einzelproblemkomplexes der Studierenden in Form eines Referates und einer Hausarbeit zum Zwecke der festgeschriebenen Scheinerteilung festgehalten.

Didaktische Transformation

Unter diesen Vorzeichen waren die Schwerpunkte für eine didaktische Transformation in diesem Teilprojekt basaler, aber damit besonders im Hinblick des Einsatzes einer hypermedialen Lernumgebung nicht minder relevanten Natur. Der Spielraum, in dem sich dieser Einsatz am Standort Münster bewegen konnte, war durch die modifizierte Form des traditionellen Referateseminars weit geöffnet. Durch den fixen Termin eines gemeinsamen mehrtägigen Präsenztermins als Blockseminar am Ende des Semesters gelang es zunächst, durch die Orientierung an einem gemeinsamen Ziel die Voraussetzung für ein erfolgreiches Lernen in der Gruppe zu schaffen (Marsick und Kasl 1997). An zwei primären Lernzielen sollte die damit im Vorfeld liegenden technisch-vermittelten Kommunikationsphasen der Lehrveranstaltung zum Thema Telekommunikationsrecht ausgerichtet werden. Diese ergaben sich auch aus dem Festhalten der Verantwortlichen an der individuellen Ausarbeitung eines Einzelproblemkomplexes der Studierenden in Form von Referat und Hausarbeit. Für die thematische Ausarbeitung sollte im Vorfeld der Präsentation auf dem gemeinsamen Blockseminar eine Unterstützung für die Literaturrecherche und für die Erstellung der Gliederung des Referates erfolgen. Für die individualisierte Kommunikation zwischen Studierenden und wissenschaftlichen Mitarbeitern garantierte das JurMOO hierfür einerseits ein schnelles Feedback, andererseits ein darstellendes Archiv mit Upload- und Annotationsfunktion. Die Hauptaufgabe lag in der Garantie der Parallelität dieser beiden Kommunikationskanäle, da beide gleichzeitig zur Darstellung und Kommunikation über die verschiedenen Versionen der Gliederungen benötigt wurden. Darüber hinaus sah die Konzeption vor, dass die einzelnen thematischen Komplexe sich mit anderen inhaltlich berührten. Daraus ergab sich ein Abstimmungsbedarf für die gesamte Gruppe der Studierenden, der spontane Gruppenbildungen auslöste. Im Sinne des Learning-Communities-Ansatzes (Bielaczyc und Collins 1999) handelte es sich um themenzentrierte Lernaufgaben, die in verschiedenen Arbeitsschritten und -stadien publiziert, diskutiert und wechselseitig kommentiert oder mit Verbesserungsvorschlägen versehen werden sollten. Die Gruppe sollte dabei im Austausch und der Kommunikation lernen, die Zeit vor dem Blockseminar als wichtige Ressource zu nutzen.

Den mit der Vorbereitung betrauten wissenschaftlichen MitarbeiterInnen des Blockseminars wurden im Vorfeld zwei für die Themenberührungen wesentliche Prinzipien der Schaffung von Metawissen aufgezeigt: die Reflexion auf den Prozess der Etikettierung und der Evaluation von Wissen. Dazu gehört erstens die Fragestellung, nach welchen Klassifikationskriterien das für die jeweilige Themenbearbeitung benötigte Wissen segmentiert, klassifiziert und evt. mit vorhandenem Wissen vernetzt ist und zweitens die Parameter des Transfers offenzulegen, also die Kriterien der Relevanz, nach welchen Wissen aus einem anderen Gebiet ausgewählt und in das differenzierende Schema des eigenen Gebietes integriert wird. Das ist insbesondere bei interdisziplinären Transferleistungen zwischen juristischen und technisch-gesellschaftlichen Themengebieten Voraussetzung. Wesentlich für ein berufsbildendes und damit weniger wissenschaftliches Fach ist dabei auch der Hinweis, dass wissenschaftliches Wissen paradigmen-, theorie- und/oder methodenbasiert konstituiert ist, und dass dies auch für die Technik gilt, der diese Konstitution historisch und sozial eingeschrieben ist (Antos 2000).

Pretest und Schulung
Insbesondere die Befragungsergebnisse zur technischen Erfahrung der Studierenden mit Kommunikationsmedien des Internets machten eine technische Schulung zu Beginn der Seminarunterstützung erforderlich. Im Bereich der Erfahrung mit den Kommunikationsmedien des Internet zeigte sich für Chat und Diskussionsforen, dass diese Medien eher wenig genutzt werden, wenn überhaupt. Dabei nutzten männliche Studierende Foren intensiver als weibliche. Auch zu berücksichtigen galt es die Kompetenzen, die für die Lehrenden selbst relevant sind. Im Falle von JurMOO galt es zumindest zu klären, inwiefern verschiedene Möglichkeiten der computergestützten Kommunikation beherrscht werden und angemessen für didaktische Zwecke eingesetzt werden können. Aus diesem Grund entschlossen wir uns zu einem ausführlichen Pretest und einer gezielten Schulungsmaßnahme.

Während der Durchführung des Vortests mit MOO-Laien zeigten sich hauptsächlich im Zusammenhang mit Navigationsaspekten Probleme, die sowohl eine Nachbesserung der Hilfestellungen zur Orientierung, als auch die Ausarbeitung von Kurzanleitungen antizipierter Nutzungsroutinen in Form von Karteikarten nach sich zog. Am vorbereitenden Treffen nahmen bis auf eine Ausnahme alle Studierenden teil. In einem Medienraum wurden die Lehrenden und Studierenden in das JurMOO-System eingeführt. Die Einführung legte zunächst den Schwerpunkt auf die Erläuterung der Kommunikationsfunktionen und erst danach der Navigationsaspekte. Schon direkt nach der Einführung verblieb ein Großteil der Studierenden zu Diskussionen und für Verabredungen im JurMOO-System. Für den Verlauf des weiteren Seminars waren zunächst wöchentliche Online-Sitzungen für alle zu einem festen Termin anberaumt, die aber im Verlauf des Seminars auf eine zweiwöchige Frequenz korrigiert wurden und unter Zustimmung aller 18 Teilnehmenden (m: 10 / w: 8) auf die frühen Abendstunden verlegt wurden.

Nutzungsverhalten während der Onlinetermine
Während alle Studierenden das JurMOO zur Präsentation ihrer Gliederungen nutzten, wurde die Annotationsfunktion in der Regel nur zwischen den TutorInnen und den Studierenden verwendet. Nur sehr selten wurden die Gliederungen anderer Studierender sichtbar kommentiert. Der Beteiligungsgrad an Onlinediskussionen im Plenum lag dafür umso höher. Die Infrastruktur in den Themenräumen für Zusammenarbeit und

Diskussion in Minigruppen wurde hingegen fast nur bei expliziter Aufforderung und Beteiligung durch die TutorInnen genutzt. Der Erfolg hängt in diesem Zusammenhang, so unsere These, in hohem Maße von den Moderationsfähigkeiten der betreuenden Personen ab. Insbesondere für die thematische Gestaltung und Führung von Diskussionsforen und aufgabenorientierter synchroner Kommunikation muss in der Vorbereitung viel Zeit investiert werden. Es müssen genügend Fragen gestellt werden, die nahe genug an den Themen bleiben. Die Studierenden brauchen Feedback auf ihre Antworten, insbesondere, wenn Antworten in eine zu entfernte Richtung gehen. In regelmäßigen Abständen sollte auch eine Zusammenfassung der Diskussion angefertigt und allen Studierenden zugänglich gemacht werden (Beaudin 1999; Rautenstrauch 2001: 60ff.). Die TutorInnen, die in Interviews befragt wurden, zeigten sich mit den erfolgten Abstimmungsprozessen im Zusammenhang mit den Themenstellungen und der Initiierung von thematischen Diskussionen und Kooperationen zufrieden.

Evaluation

Neben der Analyse der Fragebogen bot die Kommunikationsplattform JurMOO durch das Anfertigen von Logfiles und deren automatische Auswertung einen Überblick zur Akzeptanz und zum Nutzungsverhalten des Mediums. Aber auch die Inhalte der Beiträge ließen durch die Möglichkeit zur teilnehmenden Beobachtung Auseinandersetzungen mit der didaktischen und inhaltlichen Konzeptionen der kombinierten Lehrveranstaltung zu. Aus der Sicht der TutorInnen, wurde die Qualität der Vorträge im Vergleich zu herkömmlichen Veranstaltungen erheblich gesteigert. Die Vortragenden waren inhaltlich besser vorbereitet und die Beiträge zeigten eine verbesserte Verbindung von Allgemeinem und Einzelaspekten. Auch die Intensität und Kontextsensitivität der Diskussionen wurde im Vergleich zu früheren Seminaren deutlich verbessert. Selbst der Seminarleiter, der wegen seiner Einschätzung der Fachkultur im Vorfeld erhebliche Zweifel an der virtuellen Seminarunterstützung geäußert hatte, kam nicht umhin zu attestieren, dass das Seminar vom Beteiligungsgrad und der inhaltlichen Tiefe der Beiträge her gesehen, alle bisherigen übertroffen hatte.

Der Fragebogen beinhaltete u.a. auf Akzeptanzfragen, was das JurMOO, die virtuelle Seminarvorbereitung und deren Funktion für das eigentliche Seminar betrifft. Dabei bewerteten die Studierenden das JurMOO auf einer Skala von 0 bis 10 hinsichtlich der Freude, das es ihnen bereitet hat, im Durchschnitt mit 6.8; bei den weiblichen Studierenden lag dieser Wert mit 7.4 höher als bei den männlichen Studierenden. Die Werte, inwieweit das JurMOO Einfluss auf die Qualität der Referate gehabt habe (m: 4.4 / w: 4.25), und die Bewertung der Hilfestellung, die sie durch das Tool erfahren haben (m:

5.7 / w: 6.0 ebenfalls in einer 0-10-Skala), lag im Vergleich zu den Eindrücken der TutorInnen vielleicht etwas niedrig, differierte aber zwischen den Geschlechtern kaum. Insgesamt waren die weiblichen Kursteilnehmer damit aber etwas zufriedener mit der Nutzung des MOOs als die männlichen. Allerdings gab es eine verhältnismäßig starke Abweichung der Bewertungen der weiblichen Kursteilnehmer hinsichtlich des Beitrags des JurMOOs zum Verständnis der anderen KursteilnehmerInnen und ihrer Darstellungen (im Mittel 5,4 für Frauen und 4.3 für Männer). Ferner zeigte sich eine schwächere positive Abweichungen bei den männlichen Bewertungen hinsichtlich der mit dem JurMOO durchgeführten allgemeinen Koordination (5.2 zu 5.7). Dies sind interessante Ergebnisse hinsichtlich der Erwartungen, die mit einem solchen Medium verbunden werden. Eine mögliche Deutung könnte sein, dass die weiblichen Kursteilnehmer die gegenüber traditionellen Veranstaltungen kommunikativere Art angenehmer empfanden, während männliche Kursteilnehmer die Seminarvorbereitung hinsichtlich des JurMOO mehr die Möglichkeit, die gesamte unterrichtende Qualität des Seminars zu verbessern, höher bewerteten (vgl. Remmele et al. 2002).

Die größere Zufriedenheit der Teilnehmerinnen, was den kooperativ-kommunikativen Aspekt des Verständnisses anderer betrifft, kann man also auch auf die Struktur des MOO zurückführen, insofern dort die Präsentation von Inhalten direkt mit Kommunikationsmöglichkeiten verknüpft ist. Und diese Möglichkeiten wurden von den Frauen auch ausgiebig genutzt, wie die automatische Evaluation der Logfiles zeigt. Die Frauen sagten („say"-Funktion) fast doppelt soviel wie die Männer; im Durchschnitt ließen sie 7081 Zeichen verlauten, während die Männer nur auf 4191 Zeichen kamen. Dies ergibt sich nicht nur dadurch, dass die durchschnittliche Nachrichtenlänge für Frauen mit 35,39 Zeichen gegenüber 31,78 Zeichen für Männer höher ist, sondern dass sie die „say"-Funktion anderthalb mal so oft verwendeten.

Der geschlechtspezifische Vergleich zwischen den beiden Hauptfunktionen „move" (von einem Raum im JurMOO zu einem anderen) und „say" (allen im jeweiligen Raum Anwesenden eine Nachricht übermitteln) liefert noch ein weiteres interessantes Ergebnis, wenn man die Entwicklung der Nutzung dieser Funktionen betrachtet.

	„move" - first 150	„move" - total	„say" - first 150	„say" – total	Aktionen insgesamt
weiblich (16)	53 %	56 %	37 %	36 %	100 % (8762 Aktionen)
männlich (18)	73 %	67 %	21 %	26 %	100 % (8827 Aktionen)

Es zeigt sich zwar einerseits, dass sich die Nutzungsweise, d.h. das Verhältnis von „move" und „say" bei Männern und Frauen deutlich unterscheiden, dass aber andererseits die weibliche Nutzungsweise relativ konstant bleibt, während die männliche sich der weiblichen zumindest leicht annähert.[5] Auch dies fügt sich mit anderen Ergebnissen zum Verhältnis von Geschlecht und MOO. Die spezifische Struktur eines MOO kommt Frauen von vorneherein (bei gleicher Aufgabenstellung!) deutlich besser entgegen als Männern, die hier noch an ihrer Ideallinie herumexperimentieren mussten.

Für die Gestaltung von virtuellen Lehr-/Lernszenarien und die Programmierung entsprechender Medien lassen sich zu diesem Zeitpunkt folgende, wichtige Schlüsse ziehen: Es sollten verschiedene Nutzungsweisen möglich sein. Die Kommunikationsfunktionen sollten nicht nur irgendwo im Menü versteckt sein, während man ständig auf irgendwelche Informationsseiten blickt, sondern sollten mit diesen eng verflochten und direkt einsichtig sein. Die Aufgabenstellungen sollten so gewählt werden, dass divergente Lösungsstrategien auch möglich sind, und d.h. insbesondere auch solche die Kommunikation und Kooperation erfordern und anregen.

Im SS 2002 wurde ein Seminar nach demselben Schema – erneut mit Freiburger Unterstützung – angeboten. Allerdings nahmen dieses Mal lediglich sieben Studierende teil. Die Kommunikation und Kooperation zwischen den TeilnehmerInnen war im Vergleich zum vorangegangenen Semester sehr verhalten. Die Studierenden nutzten die multimedialen Angebote weitgehend nur zu den Online-Pflichtterminen. Gründe hierfür können darin gesehen werden, dass zur Entfaltung einer anfänglichen Gruppendynamik im Sinne einer Begeisterung für eine abweichende Veranstaltungsform keine kritische Masse erreicht wurde und daneben von einem weiteren Lehrstuhl des

---

[5] Hier die Entwicklung etwas kleinschrittiger:

	0-49	50-99	100-149	150-199	over 200
weiblich move	50 %	54 %	54 %	56 %	57 %
männlich move	69 %	79 %	71 %	50 %	66 %
weiblich say	39 %	37 %	35 %	35 %	36 %
männlich say	23 %	17 %	24 %	43 %	27 %

Instituts ein traditionelles Seminar zu einem sehr ähnlichen Thema angeboten wurde. Insofern war der Anreiz zur Teilnahme bzw. zum besonderen Engagement unter diesen Voraussetzungen einfach nicht groß genug.

1.2 Lokales Onlineseminar in Oldenburg im Sommersemester 2002

Im SS 2002 startete der Projektpartner in Oldenburg in Eigenregie den Versuch eines lokalen, rein virtuellen Online-Seminars. Von ursprünglich 15 TeilnehmerInnen verblieben als aktive Teilnehmende im Verlaufe des Seminars 8 übrig. Nicht zuletzt diese hohe Drop-Out-Quote zeigt nur zu deutlich, dass Versuche einer simplen 1:1- Übertragung herkömmlicher Lehrveranstaltungen in die virtuelle Welt weitgehend zum Scheitern verurteilt sind. Denn für die Studierenden wird nicht deutlich, inwiefern sie bei dieser Form der Veranstaltung das angebotene Fachwissen, der spezifischen thematische Fokus und das für den Diskursverlauf entscheidende analoge Interesse bei ihren KommilitonInnen als Mehrwert empfinden können. Bei der Evaluation des Seminars durch den Veranstalter stellte sich dann auch heraus, dass die verbliebenen TeilnehmerInnen sich in der Mehrheit untereinander kannten und eine intrinsische Motivation für die Teilnahme mitbrachten: nicht die Aussicht auf die speziell angebotenen Inhalte standen als Anreiz im Vordergrund, sondern die E-Learning-Veranstaltung an sich; also die Aussicht, mehr über die technische Plattform zu erfahren.

Der Lehrende musste in diesem Falle die Erfahrung machen, dass Diskussionen in Foren erst in Gang kommen, wenn sie durch geeignete Fragen von ihm in der Rolle eines Moderators eingeleitet werden, und die fachlichen Inhalte so zu gestalten sind, dass sie einen sinnvollen und attraktiven Umgang mit der Lernplattform darstellen, da sonst der Anreiz zur Nutzung stockt und die Beteiligung ausbleibt.

Das wichtigste und positivste Ergebnis der Auswertung des ansonsten eher unbefriedigend verlaufenen Seminars verweist auf einen zentralen Aspekt im Kontext des E-Learning: Das entscheidende Potential für die Stärkung von Diskursivität bei internetgestützten Lehrveranstaltungen weist starke „implizite" Züge auf, d.h. sie bleibt dem Zuschauer oft verborgen. So schildert der beteiligte Hochschullehrer, der bis vor dem Seminar noch über wenig Erfahrung mit Online-Lehre verfügte, dass die Forendiskussion aus seiner Sicht „ab einem bestimmtem Komplexitätsgrad" an eine Grenze stoße. Er begründete dies damit, dass bei vielen im Forum geposteten Fragen die Antworten des Moderators und der TeilnehmerInnen immer komplexer und auch länger werden, um alle angesprochenen Aspekte aufzugreifen, „dann werden sie aber scheinbar nicht mehr gelesen". Die Studierenden hingegen berichten, aus der Sicht des Hochschullehrers überraschend, sie fänden Online-Diskussionen im Gegenteil anspruchsvoller als mündliche Diskussionen. Dies wurde von den Studierenden damit begründet, dass vor schriftlichen Äußerungen viel genauer überlegt werde, „was man sage" und dass bei asynchroner Foren-Kommunikation länger an den Stellungnahmen gefeilt und Literatur mit einbezogen werden könne.

Wie bereits an anderer Stelle erwähnt, kommt in dieser Situation also ModeratorInnen eine zentrale Steuerungsfunktion zu. Der etwaig aufkommenden Angst, Gewissheit und Kontrolle über die Diskussion zu verlieren, muss auch hier durch Anfertigung von Zwischenergebnissen begegnet werden. Denn Voraussetzung für die Fähigkeit des souveränen Einbezugs der spielerischen Generierung von Wissen, die dann auch nicht mehr als bedrohlich und dem Ziel der Herstellung eines gemeinsamen Ergebnisses zuwiderlaufend erlebt werden muss, ist immer erst das Erlernen und Vorführen des versierten Verdichtens von Information in konzeptuelle Muster.

2. Restrukturierung der Lehre durch Verbund

2.1 Verteiltes Zentralseminar

Konzeption

Nach Kommunikation der Ergebnisse und des Verlaufs der virtuell unterstützen Seminarbegleitung an lokalen Standorten während weiterer Arbeitstagungen gelang es für das Folgeprojekt eines verteilten Seminars, im WS 2002/03 insgesamt fünf teilnehmende Institute des Projektverbundes zu interessieren. Zwei entscheidende Hürden waren zu diesem Zeitpunkt zu nehmen, der erhöhte Abstimmungsbedarf für die Koordination des Netzwerks (Kommunikation unter den Instituten, Anmeldung, Verteilung der Studierenden auf Themen) und der gestiegene Betreuungsbedarf für die TutorInnen. Durch entsprechende lokale Deputatsvereinbarungen konnten hier aber einvernehmliche Lösungen getroffen werden. Ebenfalls wurde eine wechselseitige Anerkennung von Studienleistungen vereinbart, die auch die Richtlinien vorhandener Credit-Point-Systeme berücksichtigen half. Eine Sonderausrichtung musste für den Freiburger Standort gefunden werden, weil von dort Informatikstudierende ohne juristische Grundkenntnisse an dem Seminar teilnahmen. Zu diesem Zweck wurde eine besonders ausgerichtete didaktische Modellierung vorgenommen, die hier im Anschluss an die Schilderung der Konzeption des verteilten Seminars und deren Evaluation dargelegt wird.

Das tatsächliche Seminar begann jeweils lokal mit einer vorbereitenden face-to-face Sitzung, die die teilnehmenden Studierenden auf die Seminarstruktur vorbereiteten. Im Anschluss gab es wie bereits bei der virtuell unterstützten Seminarvorbereitung eine

Einführung in den technischen Umgang mit den eingesetzten Lernumgebungen. Die didaktische Gestaltung des verteilten Seminars war zunächst an der Themenzentrierung der studentischen Ausarbeitungen orientiert und die Studiereden wurden mit Hinweisen auf entsprechende Materialien versorgt. Für die Arbeit im verteilten Seminar wurden vier Gruppen gebildet. Jede Gruppe erhielt eine Deadline für eine thesenartige Ausarbeitung ihres thematischen Gebietes. Danach wurden diese Ausarbeitungen jeweils durch den Administrator der E-Learning-Suite in die Lernumgebungen eingestellt und mit einem thematisch orientierten Forum verknüpft. Es schloss sich jeweils ein synchroner Online-Chat an, bei dem die Urheber der Ausarbeitungen ihre Thesen gegen eine weitere Gruppe verteidigen mussten. Diese Form der Diskussion war insbesondere dem Wunsch der TutorInnen geschuldet, diesem für die spätere juristische Arbeitsweise wichtigen agonalen Element, das in der regulären Ausbildungsordnung kaum Berücksichtigung findet, einen gewissen Raum zu eröffnen. Daneben waren die StudentInnen aufgefordert die Ausarbeitungen über die Forenfunktion zu lesen, sowie zu annotieren bzw. zu kommentieren.

Evaluation

Die begleitende und abschließende Evaluation förderte trotz vieler gelungener Aspekte aber auch entscheidende Schwachpunkte und Verbesserungsfähiges zutage. Die Verteilung der vier Themenkomplexe über die Spanne des Seminars führte zu unterschiedlichen zeitlichen Ressourcen, die für die Ausarbeitung zur Verfügung standen und ermöglichte damit naturgemäß auch verschiedene Grade der Elaboriertheit, was für Verwirrung im Seminarablauf und Unmut unter den verschiedenen Standorten und Studierenden sorgte. Daneben zeigt sich im Hinblick auf die relative Unverbundenheit der Themen ebenfalls Nachteiliges: Es entstand nur in den wenigsten Fällen eine standortübergreifende Kooperation. Von studentischer Seite wurde zusätzlich die mangelnde Verbindlichkeit der Annotationsphasen kritisiert, die TutorInnen beklagten trotz der angepassten Deputatsregelungen bei dieser Form des Seminars einen exorbitanten Betreuungsaufwand.

Im Detail zeigte die sehr ausführliche Evaluation unter den 39 Teilnehmenden, bestehend aus einem Anfang- und Endfragebogen sowie abschließender standortbezogener Online-Gesprächsrunden mit einem Leitfrageninterview darüberhinaus Grundsätzliches auf. Nach wie vor ist das Interesse an den speziellen thematischen Fragestellungen des Seminars der bestimmende Grund zur Teilnahme, auch an einem Online-Seminar. Interessant im Hinblick auf einen geschlechterperspektivischen Diversitätsansatz ist die Beobachtung, dass für vier von den fünf weiblichen Teilnehmerinnen die in der Evaluation befragt wurden, ein „technisches Interesse" an der Onlineveranstaltung als weniger wichtig, bzw. in einer einfachen Mehrheit sogar als unwichtig bezeichnen. Eine einfache Mehrheit der weiblichen Teilnehmerinnen ist es aber wiederum, die sich offen zu dem Item „Karrierequalifikation" als wichtigem bzw. eher wichtigem Grund für die Teilnahme bekennt; für eine einfache Mehrheit der weiblichen Teilnehmerinnen ist auch die Möglichkeit, im Rahmen des Seminars „digitale Lernformen" kennen zu lernen, ein wichtiger Teilnahmegrund. Bei den männlichen Teilnehmern zeigt sich zumindest in dieser einfachen Tendenz ein gegenteiliges Bild: Für eine einfache Mehrheit ist ein technisches Interesse ein wichtiger Grund für ihre Teilnahme, während einer einfachen Mehrheit der Grund „Karrierequalifikation" eher unwichtig erscheint. Die in einer geschlechterdivergenten Perspektive tendenziell gegenläufigen Mehrheitsverhältnisse verstärken sich noch einmal leicht bei der Befragung zum Teilnahmegrund des „Kennenlernen neuer (digitaler) Lernformen" im angebotenen Seminar. Dieses Item stellte wiederum für eine deutliche Mehrheit der weiblichen Studierenden eine wichtigen Grund für die Teilnahme dar, bei den männlichen Studierenden ist zumindest eine einfache Mehrheit der Ansicht, dass dieser Grund eher eine untergeordnete Rolle spielt. Zugegeben ist die Anzahl von fünf weiblichen Teilnehmerinnen nicht gerade die ideale Datenbasis, um vorschnelle Verallgemeinerungen vorzunehmen. Doch wenn man sich daran erinnert, dass der Frauenanteil, wenn es um den Besuch von rechtsinformatischen Veranstaltungen geht, generell auf ein Drittel sinkt, führt das im Kontext von hypermedial (ergänzten) Lernarrangements zu der weiterführenden Frage, warum hier der Anteil noch weiter sinkt. Und hier könnte sich gerade der Blick auf die Antworten einer einzelnen Teilnehmerin besonders aufschlussreich erweisen. Fokussiert man nämlich auf die Teilnehmerin, für die „technisches Interesse" als einzige der Teilnehmerinnen als wichtig bezeichnet wurde und richtet den Blick auch auf die Antwort auf die Frage nach dem angestrebten Berufsziel, dann ist hier überraschend, dass diese Teilnehmerin gleichzeitig die einzige ist, die eine professionelle juristische Karriere anstrebt. Die anderen Teilnehmerinnen, die hier Angaben machten, bewegen sich in ihren Berufsabsichten in den Feldern des Journalismus und des Bereichs der Öffentlichkeitsarbeit. Zieht man zum Vergleich die verfügbaren Daten zur Frage des Berufswunsches weiblicher Teilnehmerinnen aus den hypermedial ergänzten Veranstaltungen des vergangenen Semesters heran, so bewegen sich auch hier die Angaben ausschließlich im Bereich des Journalismus und des kaufmännischen Bereiches. Die Ergebnisse deuten darauf hin, dass zunächst eine Identifizierung mit technischen Interessenlagen von Nöten ist, um Rechtsinformatik im Horizont von weiblichen Studierenden als festen Bestandteil einer juristischen Karriereorientierung zu verankern. Weitere Untersuchungen hierzu müssten zunächst überhaupt auf die Berufsziele und Studienwahlmotivationen weiblicher Studierender rechtsinformatischer Veranstaltungen fokussieren. Bis dahin kann die Teilnahme an hypermedial ergänzten Lernarrangements der nicht explizit juristisch ausgerichteten weiblichen Studierenden neben dem speziellen thematischen Interesse an der Veranstaltung auch als Ausdruck des Wunsches gedeutet werden, den Umgang mit sich entwickelnden Formen hypermedialer Lernformen und Internetkompetenz allgemein zu intensivieren.

Als wichtigstes dieser Ergebnisse erscheint für ein Projekt, das eine Lehre im Verbund anstrebt nichtsdestotrotz, dass der zentrale Anreiz zur Teilnahme an Seminaren zunächst ein thematischer ist. Denn der Teilnahmegrund möglicher „überregionaler Kontakte", die sich im Rahmen eines Seminars ergeben könnten, stellten im Rahmen der Erhebung sowohl für die männlichen, aber insbesondere für die weiblichen Teilnehmerinnen keine besondere Perspektive dar. Dies schließt die Artikulierung der Bereitschaft zur Kooperation im Rahmen einer hypermedialen Seminarkonzeption nicht aus, in den abschließenden leitfadengestützten Interviews wurde von Seiten der Studierenden aber betont, dass die Verbindungen in die lokale Lernkultur, also Bekanntschaften und Lerngemeinschaften, die aus der individuellen Studienbiographie resultieren einen nicht unbedeutenden Anteil an der diskursiven Auseinandersetzungen über Seminarinhalte einnehmen. Dass nicht alle dieser Diskurse in Seminare eingebracht werden, ist kein besonderes Zeichen von hypermedial oder hypermedial ergänzten Seminaren, aber der schriftliche Konkretionsdruck im Kommunikationsmodus der synchronen und asynchronen Kommunikationswerkzeuge stellt hier noch eine gewichtige Barriere dar. Ein weiterer Fokus der Evaluation nach Ablauf dieses Seminars war zunächst die erlebte Kompetenz bzw. Usability im Umgang mit den eingesetzten Kommunikationswerkzeugen. Durch die Durchführung der einführenden Schulungen in die Werkzeuge warf die Benutzerführung der im Kontext des Seminars von den Studierenden verwendeten Funktionen nach deren Angaben keine Probleme mehr auf. Die gewonnen Daten aus einem Fragenkomplex zu den typischen Eigenschaften des Online-Seminars waren so dispers, dass sie in ihrer Heterogenität wieder auf die Problematik der Operationalisierung individualisierter Lernstile insbesondere unter medialen Bedingungen verwiesen. Als Hürde erwies sich auch die Tatsache, dass ein Evaluationswesen in der Präsenzlehre bisher nicht existiert, also verlässliche Vergleichsdaten fehlen, die darüber Aufschluss geben könnten, ob der Grad der Zufriedenheit in bestimmten Dimensionen im Kontext eines Online-Veranstaltung im Vergleich zu instruktionistischer

Seminarraum-Lehre eher gestiegen oder eher gesunken ist. Es wäre zumindest zu überprüfen, ob sich in traditionellen Settings deutlich über ein Drittel der Studierenden dazu bekennen, sowohl ein klareres Verständnis der Fragestellungen anderer SeminarteilnehmerInnen gewonnen als auch vom Seminar dahingehend viel bzw. einiges profitiert zu haben, dass das gesamte Themengebiet durchdrungen werden konnte.

Juristische Subsumtion als informatische Modellierung: Interdisziplinäre Didaktik am Beispiel des webgestützten Lehrmoduls „Urheberrecht" für InformatikerInnen

Im Rahmen der Vorbereitung des virtuellen, verteilten RION-Seminars über „Rechtsprobleme des Internet" ging es darum, Informatikstudierenden ohne Jurakenntnisse ein grundlegendes juristisches Verständnis und eine entsprechende Kommunikationsfähigkeit im Bereich von Computer und Recht zu vermitteln. Angestrebt wurde die Vermittlung einer Kompetenz der Studierenden, in dem Bereich von Computer und Recht die auftauchenden Problemstellungen bei der Subsumtion von Sachverhalten unter Rechtsbegriffen im Ansatz verstehen zu können, ohne aber aus den Studierenden der (Rechts)Informatik Juristen machen zu müssen.

Empirische Ergebnisse

Unter den Partnern des RION-Projekts hat der Studiengang „Informationswirtschaft" an der Universität Karlsruhe einen hohen Anspruch auf Interdisziplinarität. Das RION-Team Freiburg interessierte, ob sich dort bereits eine fachliche Einheit aus Jura, Informatik und Wirtschaftswissenschaft ausgebildet hat, und wenn ja, welchen Strukturelementen die fachliche Einheit geschuldet ist. Wir hofften, aus den Ergebnissen unserer Forschung Erkenntnisse für eine Verbesserung der rechtsinformatischen Lehre ziehen zu können. Das RION-Team Freiburg befragte zu diesem Zweck in einem halbstündigen Interview drei Studierende der Informationswirtschaft, die sich alle bereits im Hauptstudium befanden. Der Interviewleitfaden beinhaltete Fragen, die auf die Struktur der Interdisziplinarität des Studienganges abzielten und zu denen sich die Befragten frei äußern konnten. Die Interviewer befragten die Studierenden nach der Einheit des Faches, nach einer übergreifenden Methodik der Teildisziplinen, nach der Realisierung von Praxisbezügen, nach interdisziplinären Problematisierungen und nach dem Verhältnis juristischen Grundlagenstudiums zu rechtsinformatischen Problemstellungen.

Alle Studierenden begriffen die Einheit des Faches als Problem. Jura, Informatik und Wirtschaftswissenschaften werden entsprechend ihrer jeweiligen Fachkultur und somit lediglich parallel studiert. Eine Substanz des Faches, die über den gegebenen Studienplan hinausgeht, konnten die Studierenden nicht ausmachen. Auch war für die Studierenden bis dahin keine über die Teildisziplinen übergreifende Methode erkennbar. Die Lehrenden des betreffenden Standortes haben diese Situation auch erkannt und im darauffolgenden Semester ein interdisziplinäres Seminar angeboten.

Ein generelles Hindernis wurde darin ausgemacht, dass die Herangehensweise von Jura und Informatik als konträr empfunden wurde. Den Studierenden erschien es, als arbeite die Informatik mit Modellen und Axiomen, während bei der Rechtswissenschaft das Zitieren von Rechtsprechung im Zentrum stehe. Die Art und Weise, wie Jura an sie herangetragen wird, wurde als Abarbeiten von Stichwortlisten betrachtet. Besonders schwierig nachvollziehbar erschien den Interviewten die juristische Methode, wenn in einem Rechtsgebiet – wie dem (noch) aktuellen deutschen Urheberrecht –, die Rechtsbegriffe wesentlich von der Rechtsprechung geprägt werden. Eine Prüfsystematik sei in diesem Fall nämlich für Laien nicht mehr erkennbar. An dieser Stelle brachte der Interviewer den Begriff der Rekursivität ein. Befragt wurden die Studierenden darauf hin, ob sie die juristische Methode als nicht im informatischen, aber doch im logischen Sinne rekursiv betrachten würden. Dem konnten die Studierenden uneingeschränkt zustimmen. Die Interviewten waren sich darüber einig, dass ihnen ein Zugang zu Jura leichter fallen würde, wenn auch die Rechtswissenschaft sich modellhafter darstellen ließe.

Wissenstransfer

Das RION-Team Freiburg schloss daraus, dass die interdisziplinäre Struktur des Faches Rechtsinformatik gestärkt werden könnte, wenn die rechtsinformatische Lehre die Reflexion auf Methodik und Denkstrukturen der Teildisziplinen Jura und Informatik anregt. Das didaktische Konzept müsste darin bestehen, das Gemeinsame in den sich voneinander unterscheidenden Methoden der Teildisziplinen sichtbar zu machen. Um ein solches Konzept zu realisieren, entschloss sich das RION-Team Freiburg, ein webbasiertes Lehrmodul zu entwickeln, das Studierenden der Informatik als Einführung in die Rechtsinformatik dienen könnte. Für zentral erachteten wir, bei der Konzeption des Moduls an der Lernkultur, in der InformatikerInnen sozialisiert wurden, anzuknüpfen. Für die lernenden Subjekte heißt das, die ihnen eigenen Denk- und Deutungstraditionen in der Auseinandersetzung mit den „Lerninhalten" zu aktivieren. Didaktisches Design muss daher auf verschiedene Zugangsweisen und Lernstile abgestimmt werden. Auf diesen Leitlinien beruht auch die Idee, auf die Transformation von vorhandenem Wissen hinzuwirken. Wissenstransfer ist ein Paradigma der kognitiven Theorie der Flexibilisierung (Spiro et. al. 1992, Graddy 2001). Im Kern geht es darum, dass der

Lernende, wenn er es mit einer komplexen Materie zu tun hat, keine intakte, hierarchische Lernstruktur aus dem Gedächtnis abrufen kann. Stattdessen kombiniert und rekombiniert das Gedächtnis Strukturelemente, um den Erfordernissen der neuen Situation zu begegnen. Demgemäss befürworten Spiro et al. eine Abkehr von einem Lernsystem, das auf dem Abruf von vorhandenem Wissen aus dem Gedächtnis basiert und eine Hinwendung zu einem Lernstil, der auf die flexible Handhabung des zur Verfügung stehenden Wissens setzt, um den Bedürfnissen der neuen Situation zu entsprechen.

Aufbauend auf dem Konzept der Wissenstransformation war unser Ziel, InformatikerInnen mit Hilfe webbasierter graphischer Prozessmodelle Voraussetzungen und Schwierigkeiten der Subsumtion digitaler Phänomene unter die Begriffe des deutschen Urheberrechtes einsichtig zu machen. Dabei ging es nicht darum, eine juristische Subsumtion einwandfrei graphisch zu repräsentieren, sondern darum, unter Zuhilfenahme von Denkmodellen, die InformatikerInnen bekannt und vertraut sind, ein Grundverständnis für die juristische Methode der Subsumtion zu entwickeln. Auch sollte die Schwierigkeit deutlich werden, digitale, der Kommunikations- und Informationstechnologie zugehörige Güter wie Computerprogramme oder Webseiten unter die von der Technik überholten juristischen Begriffe zu subsumieren.

Grundidee war, in der Darstellung der Subsumtion von Sachverhalten unter Rechtsbegriffen an das den Lernenden vertraute kognitive Schema des rekursiven Algorithmus anzuknüpfen. Wir entwickelten eine Repräsentation, in der in einer symbolischen Analogie die modellhafte, rekursive Denkstruktur der Informatik auf die Sachverhalte unter Begriffe subsumierende Denkstruktur der Jura übertragen wird. Denn der Prozess, der aus einem unbestimmten Sachverhalt einen bestimmten Rechtsgegenstand macht, lässt sich als Prüfalgorithmus verstehen. Das hier vorgestellte Prozessmodell zum Urheberrecht repräsentiert in einem ersten Schritt die gesetzliche Terminologie, die den Begriff des urheberrechtlichen „Werkes" mittels für Laien schwierig in Bezug zu setzende Begriffshierarchien und Begriffsnetze bestimmt. (Fig. 1). Den Studierenden der Informatik sollte gezeigt werden, dass ein empirischer Gegenstand („etwas", z.B. ein Computerprogramm) erst dann eine rechtliche Bestimmung erhält („Werk" im Sinne des Urheberrechtsgesetzes), wenn er das Modell in einem Prüfprozess durchlaufen hat.

Das urheberrechtlich geschützte Werk

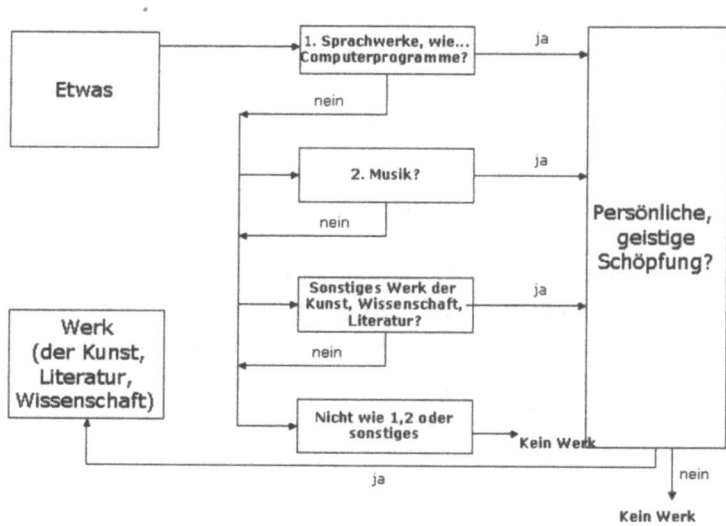

Fig. 1: Gesetzliche Struktur repräsentiert als modellhafter Prüfalgorithmus

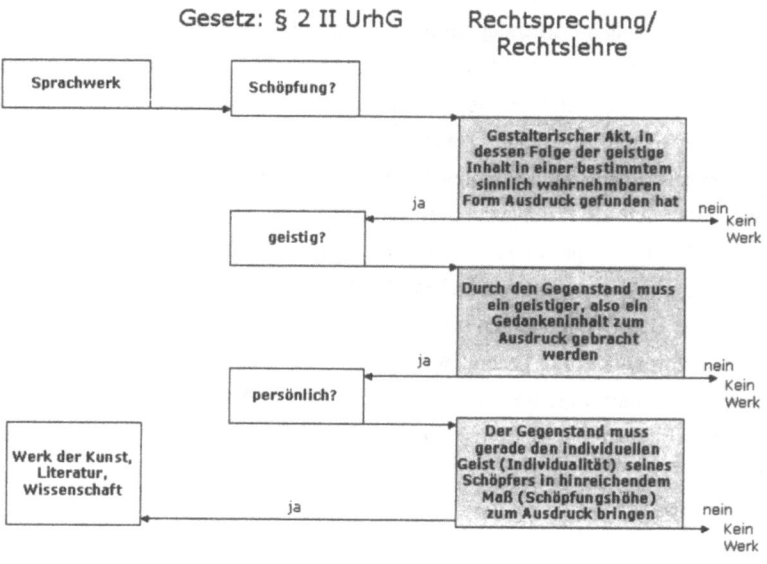

Fig. 2: Gesetz und Rechtsprechung in einem Modell

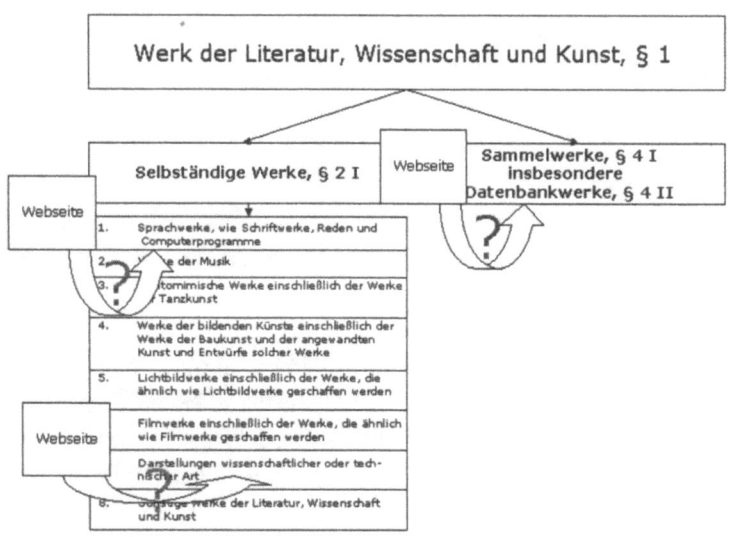

Fig. 3: Das Werk im Internet (Website)

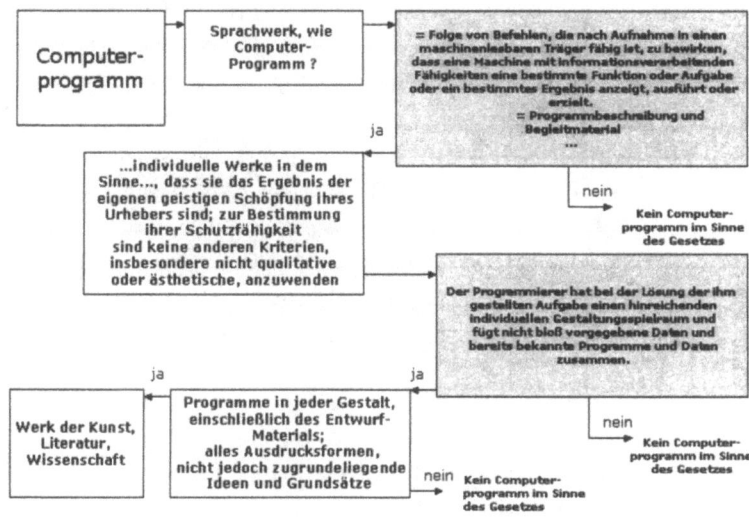

Fig. 4: Computergramme als Werk

In einem zweiten Schritt wurde der an der begrifflichen Struktur der Gesetze orientierte Prüfalgorithmus um die Ebene der Rechtsprechung erweitert (Fig. 2). Es sollte deutlich werden, in welchem Verhältnis die Begriffe des Gesetzes und die Definitionen der Rechtsprechung, die diese Begriffe ausdifferenzieren, stehen.
In einem dritten Schritt wurde gezeigt, wie das Phänomen „Webseite", nachdem es das Prozessmodell durchlaufen hat, unter verschiedene Rechtsbegriffe des aktuellen Urheberrechtsgesetzes subsumiert werden kann (Fig. 3). In einer vierten Präsentation wurde analog vorgeführt, wann ein Computerprogramm vom deutschen Urheberrecht geschützt ist (Fig. 4).

Integriert wurde die Idee von der diagrammatischen Repräsentation der Rechtsbegriffe in ein Lehrmodul zum deutschen Urheberrecht, das in einem Präsenztermin den Lernenden vorgestellt und im Internet zur Nachbereitung und Weiterentwicklung zur Verfügung gestellt wurde[6]. Die Lehreinheit enthält bislang vier Kapitel: Erstens eine textbasierte Einführung in die Methode der juristischen Subsumtion, dargestellt an einem echten Fall vor Gericht, auf dessen Urteil mit Hilfe eines Hyperlinks direkt zugegriffen werden kann. Die abstrakte Darstellung der Methode soll somit von dem Lernenden sofort als praxisrelevant erkannt werden können. Zweitens stellt sie eine Einführung in das deutsche Urheberrecht mit dem Fokus auf Probleme bereit, wie sie InformatikerInnen in der Praxis begegnen können. Diese Einführung ist mit dem Volltext der aktuellen Fassung des Urheberrechtsgesetzes sowie mit einem Glossar verlinkt, das allgemeine juristische Begriffe sowie juristische Begriffe aus spezifischen Rechtsbereichen für juristische Laien erklärt.
Drittens eine Präsentation von Rechtsbegriffen in Gestalt von graphischen Prozessmodellen, die einen Prüfalgorithmus simulieren. Und viertens eine Literatur- und Linkliste für juristische, soziologische und ideologiekritische Webmaterialien zur Rechtsinformatik. Alle Kapitel sollen von Lehrenden und Lernenden im Hinblick auf ihre Bedürfnisse und Interessen ergänzt werden können. Die Idee der audio-visuellen, metaphorischen Repräsentation von Rechtsbegriffen ist dabei der wichtigste Teil des Moduls.

Fazit
Unsere These ist, dass sich eine Vereinheitlichung des Faches und eine vertiefte interdisziplinäre Kompetenz dadurch ergeben kann, dass im Rahmen des didaktischen

---

6 http://mod.iig.uni-freiburg.de/lehre/WS2002/rechtsfragen_des_internet/index.htm

Konzeptes auf die verschiedenen Denkstrukturen der Einzeldisziplinen stärker Bezug genommen wird. Dies kann dadurch geschehen, dass die Ähnlichkeit der jeweiligen Reflexionsregeln graphisch herausgestellt wird. Durch eine symbolhafte analoge Darstellung der juristischen Subsumtionstechnik durch logisch rekursive, an die Informatik angelehnte Denkmodelle ist es möglich, die inhaltlich vollkommen unterschiedlichen Bereiche von Jura und Informatik in Verbindung zu bringen.

Wichtig ist in diesem Zusammenhang, dass eine modellhafte, algorithmische Darstellung des Subsumtionsprozess nicht impliziert, Subsumtion könne als Ablaufmodell beschrieben und durch Softwareeinsatz übernommen werden. In der Tat war es einmal ein Anliegen der Rechtsinformatik, juristische Anwendungen formalrational zu beschreiben, um so die Anwendung von Informationstechnologie im Recht mit dem Fernziel zu strukturieren, einer leistungsfähigen Entwicklung von Software Vorschub leisten zu können. Allerdings wurde die Grenze der Leistungsfähigkeit von Computern in juristischen Entscheidungsprozessen schnell dort ausgemacht, wo juristische Entscheidungen informationell nicht beschrieben werden können und Bewertungsakte erfordern (Kilian 2001). Intendiert ist vielmehr, in der Methode der Darstellung an die Denk- und/oder Wissensstruktur der InformatikerInnen anzuknüpfen, um bei diesen eine interdisziplinäre Transferleistung zwischen eigenem technischen Wissensgebiet und fremdem juristischen Wissensgebiet anzuregen. Auch sollte in der Methode der Darstellung von Rechtsbegriffen und der Subsumtion von Sachverhalten unter diese auf den Erwerb von „Wissen über das Wissen" hingewirkt werden.

2.2 Föderativ verteiltes Seminar

Konzeption

Für eine emergente und nachhaltige Entwicklung der E-Learning-Zusammenarbeit im Projektverbund war es notwendig, die aufgetretenen Problemkomplexe strukturell unter den gegebenen Umständen zu überwinden und unter Berücksichtigung der Stärken im Spiegel der Evaluationsergebnisse zu einer tragfähigen Konzeption zu gelangen. Die Vorzüge der lokal-gebundenen Elemente lagen in den inzwischen gefestigten Potenzialen einer routinierten Durchführung von technischen Einführungen in die verwendeten Kommunikationswerkzeuge. Daneben erwies sich eine stringente thematische Durchkonzeptionierung als attraktive Anreizstruktur mit der weiterführenden Möglichkeit zur abstimmenden Kooperation als weiterer wichtiger Bestandteil. Mit dem zuvor dargestellten Verbundseminar im WS 2002/03 war darüberhinaus ein Seminarmodell gefunden worden, das nicht mehr nur Umsetzung und Ergänzung von

Präsenzlehrveranstaltungen darstellt, insofern es nämlich durch die Struktur sowohl örtlich verteilter Studienangebote wie auch örtlich verteilter Nutzer dieser Angebote über eine eigenständige Organisationsform für E-Learning-Seminare verfügte. Allerdings wies es die erwähnten Schwächen auf. Die einheitliche Form, d.h. mit Blöcken der Standorte für alle TeilnehmerInnen, wurde als Hauptursache dieser Schwächen identifiziert. Das RION-Verbundseminar wurde für das SS 03 daher dahingehend weiterentwickelt, dass eine dezentrale Form mit weitgehend unabhängigen Seminarsäulen der einzelnen Standorte für Studierende beliebiger Standorte installiert wurde.

Den Lehrenden wird dadurch die Konzentration auf ihre Kernkompetenzen und Adressierung einer größeren Gruppe von Studierenden ermöglicht. Gleichzeitig erhalten diese über das Angebot der eigenen Universität hinausgehende Studienmöglichkeiten. Somit wird auf Lehr- wie Studienebene ein Mehrwert in der universitären Ausbildung erzeugt, der sich vor allem auf die spezifische thematische Nachfrage als Anreizstruktur der potentiellen TeilnehmerInnnen als auch auf die Kernkompetenzen der beteiligten Standorte stützte. Den einzelnen „Seminarsäulen" gemeinsam ist dabei ihre didaktische Struktur, sie finden zudem auf einer gemeinsamen Lernplattform statt. So konnten die Studierenden auch den Seminarverlauf an den jeweils anderen Standorten beobachten.

Die einzelnen Säulen hatten dabei eine einheitliche didaktische Struktur bzw. Taktung (Selbstlernphase für thematische Übersicht, asynchrone Diskussion von Thesenpapieren, synchrone Diskussionen spezifischer Problemlagen, schriftliche Ausarbeitung) und fanden auf der gemeinsamen Lernplattform statt, so dass an den einzelnen Standorten eine gemeinsame Einführungsveranstaltung präsentisch durchgeführt wurden konnte. Die einzelnen Standorte haben sich darüberhinaus darauf geeinigt, die „Scheine" der anderen (unbürokratisch) anzuerkennen, insofern die Leistungsanforderungen der Studierenden jeweils nach den Anforderungen ihrer Heimatuniversität skaliert wurden.

Evaluation

Auf Ergebnisse aus Befragungen von Studierenden zur Einschätzung dieses Seminars konnte leider nicht zurückgegriffen werden. Von Seiten der beteiligten Lehrenden und Studierenden wurde zur Auswertung ein Online-Fragebogen gewünscht, mit dem Erfolg, dass ein Rücklauf praktisch nicht zustande kam. Von den 31 TeilnehmerInnen beteiligten sich gerade vier. So ist man bei der Bewertung des Verlaufs und der Ergebnisse auf die Eindrücke der beteiligten TutorInnen angewiesen. Trotz weiterhin vorhandener individueller Schwierigkeiten bei der Initiierung und Aufrechterhaltung von

Diskussionsbeiträgen, verweisen die Berichte der TutorInnen (vgl. Teil II) in der Mehrheit auf die Berechtigung der Annahme, dass die Positionierung des thematischen Anreizes im Konzept des föderativ verteilten Seminars für die gelingenden Momente des Seminars verantwortlich zeichnen. Der Erfolg ist aber, wie die Ergebnisse zeigen, weiterhin abhängig von einer personengebundenen thematisch-didaktischen Ausarbeitungs- und Moderationskompetenz.

Diese Kompetenz erstreckt sich weiterhin auch auf die Fähigkeit zur Bildung von homogenen Kleingruppen. Die Beurteilung der Homogenität im interdisziplinären Kontext, also dort wo Studierende verschiedener Fachbereiche gemeinsam an thematischen Zusammenhängen arbeiten sollen, entscheidet über die Qualität und Intensität der Diskurse.

Modellcharakter des Lehrangebotes für Verbünde

Dieser Seminarorganisation kann Modellcharakter für vergleichbare Lehrnetzwerke zuzukommen. Selbstverständlich sind die Entwicklung und die Implementierungen eines solchen Seminarmodells organisatorisch sehr aufwendig. Zum einen stellt der Aufbau eines entsprechenden Lehrnetzwerkes zwischen Instituten verschiedener Hochschulen, die zwar einen gemeinsamen Fokus aber hinreichend unterschiedliche Perspektiven haben, einen erheblichen Aufwand dar. Zum anderen sind die organisatorischen Vorleistungen, bis sich das Seminarangebot und die administrativen Abläufe ausreichend routinisiert haben, nicht zu unterschätzen. Aber bei entsprechend langfristiger Perspektive und entsprechender Routinisierung kann der allgemeine Nutzen die höheren organisatorischen Kosten überwiegen.

Die Bedeutung des vermuteten Modellcharakters bemisst sich dadurch, dass hiermit auch dem „Hochschulseminar" eine adäquate Entsprechung im Bereich des E-Learning zukommt; d.h. dass auch der Seminarform durch die Mediatisierung didaktische Mehrwerte zuwachsen. Die Bedeutung der Diskursivität, als des zentralen Merkmals des Seminars, für spezifische Lernziele kann und braucht hier nicht näher ausgeführt zu werden.

Im E-Learning-Bereich führte das Seminar aber gegenüber dem anderen großen Lehrinstitut, der Vorlesung, eher ein Schattendasein, insbesondere weil die Frage, wie die soziale diskursive Dimension des Seminars in computer-gestützten Lehrzusammenhängen eine Struktur finden kann, die es hinsichtlich der didaktischen Transparenz und der entsprechenden Erfolgserwartung der Studierenden mit Präsenzveranstaltungen aufnehmen kann, nicht beantwortet wurde. Hier liegt die Stärke des verteilt-verteilten Modells; für die Studierenden ist deutlich, dass sie das angebotene Fachwissen, den spezifischen thematischen Fokus und das für den Diskursverlauf entscheidende analoge Interesse bei ihren KommilitonInnen nur in einer E-Learning-Veranstaltung finden können.

Ergebnisse der begleitenden Evaluation von RION

Birgit Huber und Frank Röhr

1. Aufbau der Untersuchung

Im Wintersemester 2001/02 wurde für eine vielschichtige Gruppe von Studierenden ein umfangreicher Fragebogen entwickelt, in dem die verschiedenen Evaluationsziele soweit praktikabel umgesetzt wurden. Der Fragebogen gliedert sich in mehrere teilweise ineinander verschränkte Teilmodule, wobei es entsprechend verschiedener Analysegruppen leicht voneinander abweichende Versionen des Fragebogens gab.

Grundsätzlich wurde immer nach dem Geschlecht, Alter und der Semesterzahl gefragt. Z. T. offene Fragen wurden zum gewählten Studiengang und der Rolle gestellt, die die Rechtsinformatik darin einnimmt. Zum Bereich der Fragen zur Computernutzung gehörten neben möglichen Angaben zur Dauer und Häufigkeit auch zwei Tabellen mit einzutragenden Angaben zu konkreteren Nutzungsroutinen des Internet (z.B. Surfen, Email) und deren Häufigkeit (vierstufig) sowie in feiner Gliederung zu spezifischen Softwareanwendungen und Hardwareerfahrungen (dreistufig). Ergänzt wurde der Fragebogen durch Einschätzungen zu den Bereichen Informationstechnologie und Internet; hierzu gehört auch eine Tabelle mit allgemeineren Aspekten (z.B. Spaß, Informationsqualität) sowie eine (vierstufige) Tabelle die mit verschiedenen Aussage-Optionen, die Computer-Selbstwirksamkeit abfragt (z.B. „Ein Computer tut nur das, was man ihm sagt!").[7]

Die Fragebögen wurden in Lehrveranstaltungen in der Regel von den Seminarleitern ausgegeben; z.T. wurden sie direkt im Anschluss wieder eingesammelt, z.T. konnten sie an einem späteren Termin abgegeben werden.

Grundgesamtheit

Befragt wurden im WS 2001/02 insgesamt 167 Studierende.

Diese waren Teilnehmende folgender Lehrveranstaltungen:

a) ein rechtsinformatisches Blockseminar am Institut für Telekommunikations- und Medienrecht an der Universität Münster („Rundfunkrecht im Multimediazeitalter - Aktuelle Entwicklungen im Rundfunkrecht"; Prof. Dr. Bernd Holznagel). Bei den 18 TeilnehmerInnen handelte es sich (de facto nicht de jure) ausschließlich um Juristen (höhere Semester und Graduierte), die eine mehrsemestrige Zusatzqualifikation im Bereich der Rechtsinformatik verfolgen.

---

[7] Hinzu kamen, wenn es die Gruppe betraf, Fragen zum Interesse an informatischen Informationen hinsichtlich des Studiums der Rechtsinformatik. Hier ging es vorrangig um die Planung der Inhalte der zu entwickelnden Internetplattform.

b) ein rechtsinformatisches Seminar im wirtschaftswissenschaftlichen Fachbereich der Universität Oldenburg („Internetrecht"; Prof. Dr. Jürgen Taeger). Hierbei handelte es sich um eine reguläre Wahl-Pflicht-Veranstaltung aus dem Bereich der Rechtsinformatik im Rahmen des Studiengangs Betriebswirtschaft mit juristischem Schwerpunkt mit 20 TeilnehmerInnen (z.T. aus anderen Studiengängen wie Informatik).
c) ein allgemein juristisches Seminar im wirtschaftswissenschaftlichen Fachbereich der Universität Oldenburg. Dies war ebenfalls eine Wahl-Pflicht-Veranstaltung im Rahmen des Studienganges Betriebswirtschaft mit juristischem Schwerpunkt allerdings nicht aus dem Bereich der Rechtsinformatik, so dass hiermit eine partielle Vergleichsgruppe von 9 Personen zur Verfügung stand.
d) ein rechtsinformatisches Seminar im wirtschafts- und sozialwissenschaftlichen Fachbereich der Universität Lüneburg (Prof. Dr. Joachim Heilmann) mit 6 betriebswirtschaftlichen Studierenden des Wahlfaches Wirtschafts- und Rechtsinformatik.
e) eine rechtsinformatische Veranstaltung für Informatik & Wirtschaftsinformatik an der TH Darmstadt („Informationsrecht", Prof. Dr. Jochen Marly) mit 5 TeilnehmerInnen
f) der rechtsinformatische Ergänzungsstudiengang „Eulisp" für JuristInnen an der Universität Hannover (Prof. Dr. Wolfgang Kilian) mit 21 TeilnehmerInnen
g) der rechtsinformatische Ergänzungsstudiengang „Informationsrecht & Rechtsinformation" für JuristInnen an der Universität Wien (Prof. Dr. Forgó - kein Teil von RION) mit 7 TeilnehmerInnen.
h) eine rechtsinformatische Vorlesung an der Fachhochschule Hannover in der angewandten Informatik mit 43 Männern und 6 Frauen.
i) das Viror-Verbundseminar („Technik und Geschlecht"; Prof. Dr. Britta Schinzel e.a.) an Universität Freiburg, der Pädagogischen Hochschule Freiburg und der Evangelischen Fachhochschule Freiburg. Die Veranstaltung mit 32 TeilnehmerInnen war als Schnittstelle zwischen parallel an den verschiedenen Hochschulen stattfindenden Seminaren organisiert. Insofern hier zum einen Studierende aus anderen Fachgebieten als den in RION beheimateten beteiligt waren, und zum anderen auch keine rechtsinformatischen Inhalte behandelt wurden, haben wir eine weitere partielle Vergleichsgruppe (insbesondere auch durch ihren hohen Frauenanteil mit 24 Personen).

2. Auswertung

Von den befragten 167 Studierenden waren 112 männlich und 55 weiblich. Somit betrug die Prozentverteilung 67,1% zu 32,9 %. Im Durchschnitt lag das Alter bei 25 Jahren, sowohl bei den Männern wie bei den Frauen. Die überwiegende Anzahl befand sich dennoch im Grundstudium; durch die große Zahl an TeilnehmerInnen an Ergänzungsstudiengängen u.ä. ist die durchschnittliche Semesterzahl von 6 wenig aussagekräftig.

Als Studiengrund gaben 55,7% Interesse an. 20,4% spezifizierten dies näher im Hinblick auf deren beruflichen Interessen. 15,0% nannten Interesse an Technik (unter den 25 Personen, die diese Antwort gaben befanden sich 5 Frauen, die aus den Fachbereichen Wirtschaftsinformatik, Rechtsinformatik, angewandte Informatik und Informatik stammten). 29,4% machten keine Angaben zu diesem Item.

Für die weitere Analyse werden z.T. thematische Gruppen unterschieden: Rechtsinformatik (72), Informatik (55) und Nicht-(Rechts)Informatik (40); wobei die InformatikerInnen, die rechtsinformatische Veranstaltungen besucht haben, hierbei zur Informatik zählen. Wenn es um die Teilnehmendenstruktur rechtsinformatischer Veranstaltungen geht, werden allerdings die gesamten 77 Personen gewertet. Durch den Vergleich des Gesamtsamples mit dieser RION-Gruppe ergeben sich dann spezifische Erkenntnisse.

2.1 Gesprächsthema Informationstechnologie

Das mit Bezug auf IT-Erfahrung entscheidende Datum ist sicherlich das Einstiegsalter. Das durchschnittliche Alter, ab dem Männer und Frauen einen Computer ihr Eigen nennen (Durchschnittsalter minus durchschnittliche Dauer des Computerbesitzes), unterscheidet sich deutlich. Männer beginnen mit 15,6 Jahren, während die Frauen mit 20 Jahren beginnen. Man muss hier allerdings hinzufügen, dass neben der männlichen Dominanz bei den angewandten Informatikern die Studierenden des weiblich dominierten Viror-Seminars relativ alt sind, da sie vermutlich häufiger schon eine Ausbildung und Berufspraxis hinter sich haben. So kann man aber auch wieder die Studienfachwahl als Teil und Ausdruck der Vorerfahrung mit Informationstechnologie deuten. Wieder erhält man das zu erwartende Bild: Die zumeist männlichen Studierenden der angewandten Informatik zeigen ein insgesamt „avancierteres" Nutzungsprofil, die RI-Studierenden aus der Rechtswissenschaft und der Ökonomie siedeln sich darunter an, während insbesondere die weiblichen Studierenden des Viror-Seminars die wenigsten Erfahrungen haben.

Dass es sich hierbei um ein Phänomen handelt, das tief in den Alltagsstrukturen wurzelt, zeigen die Antworten auf die Frage: „Wie häufig sind die Informationstechnologien Gesprächsthema in Ihrem Bekanntenkreis?" (mit den Vorgaben: oft, selten und nie – wobei letztere Antwort zu vernachlässigen war).

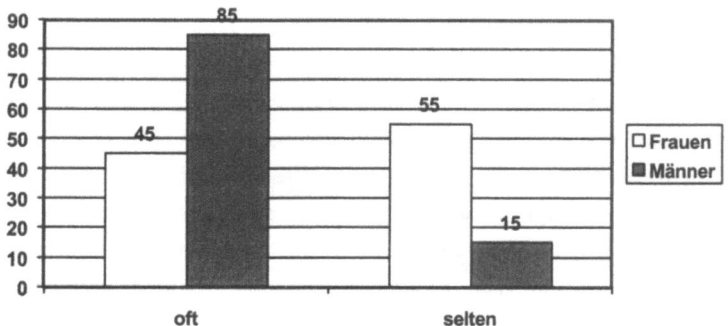

Mehr als die Hälfte der weiblichen Studierenden gibt an, dass die Informationstechnologien nur selten ein Thema in ihrem Bekanntenkreis seien. Die männlichen Studierenden der Grundgesamtheit, darunter natürlich auch die Informatiker, geben dagegen zu 85% an, dass die IT bei ihnen oft ein Gesprächsthema sei. Die häufigere Thematisierung entsprechender Themen führt dabei natürlich auch wieder zur Distribution von sachlich relevantem Wissen, so dass sich die Schere zwischen den Geschlechtern hier immer weiter öffnet.

Berücksichtigt man ferner das Problem der „Computer-Selbstwirksamkeit", zeigt sich ein Teufelskreis. Denn einerseits bedingt die schwächere Einbettung der Informationstechnologie in den Alltag, sei es durch praktische Erfahrungen oder als anschlussfähiges Kommunikationsthema, selbstverständlich geringere Werte bei der Selbsteinschätzung hinsichtlich des Umgangs mit Computern etc.. Und andererseits führt eine höhere Selbsteinschätzung wieder zu mehr Erfahrung und Kommunikation. Das Problem erhält sich durch die Unterstellung von entsprechenden Geschlechtstereotypen zuungunsten der Frauen selbst, insofern eine geringere Erfolgserwartung zu weniger Erfahrung führt, und die mangelnde Erfahrung gegenüber der männliche Vergleichsgröße wiederum die Erfolgserwartung dämpft.

2.2 Selbstwirksamkeit: „Ich weiß, dass ich mit dem Computer gut umgehen kann!"

Ein entsprechendes Ergebnis zeigten geschlechtsspezifische Werte für die Frage „Ich weiß, dass ich mit dem Computer gut umgehen kann!"

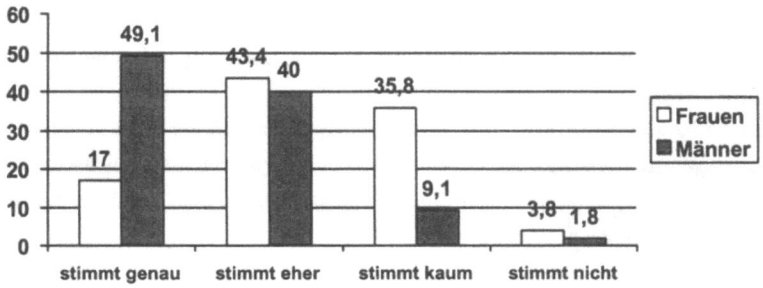

Während der negative Wert („stimmt nicht") nicht ins Gewicht fällt und der damit mittlere Wert („stimmt eher") weitgehend ausgeglichen ist, variieren die Antworten „stimmt genau" und „stimmt kaum" in ihrer Bewertung durch die Geschlechter stark. Die Hälfte der Männer (54 von 110) rechnet sich zu den besonders Computererfahrenen und über ein Drittel der Frauen (19 von 53) sieht sich als relativ unerfahren. Es bestehen aber durchaus Möglichkeiten, diesem Teufelskreis entgegenzuwirken, denn während nur ein knappes Drittel der InformatikerInnen und etwa 40% der Nicht-(Rechts)informatikerInnen angeben, einen Computerkurs besucht zu haben, sind es fast 60% der thematischen Gruppe Rechtsinformatik, die schon einmal einen Computerkurs besucht haben. Während es für die „Cracks" letztlich zu „uncool" ist, einen regulären Kurs zu besuchen, korreliert – wenn man von anderen möglichen Faktoren in unserer insgesamt sehr heterogenen Gesamtgruppe absieht – die systematische Auseinandersetzung mit der Informationstechnologie in einem Computerkurs mit der Bereitschaft, sich auch in anderen Bereichen mit den Folgen der Informationstechnologie auseinander zusetzen. Dies erlaubt die Hoffnung, dass mit der spezifischen Förderung von Frauen der gender gap hier etwas verkleinert werden kann, denn aus mehr – anfänglich systematisch geführter – Erfahrung folgt mehr Selbstvertrauen, und aus diesem folgt wieder mehr Erfahrung (vgl. zu weiteren Differenzierungen Müller e.a.. 2003).

2.3 Computerliteracy und Medienbiographie: Nutzungsprofile bei Computertätigkeiten
Wir wollen nun die schon deutlich gewordenen geschlechtsspezifischen Haltungen gegenüber der Informationstechnologie anhand der RION-Gruppe konkretisieren; dies soll u.a. dadurch geschehen, dass Unterschiede in der Computerliteracy mit weiteren

medienbiographischen Punkten in Verbindung gesetzt werden.
Wie hinsichtlich des Aufbaus des Fragebogens erwähnt, wurde in Bezug auf eine Reihe von Verrichtungen danach gefragt, ob sie „noch nie", „schon mal", oder „regelmäßig" ausgeübt wurden. Die ausgewählten 26 Items sollten dabei ein aktuelles Spektrum der Computernutzung wiedergeben, und auch z.T. zur Überprüfung bestimmter Vorannahmen dienen.
Bei Standardanwendungen wie „Textverarbeitung" findet sich ein recht ausgeglichenes Nutzungsprofil zwischen den Geschlechtern. Dagegen zeigen techniklastige Verrichtungen wie „Netzwerk einrichten" oder „Hardware installieren" deutliche Korrelationen mit dem Geschlecht.

„Netzwerk eingerichtet"

	mache ich regelmäßig	habe ich schon mal gemacht	habe ich noch nie gemacht
weiblich	0.0%	31.8%	68.2%
männlich	12.2%	48.8%	39.0%

„Hardware im Computer eingebaut"

	mache ich regelmäßig	habe ich schon mal gemacht	habe ich noch nie gemacht
weiblich	9.5%	33.3%	57.1%
männlich	22.0%	63.4%	14.6%

Jeweils deutlich über die Hälfte der Frauen sehen – praktisch gesprochen – im Schraubenzieher kein Medium, um damit in Beziehung zu ihrem Computer zu treten. Dagegen ist dieser Zugang für die Mehrzahl der Männer nichts Außergewöhnliches. Der Computer dürfte daher auch – weiterhin praktisch gesprochen - in der geschlechtlich konnotierten Tradition von Fahrrad und Moped stehen.
Dem entspricht, dass prinzipiell Männer Computerspiele häufiger nutzen als Frauen. Der Computer ist für männliche Jugendliche viel eher Spielgerät – und eben im doppelten Sinne als Gerät, an dem man herumbastelt, und mit dessen Hilfe man ein Spiel

spielt – als für weibliche. Bei den Ego-Shootern, d.h. der Spieler hat die Perspektive auf das Spielfeld wie sein bewaffneter Avatar, ist dieses Verhältnis am stärksten ausgeprägt.

„Ego-Shooter"			
	mache ich regelmäßig	habe ich schon mal gemacht	habe ich noch nie gemacht
weiblich	0%	5.6%	94.4%
männlich	21.6%	21.6%	56.8%

Zum Teil mögen bei der Frage nach der Häufigkeit von Spielaktivitäten (Actionspiele, Ego-Shooter, Simulatoren, Adventures, Textadventures, Grafikadventures, Strategiespiele, Rollenspiele) auch Verständnisprobleme hinsichtlich der Fragestellung eine Rolle gespielt haben, aber wenn man die Nennung zu allen Spiele gemeinsam betrachtet, erhält man ein sehr eindeutiges Bild. Bei den Frauen sind 70% der Nennungen negativ („habe ich noch nie gemacht"), während fast zwei Drittel der Nennungen bei den Männer positiv sind (regelmäßig oder schon mal gemacht).

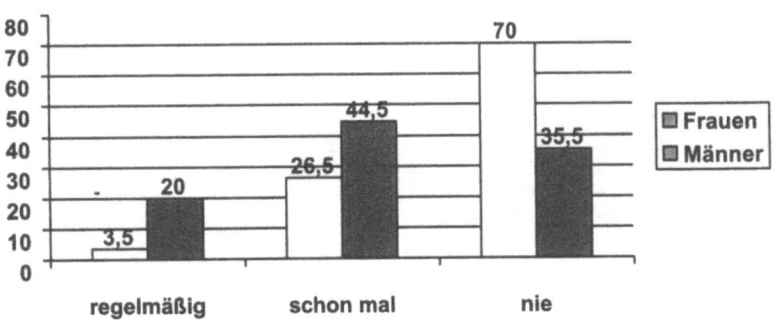

Eine weitere Vorannahme wurde bestätigt; die „designlastige" Verrichtung „Webdesign" zeigte zwar gewisse Ungleichgewichte, aber keine signifikante Korrelation. Da Webdesign für die wenigsten in der befragten Gruppe eine berufliche oder studienbedingte Notwendigkeit darstellen dürfte, drängt sich auch hier die spielerische Motivation auf. Wobei Design nun auch eine kreative Tätigkeit ist, die den Frauen entgegenkommt.

„Webdesign"

	mache ich regelmäßig	habe ich schon mal gemacht	habe ich noch nie gemacht
weiblich	4.5%	22.7%	72.7%
männlich	14.6%	41.5%	43.9%

Diese Ergebnisse scheinen in der jetzigen Konstellation derzeit noch relativ stabil über Altersstufen hinweg zu sein. In einer Schweizer Untersuchung aus dem Jahre 1998 ergeben sich annähernd die gleichen Zahlen bei den Angaben zum Konstrukt „Homepage machen" bei 14-19jährigen Jugendlichen (Kielholz 1998, S. 81).
Angesichts der unterschiedlichen medienbiographischen Bedeutung, die der Computer bzw. die Informationstechnologie insgesamt für die Geschlechter erlangt, ist es auch nicht verwunderlich, dass die Entscheidung für oder gegen rechtsinformatische Studienangebote von Frauen und Männern in anderer Weise getroffen wird.

Zusammenfassung der Ergebnisse

1. Hypermedien und Strukturwandel der Hochschule

Im Kontext der Etablierung neuer Medien in der Hochschulbildung steht nicht nur die Einführung eben dieser Medien zur Debatte, sondern es vollzieht sich insbesondere im Zuge hochschulpolitischer Veränderungen eine grundlegende Transformation. Da mit der Einführung von Hypermedien notwendig in den Bereich der Gestaltung von Lern- und Arbeitsprozessen eingegriffen wird, steht nicht mehr nur die traditionelle Durchführung von Lehrveranstaltungen im Zentrum der Aufmerksamkeit, sondern es werden vielmehr fundamentale Fragen der Veränderung der Qualität, der Methodik und der Institutionalisierung der Wissenschaften in Forschung und Lehre selbst in den Vordergrund gerückt.

Der Kern des Strukturwandels im Spannungsfeld von medialer Struktur und der von ihr induzierten Interaktion sowie der eingeleiteten Curriculumsreformen berührt in erster Linie die historische Wissenschafts- und Wissensdomänenentwicklung und der entsprechenden Theorie-/Paradigmen- oder Methodenbasis der beteiligten Fächer. Einem notwendig gewordenen Wandel stehen im Bildungsbetrieb der Hochschulen derzeit aber augenscheinlich der historisch gewachsene Prozess der organisatorischen Institutionalisierung differenzierter Fächer und ihrer entsprechenden Zertifizierungsmechanismen entgegen. Die historisch gewachsene paradigmen-, theorie- und methodenbasierte Konstitution der Wissensdomänen der Fachbereiche dominiert die institutionell-curriculare Verfasstheit im jeweiligen Grade ihrer Fixierung und damit auch in ihrer didaktisch-methodischen Situierung. Das entsprechende Dispositiv, die Formation dieser Verfasstheit und Situierung erweisen sich in der augenblicklichen Phase der Hochschulentwicklung als entscheidende Determinanten beim Versuch der Transformation der Lehre hin zu einem hyperemdial ergänzten Studienangebot.

2. RION - Rechtsinformatik Online: Interdisziplinarität – Curriculum – Didaktische Transformation

2.1 Interdisziplinarität

So waren die allgemeineren Ziele des Programms „Neue Medien in der Bildung" und spezifische Antragsziele des Projektes „RION – Rechtsinformatik Online" zunächst unter eingehender Beachtung der strukturellen Rahmenbedingungen zu reformulieren. Die Überprüfung des Ziels einer möglichst vollständigen Abdeckung eines Fachgebietes führte unter diesen Vorzeichen geradewegs in die Bestimmung des (inter-)disziplinären Charakters der Rechtsinformatik und den entsprechenden curricularen Ausprägungen.

Die Rolle der Interdisziplinarität ist gemeinhin dadurch bestimmt, inwiefern sie ein Medium der Selbstreflexion des Wissens sein und den Blick auf die disziplinären Zuständigkeiten und den jeweiligen Forschungs- und Lehrbedarf eröffnen kann. Für die Forschungsformen der Rechtsinformatik und insbesondere der professionalisierten juristischen Arbeitsweise als Methode der Rechtsauslegung scheint das oft klarer als für das forschende Lernen der Studierenden. In der Lernanordnung der Gegenstände wird für die Studierenden nicht einsichtig, wie theoretisch und methodisch mit ihnen exakt umgegangen wird. Denn durch Problementwicklungen an den Forschungsgegenständen, die in der Rechtsinformatik aus vielen verschiedenen Bereichen stammen, wird Interdisziplinarität durch Paradigmen und Theorien verschiedener Disziplinen in ein historisch differenziertes Fach hereingebracht. Das bedeutet neben institutionellen Barrieren auch die Gefahr der Errichtung immanenter Erkenntnisgrenzen, die sich insbesondere auf den Lernprozess der Studierenden auswirken können

2.2 Curriculare Heterogenität und dominante Methodik
Konkret wurde dieses prekäre Verhältnis zwischen Rechtswissenschaft und Rechtsinformatik in der erheblichen Divergenz der am Projekt beteiligten Standorte. Zunächst divergierten diese bereits in ihren fachbereichsinternen thematischen Schwerpunktbildungen und Ausbildungsordnungen. Diese unterscheiden sich sowohl auf der Ebene des eigentlichen Fachstudiums (Jura, Informatik, BWL), als auch hinsichtlich der Stellung der Rechtsinformatik innerhalb des Studienganges (Pflicht oder Wahlpflicht) und nicht zuletzt hinsichtlich des zu erwerbenden Abschlusses (Staatsexamen, verschiedene Diplome, verschiedene Zusatzzertifikate).

Aus didaktischer Sicht bargen dann insbesondere die primär an der juristischen Ausbildungsordnung orientierten Studiengänge und die entsprechend praktizierten Arbeitsweisen für Lernziele, die über die oberflächliche Beherrschung der Methode der Subsumtion hinausgehen, einige Schwierigkeiten.

Die gemeinhin praktizierte Methode des juristischen Arbeitens basiert nämlich auf der lernstrukturellen Prämisse, es müssten nur wenige Interpretations- und Handlungsmuster eingeübt werden und durch Verfeinerung transferfähig gemacht werden. Die Lernstruktur vollzieht etwas nach, was in der Sachstruktur scheinbar gegeben ist; nur stimmt schon die Hierarchie des Normprogramms von den Kerngebieten des Rechts gar nicht mehr, und damit auch die konzentrische Lernanordnung höchst problematisch.

Insofern blieb das übergeordnete Ziel von Qualitätsverbesserungen im Bereich der Lehre insbesondere durch die Entwicklung und Evaluation von Qualitätsstandards die zu Erfolgen durch Nachhaltigkeit führen sollten, bereits in diesem Stadium über das Projekt hinaus an die seit langem angestrebten aber noch nicht nachhaltig genug verfolgten Reformbestrebungen im Bereich der Ausbildungsordnung verwiesen. Das kurzfristige Ziel der Entwicklung „neuer Kombinationen von Präsenzlehre und Selbst-/Fernstudienanteilen" mit der längerfristigen Perspektive einer Erhöhung des Anteils „eines geführten bzw. betreuten Selbststudiums" stand also von Anfang an unter den aktuellen, situativen Bedingungen der beteiligten Hochschulen.

2.3 Didaktische Transformation

Das Ziel der Entwicklung, Erprobung und Durchführung von multimedial ergänzten Lehrveranstaltungen sah sich aus didaktischer Sicht bei der Realisierung also zunächst den Resultaten der historische Entwicklung der Rechtswissenschaft, die sich in der Sachstruktur niedergeschlagen hatten, gegenüber. Daneben hatte der Versuch der Übertragung der Sachstruktur auf eine konzentrische Lernanordnung im Zusammenhang mit der „Koexistenz" einer empirischen und normativen Orientierung in der juristischen Arbeitsweise und der Falllösung, zu einer erheblichen Kohärenzproblematik mit entsprechenden Konsequenzen für die Möglichkeiten einer referenzierenden (externen) Repräsentation gerade auch mit Hypermedien geführt.

Die Heterogenität der (geforderten) Vorbildungsvoraussetzungen der TeilnehmerInnen an den möglichen Lehrveranstaltungen, die sich zum einen aus ihrer curricularen Verankerung und zum anderen aus der Sonderstellung der Rechtsinformatik ergab, verwies vor diesem Hintergrund zentral auf die Notwendigkeit einer Konzeption, die jeweils tutorielle Betreuung in den Mittelpunkt rückte, um dieser Heterogenität begegnen zu können. Daneben legt in der spezifischen RION-Bedarfsanalyse die explizite Nachfrage nach Zusammenarbeit zum Erwerb der vielfach unterentwickelten Kompetenzen wie z.B. die gemeinsame Erarbeitung von Fallbeispielen, und die gemeinsame Übung, Argumente in freier Rede zu vertreten, die Integration von Methoden des kooperativen Lernens zu möglichst frühen Zeitpunkten in den Ausbildungsbetrieb nahe.

Über die genannten „didaktischen" Elemente tutorieller Begleitung und kooperativer Methodik hinaus bestanden dann noch explizite thematische Anknüpfungspunkte für das Verständnis der „Forschungsform" der Rechtswissenschaft und eine kooperative Interdisziplinarität in der Rechtsinformatik in der Abhängigkeit des Verständnisses der relevanten Rechtsnormen von einem Verständnis der in ständiger Veränderung befindlichen informatischen und wirtschaftlichen Zusammenhänge.

3. Die Rolle der Evaluation für die Entwicklung einer Projektstrategie

Im Sinne der Projektmethode bestimmte sich die Rolle der Evaluation als ein exploratives, iteratives Vortasten zur Bestimmung der jeweiligen Handlungslage. Die Kriterien der Evaluation entstanden im Verlauf des Projektes jeweils auf der Basis konkreter Umsetzungen und ließen sich im Fortgang unter Berücksichtigung der didaktischen Konzeptionen und spezifischer situativer Bedingungen präzisieren und konkretisieren. Im Kontext des Einsatzes hypermedialer Elemente wurden die Beteiligten nicht lediglich als passive Rezipienten von Lehrmodulen begriffen, sondern als Personen die in einen medial vermittelten Informations-, Kommunikations- und Lernprozess diesen gestaltend mitbestimmen. Gegenstand der Gestaltung und der Evaluation als unterstützendes Instrument war dann gerade nicht die inhaltliche statische Qualität des Materials, sondern, in wie weit der flexible Einsatz von Elementen der Lernplattformen helfen konnte, Lernprozesse durch Interaktionen zu initiieren und/oder zu unterstützen. Das Einholen von Daten über den (Kontext des) hypermedialen Lehr- und Lernprozesses kombinierte traditionelle Verfahren der Akzeptanzmessungen der 'student evaluation' als Rückmeldung durch Befragung der Studierenden im Sinne von Eingangs-, Zwischen- und Endbefragungen mit kontextsensitiven Assessment-Instrumenten, die die Evaluation des Vorgangs des hypermedial ergänzten Lernens in Form eines 'context and process monitoring' bzw. 'class-room-research' z.B. durch teilnehmende Beobachtung und Inhalts- und Dokumentenanalyse erweiterte.

Gerade unter der Vorgabe der Einnahme einer Geschlechterperspektive war im Kontext hypermedialer Hochschulbildung jeweils eine differenzierte Zielgruppenanalyse vorzunehmen, die insbesondere Fragen der Nutzung der einzusetzenden Werkzeuge und damit antizipierend und weiterführend Usability-Aspekte adressierte.

4. Strategische Umsetzung

Vor diesem Hintergrund wurde ein strategisches Medienkonzept entwickelt, das zum einen die Diversität und die hochschuldidaktische Unterentwicklung des Faches zu berücksichtigen versuchte und zum anderen die gängigen Hürden für eine in die Hochschullandschaft zu integrierende multimediale Lehre, wie z.B. Mangel an Medienkompetenz und spezifische Anreizstrukturen, überwinden half.

Die Strategie zielte neben einer mittel- und langfristigen Integration dieser Pluralität verschiedener Lehrauffassungen und Lehrgebiete zunächst auf eine lokale Überzeugungsarbeit, die die Attraktivität und den potentiellen didaktischen Mehrwert von E-Learning-Elementen in den Vordergrund stellte.

4.1 Virtuell unterstützte Seminarvorbereitung

Als ein geeignetes Einsatzfeld für ergänzende E-Learning-Elemente stellten sich Seminarangebote heraus, die bislang unter dem Namen Blockseminar firmierten und sich aufgrund der geringeren Präsenzpflicht bei Studierenden einer großen Beliebtheit erfreuen; eine motivationale Komponente, die insbesondere bei der Integration von E-Learning in das traditionelle Curriculum eine wichtige Rolle spielt. Aus didaktischer Sicht gelang es durch den fixen Termin eines gemeinsamen mehrtägigen Präsenztermins am Ende des Semesters, die Voraussetzung für ein erfolgreiches Lernen in der Gruppe zu schaffen. Die Gruppe konnte sich so über das Ziel, das individuelle und das Wissen der Gruppe zu mehren, definieren, was für alle sichtbare Ergebnisse während und am Ende eines Prozesses hervorbringen sollte. An zwei primären Lernzielen sollten dann die damit im Vorfeld des Blockseminars liegenden technisch-vermittelten Kommunikationsphasen der Lehrveranstaltung ausgerichtet werden. Diese ergaben sich auch durch die in der Prüfungsordnung festgeschriebene individuelle Ausarbeitung eines Einzelproblemkomplexes der Studierenden in Form von Referat und Hausarbeit. Einerseits sollte für die thematische Ausarbeitung im Vorfeld einer zu erbringenden Präsentation auf dem gemeinsamen Blockseminar eine Unterstützung für die Literaturrecherche, andererseits Unterstützung für die Erstellung der Gliederung des Referates erfolgen. Darüberhinaus sah die Konzeption vor, dass die einzelnen vergebenen thematischen Komplexe sich mit anderen inhaltlich berührten. Daraus ergab sich ein intendierter Abstimmungsbedarf für die ganze Gruppe der Studierenden und sich spontan bildende Gruppen. Im Sinne des Learning-Communities-Ansatzes handelte es sich also um themenzentrierte Lernaufgaben, die in verschiedenen Arbeitsschritten und -stadien publiziert, diskutiert und wechselseitig kommentiert oder mit Verbesserungsvorschlägen versehen werden konnten. Die Gruppe sollte dabei im Austausch und der Kommunikation über Lernprozesse lernen, die soziale Zeit vor dem Blockseminar als wichtige Ressource zu verstehen. Hintergrund war der Ansatz, Räume zu schaffen, um in einem zyklischen Prozess zwischen Aktion und Reflexion hin- und herzupendeln, sich dabei Zeit zu nehmen und Fähigkeiten und einen Kontext für ein gemeinsames Bezugsystem zu entwickeln.

4.2 Verteiltes Zentralseminar

Durch einen erfolgreichen Verlauf der virtuell unterstützen Seminarbegleitung an lokalen Standorten gelang es für das Folgeprojekt eines verteilten Seminars im WS 2002/03 insgesamt fünf teilnehmende Institute des Projektverbundes zu interessieren. Zwei entscheidende Hürden waren zu diesem Zeitpunkt zu nehmen, der erhöhte Abstimmungsbedarf für die Koordination des Netzwerks (Kommunikation unter den Instituten, Anmeldung, Verteilung der Studierenden auf Themen) und der gestiegene Betreuungsbedarf für die TutorInnen. Durch entsprechende lokale Deputatsvereinbarungen konnten hier aber einvernehmliche Lösungen getroffen werden. Ebenfalls wurde eine wechselseitige Anerkennung von Studienleistungen vereinbart.

Das tatsächliche Seminar begann jeweils lokal mit einer vorbereitenden face-to-face Sitzung, die die teilnehmenden Studierenden auf die Seminarstruktur vorbereiteten. Im Anschluss, gab es, wie bereits bei der virtuell unterstützten Seminarvorbereitung eine Einführung in den technischen Umgang mit den eingesetzten Lernumgebungen.

Die didaktische Gestaltung des verteilten Seminars war zunächst an der Themenzentrierung der studentischen Ausarbeitungen orientiert und die Studierenden wurden mit Hinweisen auf entsprechende Materialien versorgt. Für die Arbeit im verteilten Seminar wurden vier Gruppen gebildet. Jede Gruppe stellte eine thesenartige Ausarbeitung ihres thematischen Gebietes in den virtuellen Seminarraum. Es schloss sich jeweils ein synchroner Online-Chat an, bei dem die UrheberInnen der Ausarbeitungen ihre Thesen gegen eine darauf vorbereitete Gruppe verteidigen mussten. Daneben waren die Studierenden aufgefordert, die Ausarbeitungen über die Forenfunktion zu lesen, sowie zu annotieren bzw. zu kommentieren.

Die begleitende und abschließende Evaluation förderte trotz vieler gelungener Aspekte aber auch Probleme zutage. Sowohl aus den Perspektiven der Lehrenden und Lernenden standen Lernerfolg, Veranstaltungsorganisation sowie Lern- und Arbeitsaufwand nicht in einem voll befriedigenden Verhältnis.

4.3 Föderativ-verteiltes Seminar

Für eine emergente und nachhaltige Entwicklung der E-Learning-Zusammenarbeit im Projektverbund war es notwendig, die genannten Problemkomplexe strukturell unter den gegebenen Umständen zu überwinden. So folgte auf die erste Stufe, die sich durch eine Medialisierung und tendenzielle Transformation von Präsenzveranstaltungen auszeichnete, das dargestellte Verbundseminar im WS 02/03. Hiermit war ein Seminarmodell gefunden, das nicht mehr nur Umsetzung und Ergänzung von Präsenzlehrveranstaltungen darstellt, insofern es durch die Struktur sowohl örtlich verteilter Studienangebote wie auch örtlich verteilter Nutzer dieser Angebote über eine eigenständige Organisationsform für E-Learning-Seminare verfügte. Allerdings wies es die erwähnten Schwächen auf. Die einheitliche Form, d.h. mit Blöcken der Standorte für alle TeilnehmerInnen, wurde als Hauptursache dieser Schwächen identifiziert. Das RION-Verbundseminar wurde für das SS 03 daher dahingehend weiterentwickelt, dass eine dezentrale Form mit weitgehend unabhängigen Seminarsäulen der einzelnen Standorte für Studierende beliebiger Standorte installiert wurde. Die etwas sperrige Wortwahl „verteilt-verteilt" rührt also daher, dass zum einen den Studierenden innerhalb eines thematischen Lehrverbundes örtlich verteilte Studienangebote angeboten werden, dass zum anderen die Studierenden an dieser/n Lehrveranstaltung/en auch örtlich verteilt teilnehmen können. Den Lehrenden wird dadurch die Konzentration auf ihre Kernkompetenzen und Adressierung einer größeren Gruppe von Studierenden ermöglicht. Gleichzeitig erhalten diese über das Angebot der eigenen Universität hinausgehende Studienmöglichkeiten. Somit wird auf Lehr- wie Studienebene ein Mehrwert in der universitären Ausbildung erzeugt. Den einzelnen „Seminarsäulen" gemeinsam ist dabei ihre didaktische Struktur, sie finden zudem auf einer gemeinsamen Lernplattform statt. So konnten die Studierenden auch den Seminarverlauf an den jeweils anderen Standorten beobachten und an der Lernfortschritten partizipieren.

Die einzelnen Säulen hatten entsprechend eine einheitliche Struktur bzw. Taktung: Selbstlernphase für thematische Übersicht, asynchrone Diskussion von Thesenpapieren, synchrone Diskussionen spezifischer Problemlagen, schriftliche Ausarbeitung.

5. Geschlecht im Kontext von (hypermedialer) Hochschulbildung

Geeignete, empirisch nachweisbare Anregungen für eine geschlechtersensitive Organisation hypermedialer Hochschullehre konnten in der kommunikations-orientierten Konstruktion entsprechender Lehr/Lernformen gefunden werden. Die Untersuchung geschlechtsspezifischer Verwerfungen der didaktisch-methodischen Settings verwies hierbei auf die medialen Verlängerung von Faktoren aus anderen Sozialisationsstufen und Lebensbereichen, insofern diese Kommunikations- und Handlungsvollzüge auch im Feld des E-Learning mitdeterminieren.

So wurde im Zusammenhang der Herstellung von Geschlechtsidentitäten die Konstruktion von Techniknähe und Technikdistanz in den Ausprägungen divergenter Selbstzuschreibungen und Kompetenzen näher untersucht. Gegenstand einer ersten weiterführenden Evaluation war im Projekt RION insbesondere die Untersuchung der Verknüpfung von spielerischem Kompetenzerwerb im Freizeitbereich, Computerkenntnissen sowie der damit zusammenhängenden Einbindung in eine spezifische Kommunikationskultur.

Die dabei festgestellten divergenten Einstellungen im Problemkomplex Computerliteracy konnten als Ergebnis einer geschlechtsspezifischen Medienbiographie aufgefasst werden. Diese Divergenz spiegelte sich deutlich in unterschiedlich ausgeprägten Nutzungsprofilen wieder. Es konnten Ansätze ermittelt werden, dass dieses Phänomen eine tiefe Verwurzelung in den kommunikativ geprägten Alltagsstrukturen von Männern und Frauen aufweist.

Der evaluatorische Fokus auf differente Nutzungsweisen im Kontext der hypermedial ergänzten Seminare verwies auf die Notwendigkeit der Diversifizierung und auf das Erfordernis der einfachen Erreichbarkeit von Kommunikationsfunktionen zur Abpufferung von geschlechtsbezogenen Diskrepanzen; hierbei gilt es das Wechselverhältnis des präferierten Grades der Mediensynchronizität und einer entsprechenden (didaktischen) Gestaltung der medialen Kommunikationsarchitektur zu beachten.

6. Einsatz der Lernumgebungen JurMOO und ELS

Die Textwelt des JurMOO blieb vielen BenutzerInnnen trotz wenigen Problemen mit der Stabilität und der Bedienung des Systems wegen der deutlichen Abweichung zu einer traditionellen Desktopoberfläche relativ fremd. Dies brachte für Lernprozesse teilweise nachteilige Akzeptanzprobleme bei Anwenderinnen und Anwendern mit sich. Ein positiveres, weiterweisendes Ergebnis der Evaluation ist dagegen, dass die im MOO verwirklichte enge Integration von kommunikativen und repräsentativen bzw. distributiven Funktionen eine wichtige Bedeutung sowohl, wie bereits oben erwähnt, für die geschlechtsspezifische Akzeptanz als auch insbesondere für die Initiierung von Lernprozessen hat. Das Potential synchroner Kommunikation über für alle sichtbare Ergebnisse, die aus asynchronen Kommunikationsprozessen stammen, scheint in die Konzeption einiger marktgängiger Lernumgebungen so nicht berücksichtigt worden zu sein. Diesbezügliche Funktionalitäten der E-Learning Suite waren z.B. in dieser Einfachheit leider nicht vorgesehen oder kombinierbar.

Dennoch war der Einsatz einer Lernplattform für eine hochschulübergreifende Seminarkonzeption vor allem aus Gründen der TeilnehmerInnenverwaltung unabdingbar. Ob nun dabei die „richtige" Plattform ausgewählt wurde, sei dahingestellt. Allerdings lässt sich festhalten, dass der Arbeitsaufwand zum Betreiben einer eigenen Lernplattform für die Zahl von Studierenden, die im derzeitigen Hochschulbetrieb an hypermedial ergänzten Veranstaltungen teilnehmen, unangemessen hoch ist. Leider ist auch zu befürchten, dass die Hardware etwaigen höheren Anforderungen nicht gerecht geworden wäre. Die gebotene Funktionalität der E-Learning Suite war für die durchgeführten Veranstaltungen gut zu integrieren, auch wenn an verschiedenen Stellen mehr Flexibilität von Nöten gewesen wäre.

7. Fazit

Nach Ablauf des Förderzeitraumes der meisten durch das BMBF geförderten Hochschulprojekte im Bereich "Neue Medien in der Bildung" kehrt die Frage nach dem „impact" zurück. Die Prognose positiver Effekte von Szenarien netzbasierten Lernens wurden schon zu Beginn der Förderphase aus methodologischen Gründen von kritischen Stimmen ins „Land der Nullhypothesen" (Schulmeister 2001: 21) verwiesen. Der Einsatz digitaler Medien verwies in dieser skeptischen Diktion bescheidener auf die Forderung einer Reflexion der miteinander verschränkten Fragen nach den Formen von Lehrveranstaltungen, nach den Interaktionsniveaus distributiver und kommunikativer Funktionen und damit auch nach den Paradigmen der betreffenden Lernarrangements (ebd: 27). Unserer Analyse zufolge muss die Nutzung von Formen des E-Learning an Hochschulen von den traditionell vorherrschenden Lehrformen aus bewertet werden. Wir schlagen also vor, dass der Gebrauch von digitalen Medien und Kommunikationswerkzeugen im akademischen Unterrichtsbereich nicht unabhängig von der komplexen Lernstruktur des klassischen Seminars betrachtet werden kann, was zuerst eine Analyse des kontextuell situierten gemeinschaftlichen Aufbauprozesses von Wissen verlangt. Erst vor diesem Hintergrund kann dann das didaktische Potential der entsprechenden medientechnischen Gestaltungen bewertet werden. Mit der Erkenntnis, dass auch hypermedial ergänzte Seminare sich in jedem Fall, und mit einer deutlich exponierteren Rolle des Hochschullehrers, an die Konzeptionen bekannter Seminarformen anschließen, wird die Euphorie der Virtualität im Kontext von regulären Lehrveranstaltungen an deutschen Universitäten auch an die 'Leidensgeschichte' der (Fachdidaktiken der) Hochschulen rückgebunden. Deren Gegenstände, also die Kriterien zur Curricularbildung, die Bestimmung von Leistungsvoraussetzungen und die Klärung von Lehr- und Lernprozessen erwiesen sich in einer Hochschullandschaft mit schwacher Binnenstruktur vor allem als Symptome vieler ungelöster Probleme der institutionalisierten Massenhochschule (Mittelstraß 1996: 61f.). Die fachdidaktischen bzw. hochschulstrukturellen Verwerfungen sowie die Heterogenität der Vorbildungsvoraussetzungen der Studierenden im zu verwirklichenden RION-Lehrverbund, die sich auch aus der interdisziplinären Sonderstellung der Rechtsinformatik zwischen Rechts- und Wirtschaftswissenschaften sowie Informatik ergab, verwies in der Bedarfsanalyse im Gegensatz zum vorherrschenden instruktionistischen Paradigma zentral auf die Notwendigkeit einer Konzeption, die kooperative Lernskripte und tutorielle Betreuung in den Mittelpunkt rückte. In unserem Fall wurde versucht, einem Nachteil der Internet-Kommunikation, d.h. der fehlenden Kopräsenz der Interaktionspartner, die sich auch in vielen E-Learning-Szenarien negativ auswirkt, zumindest teilweise etwas Vorteilhaftes abzugewinnen. Die didaktische Gestaltung der Lehrangebote wurde weitgehend auf die Notwendigkeiten computer-vermittelter Gruppenarbeit ausgerichtet. Die Motivation der KursteilnehmerInnen konnte dadurch vermehrt aus dem Interesse an den ausgewählten Themen fließen und durch die Einsicht in die grundlegende Notwendigkeit und den Wert der Zusammenarbeit weiter gestärkt werden. Die Bedeutung des vermuteten Modellcharakters bemisst sich dadurch, dass hiermit auch das „Hochschulseminar" – neben der Vorlesung – eine adäquate Entsprechung im Bereich des E-Learning zu kommt; d.h. dass auch der Seminarform durch die Mediatisierung didaktische Mehrwerte zuwachsen.

In dieser Hinsicht brachte der Einsatz multimedialer Techniken einen potentiellen Zusatznutzen für die Studierenden, und in einer medien-didaktischen Perspektive konnten die Möglichkeiten des Mediums gezielt zur Unterstützung von Lern- und Verstehensprozessen genutzt werden (vgl. HRK 2003).

Es darf aber auch nicht verschwiegen werden, dass der Aufbau eines entsprechenden Lehrnetzwerkes zwischen Instituten verschiedener Hochschulen, die zwar einen gemeinsamen Fokus, aber hinreichend unterschiedliche Perspektiven haben, einen erheblichen Aufwand darstellt. Die organisatorischen Vorleistungen, bis sich das Seminarangebot und die administrativen Abläufe ausreichend routinisiert haben sind nicht zu unterschätzen.

Die Durchführung von hypermedial ergänzten Veranstaltungen ist wie die traditionelle Forschung und Lehre darauf angewiesen, dass die Erkenntnisse der Hochschulrektorenkonferenz zu sinnvollen Betreuungsrelationen Berücksichtigung finden und die „dramatische Überlastung des wissenschaftlichen Personals" in sog. „Massenfächern" beendet wird (vgl. HRK 2001). Die geplante „Verbesserung der Betreuungsrelationen auf der Grundlage wissenschaftsadäquater Kapazitätsberechnungen" (ebd.) wird wie die Einführung von neuen Medien in die Hochschulbildung wieder von der Frage nach dem Wesen einer erfolgreichen wissenschaftlichen Lehre in einer engen „Gemeinschaft mit Gleichgestimmten und Gleichaltrigen, und dem Bewußtseyn, daß es am gleichen Ort eine Zahl schon vollendet Gebildeter gebe, die sich nur der Erhöhung und der Verbreitung der Wissenschaft widmen" (v. Humboldt, 1920: 279f.) geprägt sein.

Die Infragestellung der Natürlichkeit der Bedingungen dieser Gleichheit und Gleichgestimmtheit, das ist auch das Verdienst der in diesem Projekt eingenommen Gender-Perspektive, verweist aber zugleich auf die Aufgabe einer Diversitätsgerechtigkeit, zukünftig weiterhin möglichst viele Handlungsoptionen in einer möglichst großen Differenziertheit zu gewährleisten. Denn die beschränkten Kapazitäten verweisen in diesem Zusammenhang eindeutig auf Exklusion, die entlang gewisser Kriterien organisiert werden muss. Gendersensititivät und Diversitätsgerechtigkeit bedeutet im mediendidaktischen Zusammenhang der Hochschule dann auch, dass sich diese Ausschlüsse nicht unreflektiert entlang technologischer Kontexte vollziehen können.

Zweiter Teil: Standortspezifische Reflexionen

Einsatz von E-Learning in den Lehrveranstaltungen des Instituts für Informations-, Telekommunikations- und Medienrecht (ITM)

Daniel Stenner

1. Lehrverpflichtungen am ITM

1.1 Allgemeine Lehrverpflichtungen

Die allgemeinen Lehrverpflichtungen des ITM richten sich im Wesentlichen nach den Prüfungsfächern im Rahmen der universitären Juristenausbildung. Diese untergliedern sich in die Pflicht- und Wahlpflichtfächer. Während sämtliche Pflichtfächer von allen Studierenden absolviert werden müssen, ist bei den Wahlpflichtfächern lediglich die Teilnahme an einem frei wählbaren Fach aus der Wahlfachgruppe verpflichtend. Als öffentlich-rechtlicher Lehrstuhl konzipiert und veranstaltet die Institutsabteilung von Prof. Holznagel Pflicht- und Wahlpflichtveranstaltungen im Öffentlichen Recht. Als Veranstaltungsformen kommen dabei Vorlesungen, große Übungen und Seminare in Frage. Zusätzlich zu den Pflicht- und Wahlpflichtveranstaltungen werden an der Universität Münster ergänzende Lehrveranstaltungen angeboten, deren Besuch freigestellt ist. Zu diesen zählen das Uni-Repetitorium und die Arbeitsgemeinschaften. Auch an diesen Zusatzangeboten beteiligt sich der Lehrstuhl.

Pro Semester bewältigt der Lehrstuhl in der Regel drei bis fünf Lehrveranstaltungen. Die Betreuungsintensität einer Veranstaltung hängt von ihrer Form ab: In großen Übungen betreut ein Dozent ca. 250, in Vorlesungen ca. 150 und im Uni-Repetitorium ca. 60 bis 80 Studierende. Die Teilnehmendenzahl bei Seminaren schwankt in den letzten Jahren zwischen 6 und 25. Die Arbeitsgemeinschaften mit jeweils ca. 30 Studierenden werden von wissenschaftlichen Hilfskräften oder Mitarbeitern betreut.

Zusätzlich zu den Lehrveranstaltungen übernimmt die öffentlich-rechtliche Abteilung des ITM pro Semester zwei bis vier Korrektureinheiten. Sämtliche Korrekturverpflichtungen im öffentlich-rechtlichen Bereich werden entsprechend der Zahl der wissenschaftlichen Mitarbeiter auf die Lehrstühle verteilt. Eine Einheit umfasst 50 Klausuren.

1.2 Zusatzausbildung

Die seit dem WS 1997/98 angebotene ITM-Zusatzausbildung ist kein Bestandteil der allgemeinen Lehre und wird daher ausschließlich von den Lehrstühlen von Prof. Holznagel und Prof. Hoeren durchgeführt. Die Ausbildung richtet sich vornehmlich an Studierende, wird aber auch von Referendaren und Praktikern wahrgenommen. Sie erstreckt sich über einen Zeitraum von zwei Semestern. Im ersten Semester finden jeweils die Einführungsvorlesungen in die zivilrechtlichen und öffentlich-rechtlichen Aspekte des Informations-, Telekommunikations- und Medienrechts statt. Das zweite Semester dient dann einer vertiefenden Auseinandersetzung mit Einzelthemen in Seminaren. Der erste Block findet jeweils im Wintersemester statt.

Bei der zivilrechtlichen Vorlesung, die von Prof. Hoeren betreut wird, stehen Fragen des Rechtsschutzes von Informationen und des elektronischen Handels, Probleme des EDV-Vertragsrechts sowie die Haftung für Softwaremängel und Informationsfehler im Vordergrund.

Die öffentlich-rechtliche Vorlesung wird von Prof. Holznagel gehalten und beschäftigt sich schwerpunktmäßig mit Fragen des Telekommunikations- und Rundfunkrechts. Beide Veranstaltungen schließen jeweils mit Abschlussklausuren ab. In der im Sommersemester anschließenden Seminarstation stehen die vielfältigen Einzelaspekte des Informations-, Telekommunikations- und Medienrechts im Mittelpunkt. Abgedeckt wird ein Fächerkanon, der vom Presserecht, über Spezialfragen des Urheberrechts, des Internetrechts, des Rundfunk- und Telekommunikationsrechts bis hin zur Rechtsinformatik und zum Computerstrafrecht reicht.

Seit dem WS 2001/02 findet neben diesen Veranstaltungen eine gemeinsame Vorlesung von Prof. Holznagel und Prof. Hoeren zum „Internet and Telecommunications Law" in englischer Sprache statt.

Dass die Zusatzausbildung nicht isoliert neben der sonstigen Hochschullehre steht, zeigt sich unter anderem daran, dass die Seminar-Zeugnisse zur ITM-Zusatzausbildung zugleich als Wahlfachschein anerkannt werden (z.B. für Wirtschaftsrecht, Staats- und Verwaltungsrecht, Internationales Privatrecht und Rechtsvergleichung, Völker- und Europarecht).

Die Zusatzausbildung schließt – nach erfolgreicher Teilnahme beider Klausuren und eines Seminars – mit der Erteilung eines besonderen Zertifikats ab. Die Korrekturverpflichtungen im Rahmen der Zusatzausbildung werden ausschließlich von den Mitarbeitern des Instituts bewältigt.

2. Bisheriger Einsatz von Multimedia im Rahmen der Lehrverpflichtungen des ITM

2.1 Homepage

Ein großer Teil der Institutshomepage erfüllt Funktionen im Rahmen der Lehre. Die Studierenden finden dort neben allgemeinen Informationen über Veranstaltungen auch Lehrmaterialien sowohl zu den allgemeinen Vorlesungen und Übungen als auch zur Zusatzausbildung. Die Materialien werden vorlesungsbegleitend in das Internetangebot eingestellt und ständig aktualisiert.

2.2 Projekt jurlink.net

In dem Zeitraum vom 01.04.1999 bis 31.03.2001 wurde in Zusammenarbeit mit der Fernuniversität Hagen das *jurlink.net*-Projekt durchgeführt. Dabei handelt es sich um ein juristisches Lernportal im Internet für den Studiengang „Rechtswissenschaften". Zielgruppe von *jurlink.net* sind Studierende der Rechtswissenschaften, die sich auf das erste juristische Staatsexamen vorbereiten. Dementsprechend war das Projekt bemüht, inhaltlich sämtliche examensrelevanten Felder im Bereich des Zivil-, Straf- und Öffentlichen Rechts durch Angebote abzudecken. Wegen der fachlichen Ausrichtung des Lehrstuhls von Prof. Holznagel lag der inhaltliche Schwerpunkt des Projekts im Bereich des Öffentlichen Rechts.

Herausragendes Ziel von *jurlink.net* in didaktischer Hinsicht war die Förderung der Selbstorganisation und das eigenverantwortliche Lernen der Studierenden. Zur Realisierung wurden verschiedene unidirektionale Lernmittel multimedial angeboten (z.B. interaktiver Karteikartentest, umfangreiche Lernmodule, Online-Vorlesung, Simulation einer mündlichen Examensprüfung).

Die Lehrplattform kam teilweise begleitend zur Präsenzlehre zum Einsatz, indem Materialien zu aktuellen Lehrveranstaltungen zum Download in das Angebot eingestellt wurden. Im Vordergrund stand allerdings das selbstorganisierte Lernen der Studierenden ohne unmittelbaren Bezug zur Präsenzlehre. Wegen der inhaltlichen Ausrichtung des Projekts wurden keine Materialien mit Bezug zur ITM-Zusatzausbildung auf der Plattform eingestellt.

jurlink.net ist nach wie vor im Internet erreichbar, wird derzeit aber weder technisch noch inhaltlich weitergeführt.

3. Projekt RION

Im Rahmen des *RION*-Projekts wurde Multimedia ausschließlich im Rahmen von Seminaren eingesetzt.

3.1 Seminar im WS 2001/2002

Das Kommunikationssystem *JurMOO* kam mit Freiburger Unterstützung in der Münsteraner Lehre bereits im WS 2001/02 im Rahmen eines Seminars zum Medienrecht zum Einsatz. Die 17 TeilnehmerInnen nutzten das Tool, um Rücksprache mit den TutorInnen zu halten bzw. ihre Seminarthemen zu besprechen oder sich mit anderen TeilnehmerInnen (fachspezifisch) auszutauschen. Die Arbeiten wurden während des Semesters erstellt und in das *JurMOO* für alle zugänglich eingepflegt. Die TutorInnen hinterließen Anmerkungen und Anregungen, die bei der Erstellung der Endversionen berücksichtigt werden konnten.

Zwar wurden die Seminarthemen dann in einer herkömmlichen Offline-Veranstaltung in Form von Referaten vorgestellt. Mit der vorherigen Onlinephase konnte aber sichergestellt werden, dass die Themen von den TeilnehmerInnen verstanden wurden und die Schwerpunktsetzung gelang. Bemerkenswert war, dass die TeilnehmerInnen sehr ausgeprägt miteinander kommunizierten und auch kooperierten, wobei sich die Kooperation aber weitestgehend auf Seminarthemen beschränkte, die sich inhaltlich überschnitten.

3.2 Seminar im SS 2002

Im SS 2002 wurde ein Seminar nach demselben Schema – erneut mit Freiburger Unterstützung – angeboten. Allerdings nahmen dieses Mal lediglich sieben Studierende teil. Die Kommunikation und Kooperation zwischen den TeilnehmerInnen war im Vergleich zum vorangegangenen Semester sehr verhalten. Die Studierenden nutzten die multimedialen Angebote weitgehend nur zu den Online-Pflichtterminen.

3.3 Seminar im WS 2002/03

Im WS 2002/03 wurde erstmals ein einheitliches standortübergreifendes Seminar angeboten, in dem jeder Standort eine gewisse Anzahl von Themen betreute. Um einen inhaltlichen Zusammenhang zwischen den Einzelthemen herzustellen, wurde ein gemeinsamer Plot kreiert, der die Grundlage für sämtliche Seminararbeiten darstellte.
Der Ablauf des Seminars unterschied sich von dem der vorangegangenen Seminare. Zunächst erstellten die Studierenden ihre Seminararbeiten, die daraufhin in die *Hyperwave E-Learning Suite* eingestellt wurden. Dort konnten die Arbeiten von den Tu-

torInnen und den Teilnehmenden gelesen und annotiert werden. In asynchronen Diskussionsforen fand parallel ein Austausch zu den einzelnen Seminarthemen statt. Abschließend mussten die TeilnehmerInnen ihre Arbeiten in *JurMOO*-gestützten Streitchats verteidigen. Dabei diente die Verteidigung als Ersatz für die in Präsenzseminaren üblichen Referate.

An dem Seminar im WS 2002/03 nahmen wiederum sieben Münsteraner Studierende teil. Die Diskussion und Kooperation zwischen den TeilnehmerInnenn war nicht besonders ausgeprägt. Lediglich bei den Pflichtveranstaltungen war eine hohe Beteiligung zu verzeichnen. Die Streitchats verliefen wegen der hohen Zahl der Teilnehmenden recht chaotisch.

3.4 Seminar im SS 2003

Im SS 2003 wurden erneut standortübergreifende Veranstaltungen angeboten. Im Gegensatz zum vorangegangenen Seminar gab es dieses Mal keinen einheitlichen Plot. Vielmehr bot jeder beteiligte Lehrstuhl eigenständige Kleingruppenseminare an. Nur innerhalb der Kleingruppen gab es einen inhaltlichen Zusammenhang. So lagen sämtlichen Einzelthemen der Münsteraner Gruppe datenschutzrechtliche Probleme zugrunde.

Auch im Hinblick auf den Ablauf gab es Unterschiede zum vorangegangenen Seminar. Die Veranstaltung begann mit einer Selbstlernphase. Dazu wurden für jede Kleingruppe Fachtexte in die *Hyperwave E-Learning Suite* eingestellt, die von den TeilnehmerInnen gelesen werden mussten. Die Selbstlernphase diente zum einen dazu, den Studierenden den Einstieg in die von ihnen zu bearbeitenden speziellen Einzelthemen zu verschaffen. Zum anderen sollte damit ein gemeinsamer Basiswissensstand in der Gruppe geschaffen werden, um später qualifiziertere Diskussionen in den Foren und im Chat führen zu können. Im Anschluss an die Selbstlernphase erstellten die TeilnehmerInnen zunächst Abstracts zu ihren Themen. Diese wurden ebenfalls in die *Hyperwave E-Learning Suite* eingepflegt und daraufhin von den TutorInnen annotiert. Wie im Wintersemester fanden parallel dazu asynchrone Forumsdiskussionen statt. Abschließend wurden die einzelnen Seminarthemen in einem *JurMOO*-gestützten Chat diskutiert. Die Anregungen und Anmerkungen aus den Annotationen, Foren und Chats konnten die TeilnehmerInnen bei der Erstellung der Endversionen ihrer Arbeiten verwenden.

An dem Seminar im SS 2003 nahmen lediglich zwei Münsteraner Studierende teil. Die von Münster betreute Gruppe umfasste allerdings insgesamt sechs Personen. Die Beteiligung an den Foren war bei diesem Seminar – zumindest in der Münsteraner Gruppe – sehr gut. Das ist wohl in erster Linie darauf zurückzuführen, dass wiederholt darauf aufmerksam gemacht wurde, dass diese in die Endnote einfließt. Die inhaltlich sehr ansprechenden Beiträge aus den Foren konnten im Chat vertieft werden. Dieser verlief wesentlich geordneter als im vorangegangenen Seminar.

3.5 Bewertung

Aus Münsteraner Sicht kann das letzte Seminar als das erfolgreichste gewertet werden. Das liegt vor allem an den quantitativ und qualitativ hochwertigen Beteiligungen. Hierfür sind wohl insbesondere die homogenen Kleingruppen und die Selbstlernphase verantwortlich.

Darüber hinaus war und ist auch die standortübergreifende und interdisziplinäre Kooperation zwischen den Studierenden ausgeprägter. So wurde z.B. ein Thema mit betriebswirtschaftlichen und juristischen Aspekten von einem Oldenburger Betriebswirtschaftsstudenten und einer Karlsruher Wirtschaftsinformatikerin bearbeitet. Eine weitere Seminararbeit, die sehr starke Informatikbezüge aufweist, wurde gemeinsam von einem Wirtschaftsingenieur und einem Wirtschaftsinformatiker erstellt. Die Interdisziplinarität der Münsteraner Seminargruppe beförderte auch die Foren und den Chat.

Die Annotationen der TutorInneen sowie die Anmerkungen und Anregungen aus den Foren und dem Chat können verhindern, dass die Seminararbeiten inhaltlich „aus dem Ruder laufen". Dies ist ein entscheidender Vorteil gegenüber herkömmlichen Seminaren, in denen Studierende nur dann Hilfe bekommen, wenn sie diese aktiv einfordern. Allerdings wurde auch in den Online-Seminaren längst nicht jede Hilfestellung angenommen.

Mit den Annotierungen und Diskussionsforen geht natürlich ein vergleichsweise hoher Arbeitsaufwand einher. Allerdings konnte die tutorielle Betreuung bis auf den Chat zeitlich weitgehend flexibel gestaltet werden. Zudem entfiel eine Präsenzveranstaltung, so dass sich der Mehraufwand in der Betreuung relativierte. Im Gegensatz zum WS 2002/03 gestaltete sich auch die Koordination zwischen den Lehrstühlen wesentlich unkomplizierter und zeitsparender. Das lag in erster Linie an dem klaren Seminarkonzept und den unabhängigen Seminargruppen. Daher sollte hieran zukünftig festgehalten werden. Ferner hat sich im Vergleich zum Vorsemester gezeigt, dass die Anzahl der zu betreuenden TeilnehmerInnen pro TutorIn nicht zu hoch sein darf, da ansonsten die Chats sehr chaotisch verlaufen.

Die Verwendung zweier unterschiedlicher technischer Plattformen (*JurMOO* und *Hyperwave E-Learning Suite*) wurde von den Studierenden als nachteilig empfunden, da dies eine Schulung auf beiden Systemen erforderte. Dieser Systembruch wurde bereits im vorangegangenen Seminar bemängelt. Es ist daher zu überlegen, ob die bisher im *JurMOO* stattfindenden Chats angesichts der kleineren Chatgruppen zukünftig nicht besser in der *Hyperwave E-Learning Suite* angeboten werden.

Ein weiterer Nachteil des Seminarkonzepts aus Münsteraner Sicht ist das Fehlen der mündlichen Präsentation. Zwar wird dies durch die Beteiligung an den Chats teilweise aufgefangen. Da heutzutage jedoch 80 % der Juristen als Anwalt tätig werden, ist die Vermittlung von Sprachfertigkeit und Auftreten eine bedeutsame Aufgabe der universitären Ausbildung, die mithilfe von Online-Chats nur unzureichend erfüllt werden kann.

4. Zukünftiger Einsatz von RION im Rahmen der Lehrverpflichtungen des ITM

Der zukünftige Einsatz von RION im Rahmen der Lehrverpflichtungen des ITM hängt im Wesentlichen von der studentischen Nachfrage, den curricularen Entwicklungen und der personellen Infrastruktur ab.

4.1 Studentische Nachfrage

Aufgrund der inhaltlichen Ausrichtung des Projekts wurden die RION-Systeme bisher nur im Rahmen von Seminaren mit Bezug zur ITM-Zusatzausbildung eingesetzt. In den letzten Jahren ist allerdings festzustellen, dass das Interesse der Studierendenschaft am Recht der neuen Medien nachlässt. Während seit Beginn der Zusatzausbildung im WS 1997/98 bis zum WS 2000/01 die Zahl der TeilnehmerInnen an der Klausur im Rundfunk- und Telekommunikationsrecht von 62 auf 176 anstieg, ist mittlerweile ein Rückgang auf 75 Studierende im WS 2002/03 zu verzeichnen. Ähnliche Zahlen liefert die zivilrechtliche Abteilung. Das rückläufige Interesse mag einerseits mit dem Platzen der Internetblase und dem Angebot weiterer Zusatzausbildungen an der Münsteraner Jurafakultät zusammenhängen. Andererseits ist die Gesamtzahl der Jurastudierenden seit 1997 ebenfalls gesunken – und zwar um ca. 1000 auf nunmehr gut 5000 Studierende.

Das geringere Interesse an der Zusatzausbildung schlägt sich auch in der Zahl der Teilnehmenden der Seminare nieder, die ebenfalls rückläufig ist. Daher ist – zumindest im Moment – das Modell der Kleingruppenseminare in Münster sehr geeignet.

4.2 Neue Studienordnung

Gleichwohl kann davon ausgegangen werden, dass das Recht der neuen Medien auch zukünftig in Münster eine bedeutende Rolle spielen wird. Denn im Rahmen der Neuordnung der Juristenausbildung ist geplant, u.a. einen Schwerpunktbereich „Informations-, Telekommunikations- und Medienrecht" einzurichten. Wie bei den bisherigen Wahlpflichtfächern muss sich jeder Studierende im Rahmen seiner universitären Ausbildung für mindestens einen Schwerpunkt entscheiden. Damit wird das Recht der neuen Medien curricular aufgewertet. Mit der Einführung der Schwerpunktfächer entfallen die bisherigen Wahlpflichtfächer. Die Einzelheiten müssen allerdings noch vom Fachbereichsrat geklärt werden. Daher kann zu diesem Zeitpunkt noch nicht abschließend gesagt werden, wie sich die Lehre im Bereich des Rechts der neuen Medien in Zukunft gestalten wird.

Es ist allerdings davon auszugehen, dass das *Juristische Informationssystem Rechtsinformatik (JIRI)* vorlesungsbegleitend einsetzbar sein wird. Gegebenenfalls können auch die *RION*-Kommunikationssysteme in ähnlicher Form zukünftig verwendet werden.

4.3 Personelle Infrastruktur

Bei diesen Überlegungen dürfen die personellen Ressourcen nicht aus dem Blickfeld geraten. Bislang sind für die Lehre zwei Institutsstellen vorgesehen. Angesichts der umfangreichen Lehrverpflichtungen werden daher Online-Seminare in der erprobten Form nur dann stattfinden können, wenn sich der technische und administrative Aufwand im Rahmen hält. Das wird aller Voraussicht nach auch zukünftig die technische Unterstützung durch Dritte, wie bisher durch Oldenburg und Freiburg, erfordern.

5. Resümee

Zusammenfassend bleibt festzuhalten, dass das ITM großes Interesse an einer zukünftigen Nutzung der Errungenschaften des RION-Projekts hat. Angesichts der curricularen und infrastrukturellen Unwägbarkeiten lässt sich zu diesem Zeitpunkt allerdings nicht sagen, wie dies im Detail geschehen kann.

Zur Didaktik der Rechtsinformatik im Bereich Informatik und Gesellschaft

Benjamin Stingl

Der folgende Beitrag schildert Erfahrungen mit rechtsinformatischen Lehrveranstaltungen aus dem Bereich Informatik und Gesellschaft für Studierende im Fach Informatik, die im Rahmen des interdisziplinären Lehrverbundes RION – Rechtinformatik Online an der Universität Freiburg durchgeführt wurden. Nach einer kurzen Skizze zur Geschichte und zum disziplinären Zuschnitt des Fachbereiches schließt sich ein spezieller thematischer und didaktischer Bericht der durchgeführten Seminare an. In einem abschließenden, evaluatorischen Teil wird versucht, eine spezifischere Bewertung der Frage der Interdisziplinarität und des Verlaufs der durchgeführten Seminare vorzunehmen.

1. Der Bereich „Informatik und Gesellschaft" in Forschung und Lehre

Der Bereich „Informatik und Gesellschaft" (IuG) taucht im disziplinären Spektrum des Faches Informatik im Zuge der Umwälzungen im Umfeld der 68er Jahre auf. In den Selbstdeutungen der beteiligten AkteurInnen wird zunächst vor allem die Kritik an der zentralen Rolle der Informatik in Rationalisierungsprozessen der Fabrik- und Büroautomation, der öffentlichen Verwaltung und die enge Beziehung von informatischen Innovationen mit militärischen Aufträgen als Wegbereiter für die spätere thematische Ausrichtung des neu institutionalisierten Lehr- und Forschungsbereiches genannt (Coy 1996: 17).

Im Kontext dieser Kritik an einer mangelnden Aneignung und Verarbeitung von Themen wie industrieller Arbeitsteilung, Arbeitsorganisation, betrieblicher und volkswirtschaftlicher Rationalisierung kommt es in der Informatik insbesondere im Bereich IuG zu einer Vervielfältigung der thematischen Ausrichtungen. In den Vordergrund rücken in der Folge Themen wie z.B. die Gestaltung rechnergestützter Arbeitsorganisation, rechnergestützte Arbeitsplätze und die Arbeitsprozesse der Informatik selbst. Inzwischen zählen die Bereiche der Gestaltung angemessener Benutzungsschnittstellen, CSCW sowie Software-Ergonomie zum festen Kanon. Neben traditionellen Fragestellungen wie dem thematischen Dauerbrenner des Datenschutzes sind es in jüngster Zeit vor allem Entwicklungen einer globalen und vernetzten Informationsgesellschaft, die den Bereich IuG beschäftigen: Hierzu zählt die Vernetzung und Interdependenz in der

Organisation von Unternehmen, Fragen des Wissensmanagements und an der Schnittstelle zur Rechtswissenschaft auch vermehrt Fragen des geistigen Eigentums und des digital rights managements.

In einer wissenschaftstheoretischen Perspektive gesehen, konstruiert der Bereich IuG dabei keine eigenen wissenschaftlich-technischen Objekte, weder materieller noch symbolischer Art, sondern untersucht vor allem spezifische Fragestellungen, die die Artefakte der Informatik in ihrem Verhältnis, den Wirkungen und Folgen zur sozialen Umwelt betreffen. Die Beziehung von Informatik und Gesellschaft ist dabei durch ein wechselseitiges Verhältnis charakterisiert: Informatische Problemlösungen erhalten ihre gesellschaftliche Bedeutung in Anwendungskontexten. Die Qualität eines informatischen Produkts hängt ab von technisch-formalen Eigenschaften und Auswirkungen bei seiner Nutzung. Beide Seiten nicht zu trennen: Das Produkt verändert nicht nur die Situation im Einsatzbereich: Wesentliche Eigenschaften, nämlich Organisations- und Kommunikationsstruktur, müssen schon in das Produkt hineinmodelliert werden (Nake et al. 2002). IuG ist also bemüht um die Adäquatheit konkreter Modellierung und die Alltagstauglichkeit von Artefakten. Dieser Zusammenhang ist nur verfügbar im Wege einer interdisziplinären Analyse. Unterschiedliche Sichtweisen und Methoden mit begleitender und partizipierender Evaluation reflektieren die Anforderungen für Modellierung und Gestaltung von Anwendungsbereichen. Ziel ist es, die Informatik darüber zu informieren, dass Entwürfe der Architektur von großen Systemen und die Gestaltung von Benutzungsschnittstellen nicht nur eine einseitig technnische Sicht auf „Designs" fordern, sondern dass soziale Kontexte von Herstellern und Benutzern miteinzubeziehen sind. Informatische Methoden der Anforderungsanalyse und Umsetzung wie Prototyping, inkrementelles Vorgehen oder Ansätze des partizipativen Designs sowie die Arbeitsteilung im Rahmen von Teamwork und Projektmanagement sind diskursive und soziale Prozesse. Die Aufgabe der Anforderungsanalyse lässt sich nicht allein als Verlängerung und Vertiefung einer formalisierten Wissenschaft oder technischer Vorgang deuten: „Es handelt sich vielmehr um die Aufgabe, bestimmte handlungsorientierte Konzeptualisierungen der Realität zu beschreiben und in einem Text niederzulegen. Sie ist daher eher mit der Aufgabe eines Ethnologen vergleichbar, der kulturelle Phänomene zu erfassen sucht, als mit dem eines Naturwissenschaftlers, der Naturgesetze aufspürt. Die Aufgabe ist, Intentionen zu verstehen, Sinn zu erfassen" (Schefe 1999: 134). Damit ist auch in einem weiteren Kontext die Rolle von Informatik und Gesellschaft in Forschung und Lehre erfasst: Wenn es um Reflexion z.B. des Gegenstandes und der Methoden der Software-Situation geht, liegt der Hauptaugenmerk auf der Analyse von Diskursen und Praxen. Diese Analyse fragt nach den kontingenten Konstellationen von Wissensordnungen, Institutionen und Handlungsformen in sozialen Feldern. Es geht um den Durchgriff von einer Sprachanalyse zu einer tatsächlich weitergehenden, Mikro- und Makroebenen einbeziehenden Kultur- und Sozialanalyse. Damit ist gemeint, dass auch kultur- und sozialwissenschaftliche Problemstellungen, die mehrere soziale Ebenen betreffen (Interaktion, Organisation und Gesellschaft), die mit sozialer Differenzierung und Sozialstruktur zu tun haben, theoretisch und methodologisch miteinbezogen werden. (Diaz-Bone 2003).

Über die genannten Themen hinaus hat sich mit dieser Methodik der Analyse an der Abt. „Modellbildung und soziale Folgen" am Institut für Informatik und Gesellschaft Freiburg ein besonderer Schwerpunkt herausgebildet: Die Geschlechterforschung analysiert seit vielen Jahren erfolgreich Dimensionen des Gendering in den Bereichen Technik, Naturwissenschaft, Schule, Ausbildung und Hochschulbildung. Schwerpunkte sind dabei z.B. die Untersuchung der Ausbildungs- und Arbeitsbedingungen von Frauen im Bereich der Informationstechnik im internationalen Vergleich (vgl. Schinzel 2002, Thevar und Schinzel 2002). Auf nationaler Ebene analysiert wurden in jüngster Vergangenheit z.B. die Studiensituation von Informatikstudentinnen und -studenten sowie die Chancen und Hindernisse für die Beteiligung von Frauen im Professionalisierungsprozess der Informatik in Deutschland (vgl. Ruiz Ben et al. 2002). Mit dem am Institut etablierten digitalen Informationssystem GERDA (Gendered Digital Brain Atlas) (vgl. Schmitz und Schinzel 2002) liegt erstmals ein System zur kritischen Reflexion und Dekonstruktion von Geschlechterdifferenzen im Bereich der Hirnforschung vor. Im Bereich des gendersensitiven E-Learning hat sich das Kompetenzzentrum GIN konstituiert und etabliert.

2. Rechtsinformatische Lehrveranstaltungen im Projekt RION

2.1 Seminar „Was ist Information?"

Aufgrund der gewählten Strategie im Projektverbund erst lokal die Partner in der Durchführung von E-Learning-Veranstaltungen zu begleiten, ergab sich für den Standort Freiburg zunächst die Notwendigkeit ein traditionelles Präsenzseminar unabhängig vom Lehrverbund durchzuführen. Im Sinne des interdisziplinären Ansatzes von IuG, der versucht Parameter offenzulegen, nach welchen Wissen aus einem anderen Gebiet ausgewählt und in das differenzierende Schema des eigenen Gebietes integriert sowie dabei auch historisches Paradigmen-, Theorien- und Methodenbewusstsein demonstriert wird, fiel die Entscheidung auf die vergleichende Lektüre von Texten zum

Thema „Was ist Information?". Der rechtsinformatische Bezug ließ sich dabei besonders anschaulich in der Frage des ontologischen Status von Software illustrieren. Deutlich wird dieses Problem an den Versuchen die Rechtsform von Software zu klären. Die Diskussion schwankt hier zwischen der rechtlichen Bestimmung von Software als Sache oder als Immaterialgut. Es handelt sich hierbei aber nicht um ein spezifisch rechtswissenschaftliches Problem; auch in der Informatik selbst bleibt die Bestimmung von Software uneindeutig; sie schwankt zwischen Software als maschinenlesbarem Code und als bedeutungstragende Zeichensequenz. Insofern die Argumentationen für die jeweiligen Seiten aber in sich konsistent sind, ist eine eindeutige Bestimmung weder im juristischen noch im informatischen Rahmen letztlich möglich.

Die - etwas zurückreichende - juristische Argumentation zugunsten der Bestimmung von Software als Sache folgt einer klaren Logik. Software ist nichts anderes als eine spezifische Verkabelung, ein Steuerpult oder eine Lochkarte (vgl. König 1991). Im Hintergrund dieser Ansicht steht die schwer zu widersprechende Annahme, dass letztlich nur ein Ding (Software) Ursache dafür sein kann, dass ein anderes Ding (Computer) etwas - so und nicht anders - macht. D.h. hier wird auf der Basis einer mechanischen Kausaltheorie argumentiert.

Die - ebenfalls etwas zurückreichende - Argumentation zugunsten der Bestimmung von Software als Immaterialgut versucht zum einen mit dem Verweis auf die heute üblichen CDs, deren konkrete Herstellungskosten als vollkommen vernachlässigbar erscheinen, die Irrelevanz des physikalischen Trägers für die Bestimmung der Natur von Software nachzuweisen; zum anderen besteht der Wert einer Software in der „immateriellen Leistung", die ihre Funktionalität im Rahmen einer spezifischen Einsatzsituation hervorbringt. Software erscheint damit vielmehr als immaterielle Struktur, insofern sie sich erst durch ihren pragmatischen Kontext bestimmt (vgl. z.B. Müller-Hengstenberg 1994). Allerdings bedarf sie als solche einer Transkriptionsinstanz von einer Materialisierung in eine andere, die die jeweilige Abbildungsrelation dieser Struktur in Hinsicht auf ihren Zweck und ihr Funktionieren in verschiedenen Medien letztlich „versteht", damit die Erfüllung der Funktion im jeweiligen Kontext möglich ist. Selbstverständlich kann eine entsprechende Transkription selbst wieder automatisiert werden, das verschiebt das Problem aber nur um eine Ebene. Wir befinden uns damit in einem handlungstheoretischen, sinnorientierten Modell.

Für die Rechtswissenschaft ist diese Doppelung ein Problem, insofern sie spezifische Entscheidungen hervorzubringen hat und an der Bestimmung der Rechtsform umfangreiche Systematiken anschließen (verkauft man Software oder lizenziert man ihre Nutzung, welche Formen der Gewährleistung schließen sich jeweils an ...); man darf nicht vergessen, dass die Unterscheidung in Sachen und Immaterialgüter bis ins Römische Recht zurückreicht. (Die aktuelle Rechtsprechung versteht Software zwar als Sache, unterscheidet aber die Nutzungsrechte an der Software von dieser.)

Die Informatik kann sich mit der Feststellung eines Doppelcharakters von Software begnügen; ein Programm läuft unabhängig davon, ob man weiß, was es ist (Schefe 1999, vgl. auch Schinzel 2001).

So erscheint Software aus informatischer Sicht einerseits als maschinenlesbarer Code, d.h. eine Maschine, der Computer, wird durch Software dazu veranlasst, bestimmte Operationen (Strom fließt oder fließt nicht, ...) auszuführen. Formal entspricht diese Interpretation der juristischen Bestimmung als Sache. Wir bewegen uns im Bereich der mechanischen Kausalität.

Andererseits verweist die informatische Argumentation, die Software auch als Bedeutung tragende Zeichen begreift, auf „Verständlichkeit" der Funktion von Software, die in deren Produktion und Anwendung eingeht. Und dieses Funktionsverständnis gelingt nur in Bezug auf einen über sinnhafte Handlung strukturierten sozialen Kontext. Hier sind wir damit in der Analogie zur juristischen Bestimmung von Software als Immaterialgut, denn hier spielen gesetzte Zwecke mit hinein.

Auch die Unterscheidung von Urheberrecht und Patentrecht wird mit den Überlegungen zum rechtlichen Schutz von Software problematisch. Hinsichtlich eines urheberrechtlichen Schutzes von Software ist der Programmcode als eine Art Sprachwerk zu verstehen, insofern innerhalb einer vorgängigen Grammatik eine bestimmte geistige Ausdrucksform geschaffen wurde. Überlegungen hinsichtlich eines patentrechtlichen Schutzes von Software beziehen sich dagegen auf deren Funktionalität, die sie allerdings nur zusammen mit einem Prozessor - wie weit abstrahiert dieser auch immer sein mag - erfüllen kann (vgl. Arbeitsgruppe FFII).

Dieses Bestimmungsproblem von Software (in gewissem Sinne von Information insgesamt) ist im Rahmen der gegebenen begrifflichen Möglichkeiten nicht lösbar. Einerseits ist die rein dingliche mechanische Verursachung nicht zu bestreiten (bzw. ohne dinglichen Zeichenträger geht es nicht); allerdings bleibt dabei ungeklärt, wer Maschinen in der Art gebaut hat, dass sie auf solche dinglichen Impulse in der jeweiligen Weise reagieren. So erfordert andererseits das Setzen von Zwecken subjektives Bewusstsein, wobei wiederum dessen Materialisierungform problematisch bleibt (vgl. z.B. Searle 1994, Günther 1963).

Die Erkenntnisziele lagen für das Seminar also in der vergleichenden Herausarbeitung der geschilderten, unterschiedlichen Begründungslogiken der genannten Paradigmen. Die eingesetzten didaktischen Instrumente waren neben verpflichtender Lektüre und Plenumsdiskussionen auch Referate, Paararbeit und die Anfertigung einer Hausarbeit.

2.2 Seminar „Rechtsfragen des Internets"

Im vorangegangenen Seminar hatte sich gezeigt, dass Rechtsinformatik nicht als spezieller Rechtskanon verstanden werden kann, sondern als interdisziplinäres Querschnittsfeld, in dem technologische, rechtliche, aber auch soziokulturelle und im Anschluss daran auch politökonomische Fragen verhandelt werden (vgl. auch Kilian 2001). Für Informatiker galt es für das Seminar „Rechtsfragen des Internets" einen didaktischen Ansatz zu entwickeln, der die Rechtsinformatik als ein komplexes, sich wandelndes Querschnittsgebiet, in dem immer neue emergente Gegenstandsbereiche von sozio-ökonomischer und politischer Relevanz einer justiziablen Regulation zugeführt werden, auch praktisch erfahrbar werden lässt.

Inhaltlich kann Rechtsinformatik nicht als einfache Teilmenge von Jura gefasst werden, weil zum einen jeder nur denkbare Rechtsbereich relevant werden kann, und zum anderen transdisziplinäre Fragen damit verbunden sind, so z.B. wenn juristisch technologische Optionen festgelegt werden. Rechtsinformatik ist ein Prozess der Regulation, dessen Resultate in die unterschiedlichsten Rechtsgebiete einfließt. Da die Resultate mithin die Mannigfaltigkeit des bürgerlichen, öffentlichen und Strafrechts repräsentiert werden (bzw. einen mehr oder minder zufälligen Ausschnitt davon, der sich jedoch jederzeit ändern kann), kann der spezifische Inhalt der Rechtsinformatik nicht in den Ergebnissen, sondern im genannten Prozess selbst liegen, bei dem bis dato nicht regulierte Phänomene der juristischen Zurichtung zugeführt werden. Beispielsweise ist die Bedeutung des Vertragsrechts in der rechtsinformatischen Diskussion kein Resultat der Rechtsinformatik selbst, sondern Folge der Tatsache, dass sich in den Neunzigern das E-Business als Nutzungsform des Internet ausgebreitet hat und die juristische Interpretationsform ökonomischer Transaktionen dem Vertragsmodell subsumiert wird. Um also zu verstehen, was im Gebiet der Rechtsinformatik vor sich geht, sollte auch die Veränderung der Computernutzung mitbetrachtet werden, was insbesondere im Hinblick auf die künftige Rolle von InformatikerInnen relevant ist.

Hauptaugenmerk lag neben einer beispielhaften, informatikgerechten Vermittlung der juristischen Interpretationsmethode auf dem Gebiet des Urheberrechts (vgl. Walloschke 2002, Walloschke und Remmele 2003) dabei darauf, Einblicke zu ermöglichen, wie spätere Berufslagen mit rechtsinformatischen Problemen verbunden sein können und welche Handlungsoptionen demgegenüber bereitstehen: von medienkompetenter Nutzung von Informations- und Beratungsangeboten über den Aufbau entsprechender Diskussions- und Kompetenznetze bis hin zur fundierten Auseinandersetzung mit problematischen juristischen Regulationen. Zu beachten galt es allerdings auch, dass Studierende der Informatik es gewöhnt sind, vorgefundene Problemstellungen analytisch zu bearbeiten. Prozess- oder organisationsbasierte Verfahren der Problemerhebung werden zwar im Rahmen des Informatikstudiums seit einiger Zeit vermittelt, stehen jedoch eher am Rande. In der Berufspraxis lassen sich beide Elemente der Problembewältigung jedoch nicht trennen. Trotz der Betonung von Praxisnähe, die sich z.B. in der Notwendigkeit von Praktika niederschlägt, bedeutet „Praxis" für eine(n) Informatikstudierende(n) in erster Linie Entwickeln und Programmieren, während die vorgeschalteten Kontexte (Requirement Engineering) und die nachgeschalteten (Implementation, Evaluation, Redesign, etc.) zwar theoretisch meist bekannt sind, jedoch bereits als weniger „eigentlicher" Teil der Informatikerpraxis aufgefasst werden. Aushandlung, Verteidigung und Verwertung der eigenen Beiträge werden nicht als Teil der Berufspraxis wahrgenommen.

Die Notwendigkeit von „Soft Skills" wird zwar zugegeben, jedoch ein Fehlen entsprechender Kompetenz oft als Naturausstattung des/der Informatiker(in) betrachtet. Die eigentliche Lehre der Informatik ist streng theoretisch orientiert. Praxis selbst im oben skizzierten domainspezifisch verengten Sinne wird nicht gelehrt. Kenntnisse über die Berufspraxis beschränken sich oft auf Kenntnisse darüber, welche Produkte gerade als innovativ erachtet werden – allerdings ist bei Informatiker(inne)n üblich und möglich, Jobben im Studium in fachnahen Jobs nachzugehen, was vielfach einen gewaltigen Lerneffekt mit sich bringt. Aus diesem Grunde wurde eine Aufgabenstellung gewählt, bei der nicht individuelles Erstellen eines Referats anhand vorgegebener Materialien, sondern die gemeinsame Auseinandersetzung mit Problemen rechtsinformatischer Praxis im Rahmen einer kooperierenden Arbeitsgruppe im Zentrum stand. Die Gruppenarbeit war so strukturiert, dass zunächst im Rahmen eines Projektmanagements der Arbeitsgruppe ein Arbeits- und Ablaufplan erstellt wurde. Dass beinhaltete zunächst die Konkretisierung und Operationalisierung der Aufgabenstellung. Für die Organisation der Gruppe wurde ein E-mail-Verteiler eingerichtet. Entsprechende Diskussionen waren (wie alle Arbeitstreffen) zu protokollieren. Die Pläne sollten auf der eingesetzten Plattform abgelegt und aktualisiert werden. Einladungen zu Arbeitstreffen sollten per Mail (mit Kopie an die TutorInnen) unter Angabe der zu erledigenden Tagesordnungspunkte herumgeschickt werden.

Die Mitbeteiligung an der Arbeitsgruppe sah eine Beteiligung an den zu strukturierenden Diskussionen und Arbeitsprozessen vor. Dabei wurden zunächst gemeinsam Stichwortlisten (offene Fragebögen) erstellt, die die Gespräche (Interviews) mit den zu Befragenden strukturieren können. Diese Leitfäden wurden dann in einem Pre-Test ausprobiert, indem Gesprächssituationen mit einem Tutor oder einer Tutorin als Befragten simuliert wurden. Anschließend sollten die wirklichen Gesprächspartner, regionale, betriebliche Praktiker, die mit rechtsinformatischen Fragestellungen konfrontiert sind, kontaktiert, Gesprächstermine vereinbart, Gespräche geführt, protokolliert und dokumentiert werden, die wiederum auf der Plattform abgelegt werden sollten. Danach wurden die Ergebnisse ausgewertet. Die Gespräche sollten gut vorbereitet sein, nicht länger als 30 min dauern, und von je 2 Studierenden durchgeführt werden (1 für Fragen, 1 für die Protokollierung der Ergebnisse). Es sollen mindestens 6 Interviews gemacht werden.

In der teilnehmenden Beobachtung von Online-Diskussionen eines parallel laufenden juristischen Online-Seminars des Projektverbundes RION zum Thema Internetrecht bestand die Aufgabe der Studierenden schließlich darin, Eigenheiten der technisch-vermittelten und der spezifisch juristischen Kommunikation herauszuarbeiten. Insbesondere das abgelegte Arbeitsmaterial sollten kritisch rezipiert und ggf. kommentiert werden.

Die Arbeit der Arbeitsgruppe floss schließlich in einen zusammenfassenden Bericht ein. Die Protokolle der Arbeitsgruppentreffen und die Gesprächsprotokolle waren Teil (Anhang) dieses Berichts. Daneben sollte in dem Bericht dargestellt werden, welche rechtsinformatischen Probleme im betrieblichen Alltag häufig vorkommen (Fallbeispiele), wie Unternehmen sich über die sich stetig verändernde Rechtslage informieren bzw. welche Dienstleister, Interessenverbände etc. ihnen dabei helfen, und wie die Unternehmen mit der Problematik unvollständiger Information umgehen (und was das ggf. für Konsequenzen hat). Es sollte auch deutlich werden, welche Aufgaben, Chancen oder Optionen sich vor dem Hintergrund der analysierten Situation ergeben und wie Informatiker bzw. die Informatiklehre darauf ggf. eingehen kann (z.B. fehlendes Wissen über aktuelle Rechtslage).

2.3 Seminar „Digitale Allmende, digitale Zäune"

Die Seminarsäule „Digitale Allmende, digitale Zäune", die im Rahmen des zweiten Verbundseminars angeboten wurde, näherte sich schließlich grundlegend dem Spannungsfeld zwischen urheberrechtlich abzusichernden Verwertungsinteressen und der Netzkultur entspringenden Haltungen, die Wissen als öffentliches Gut gesichert sehen möchten. Hierbei ging es nicht nur um das Recht auf „Privatkopie", sondern insbesondere auch um das Problem, wie kultureller Forschritt als „kreativer" Umgang mit Beständen möglich bleiben kann, wenn diese Bestände unantastbar werden. Hierdurch wurden prinzipielle Fragen der Funktion des Urheberrechts aufgeworfen, die u.a. mit Bezug auf Diskussionen und rechtliche Entwicklungen in den Vereinigten Staaten beleuchtet wurden.

Ein sich daran anschließender Themenschwerpunkt widmete sich den technischen Maßnahmen des sog. „Digital Rights Management", welches, übersetzt in die juristische Terminologie, digitale Güter, aber auch Hardware mit einem Mechanismus versehen will, um so einen umfassenden urheberrechtlichen Schutz zu gewährleisten. Nutznießer sind dabei nicht in erster Linie die Urheber der kommerzialisierten Werke, sondern die Rechteindustrie mit ihrem Interesse an deren maximaler Verwertung. Die zum Zeitpunkt des Seminars im Gesetzgebungsverfahren befindliche Novelle des Urheberrechts bot einen guten Ansatzpunkt, sich mit den gesellschaftlichen Folgen von Ausschließungsrechten im Bereich privater Vermarktungsinteressen auseinanderzusetzen. Die verschiedensten DRM-Architekturen wurden bei diesem Thema aus informatischer Sicht diskutiert und die juristische Diskussion mit den durch die Neuen Medien hervorgerufenen Lizenzierungsmodellen verknüpft, die die klassische Eigentumsübertragung verdrängen.

Als ausgesuchtes Beispiel sog. „freier" Software wurde noch die GNU General Public License thematisiert. Hierbei handelt es sich nicht um „freie" Software in dem Sinne, dass niemand an ihr Rechte geltend machen könnte, vielmehr räumt diese Nutzungsrechte an der Software zu Bedingungen ein, die darauf zielen, den kooperativen Prozess der Erstellung und Weiterentwicklung abzusichern. Im Versuch, im Seminar die GPL und andere offene Lizenzen auf das deutsche Urheberrecht abzubilden, traten die eingangs geschilderten Problematiken zu Tage.

Die didaktische Struktur bzw. Taktung des Seminars wies zunächst eine Selbstlernphase mit vorstrukturierten Lernmaterialien und Selbstlernfragen für eine thematische Übersicht auf; diese wurde gefolgt von einer asynchronen Diskussion anzufertigender Thesenpapiere und synchronen Diskussionen spezifischer Problemlagen. Schließlich waren die Studierenden noch verpflichtet eine schriftliche Ausarbeitung einzureichen.

3. Zur Evaluation der Seminare

Zur Klärung der Frage, wie sich der interdisziplinäre Charakter der Rechtsinformatik aus Studierendensicht darstellt, wurde im Rahmen des Projekts RION am Institut für Informationsrecht in Karlsruhe eine Befragung durchgeführt. Der dortige Studiengang

Informationswirtschaft ist insofern ein hervorstechendes Beispiel für Interdisziplinarität, handelt es sich bei ihm doch um einen Mischstudiengang, in den zu je 40 % Inhalte der Informatik und Wirtschaftswissenschaften und zu 20 % Inhalte der Rechtswissenschaften eingehen (vgl. auch den folgenden Beitrag von Birgit Kalscheuer). Ziel der juristischen und damit der rechtsinformatischen Ausbildung des Studienganges ist es, die Studierenden so auszubilden, dass sie als Bindeglied zwischen Technikern und Juristen fungieren können. Von institutioneller Seite wird der Anspruch erhoben, dass die Studierenden nach Abschluss des Studiengangs in der Lage sind, mit beiden Seiten zu kommunizieren und deren Handlungen nachvollziehen zu können. Die Handlungen und Probleme sollen sie für die jeweils „andere" Seite übersetzen können. Dazu sollen die Informationswirtinnen und -wirte aber auch ein Gespür für rechtliche Problematiken entwickeln.

Aus der Sicht der Studierenden ist von einer Einheit des Faches Informationswirtschaft wenig zu spüren, sie beobachteten zumindest in der Gründungsphase des Studienganges ein kommunikatives Defizit zwischen den beteiligten Fakultäten, die Lehrinhalte in Veranstaltungen bereitstellen. In den interdisziplinär angebotenen Seminaren kommt es so regelmäßig zu ausschließlich fachspezifischen Referaten, die die als Ziel formulierte Vermittlungsleistung gerade nicht erbringen. Als Grund dafür wird von den Studierenden angegeben, dass die Herangehensweisen der beteiligten Fächer als geradezu konträr empfunden werden, Modelle und Axiome der Betriebswirtschaft und Informatik werden dabei den Zitationsprinzipien der Rechtslehre gegenübergestellt. Darüberhinaus wird bemängelt, dass der Bereich der Rechtsinformatik den technischen Entwicklungen immer mindestens ein bis zwei Jahre hinterher hinkt.

Die Eindrücke der Studierenden machen deutlich, wie schwer es ist, einerseits auf einen traditionellen Modus der Vermittlung der etablierten fachdisziplinären Standards zu beharren und dabei die Exaktheit der eigenen Begriffe vorauszusetzen, und gleichzeitig einen Dialog zu erwarten, der nur über die Selbstreflexion der beteiligten Wissensordnungen möglich wäre.

4. Fazit

Im Rahmen des laufenden Lehrbetriebs experimentelle Prozessdaten zur Wissenskonstruktion zu erheben und zu analysieren, überstieg die personellen und materiellen Ressourcen des Projekts. In Anlehnung an die Methode der teilnehmenden Beobachtung der ethnografischen Feldforschung lassen sich dennoch einige Ergebnisse konkretisieren, die sich wiederum durch empirische Forschungsergebnisse abstützen lassen.

Über die genannten institutionellen Herausforderungen hinaus stellt die große Heterogenität der Studierenden, die sich weniger an der sozialen Herkunft oder im Bildungsniveau des Elternhauses festmachen lässt, sondern sich in erster Linie in den individuellen Vorbildungsvoraussetzungen und Eignungsmerkmalen, aber auch in den subjektiven Studien- und Berufswahlmotivationen sowie den beruflichen und sozialen Zukunftsvorstellungen manifestiert, den größten Einflussfaktor auf das Gelingen des Prozesses der gemeinsamen Wissenskonstruktion dar. Daneben spielt die Studien- und Prüfungsordnung und die Gestaltung von Scheinanforderungen eine weitere wichtige Rolle für die Möglichkeit der Realisierung didaktischer Ansätze. In vielen Fällen torpediert schon die Tatsache, dass sich Studierende in der Teilnahme auf die in Studienordnungen fixierten Anforderungen beschränken können, die didaktische Abweichung vom Durchschnittsprogramm. Die juristische Fixierung auf Nachweise von Einzelleistungen erschwert Gruppenarbeit und den dabei erforderlichen Erwerb von kommunikativen Kompetenzen erheblich.

Auch zahlreiche Aspekte von E-Learning erscheinen unter diesem Gesichtspunkt dann mehr als fragwürdig. In diesem medialen Setting wird vor allem einzelnen ModeratorInnen vieles so gedrängt aufgebürdet, was im Rahmen einer längeren Entwicklung eigentlich auf vielen Schultern lasten müsste. Der Gedanke, das es sich dabei vor allem um ein Defizit institutionalisierter, wissenschaftlicher Propädeutik (die sich wiederum nur über den Weg der Selbstreflexion der Disziplinen und ihrer gelungen didaktischen Aufbereitung (vgl. dazu bereits von Hentig 1971) voranbringen lässt) handelt, lässt sich schließlich bis hinein in die schriftlichen Seminararbeiten der Studierenden verfolgen. Erwarten viele Dozenten akademische Kompetenzen gemäß des Bildes des Studierenden als einem selbsttätigen Lerner, der durch Teilnahme an der Forschung dem Credo „Bildung durch Wissenschaft" folgt, liefern ihnen Studierende oft Textsorten, deren Argumente einer ganz anderen Kultur entspringen, wie z.B. Zeitschriften und dem politischen Diskurs (vgl. Ballard und Clanchy 1988).

RION-Standort Karlsruhe

Birgit Kalscheuer

1. Der Standort Karlsruhe

Das Projekt RION war am Standort Karlsruhe am Institut für Informationsrecht – und dort am Lehrstuhl von Herrn Prof. Thomas Dreier beheimatet. Durch das Projekt wurde eine halbe Stelle für einen wissenschaftlichen Mitarbeiter finanziert, die durch die Ass. jur. Birgit Kalscheuer besetzt war.

Das Institut für Informationsrecht ist an die Fakultät für Informatik angegliedert, da die TU Karlsruhe nicht über eine eigenständige juristische Fakultät verfügt. Es gibt jedoch eine Kooperation mit der juristischen Fakultät der Universität Freiburg. Hauptklientel des Instituts für Informationsrecht sind die Studenten und Studentinnen der Informationswirtschaft. Dabei handelt es sich um einen Mischstudiengang, in den zu je 40 % Inhalte der Informatik und Wirtschaftswissenschaften und zu 20 % Inhalte der Rechtswissenschaften eingehen.

Daneben deckt das Institut für Informationsrecht auch juristische Wahlfachmöglichkeiten bei diversen anderen Studiengängen der Universität Karlsruhe ab. Durch eine Kooperation mit der Universität Freiburg werden auch Veranstaltungen für die dortigen Juristinnen und Juristen angeboten, so dass sich insgesamt eine gemischte Zielgruppe für das Institut ergibt. Allerdings sind die stark juristisch orientierten Studierenden doch deutlich in der Minderheit. Ein Großteil der Studierenden, die während der Laufzeit des Projekts an unseren Veranstaltungen teilgenommen haben, sind solche der Informationswirtschaft und folglich eher technisch-wirtschaftswissenschaftlich orientiert.

Ziel der juristischen Ausbildung des Studienganges ist es, die Studierenden so auszubilden, dass sie als Bindeglied zwischen den Technikern und den Juristen fungieren können. Die Studierenden sollen mit beiden Seiten kommunizieren und deren Handlungen nachvollziehen können. Die Handlungen und Probleme sollen sie für die jeweils „andere" Seite übersetzen können. Dazu sollen die Informationswirtinnen und -wirte aber auch ein Gespür für rechtliche Problematiken entwickeln. Kleinere Probleme sollen sie alleine lösen können und – wo nötig – ausgebildete Juristen einschalten.

Die Situation vor Ort wurde zu Beginn des Projektes durch eine Evaluation festgehalten. Dabei wurde festgestellt, dass die Anzahl der weiblichen Studierenden gegenüber den männlichen sehr gering war, was freilich mit der Verteilung im Rahmen des Studiengangs Informationswirtschaft insgesamt zusammenhängt. Dennoch ist es gelungen, im Projektzeitraum einen gewissen Anteil von Studentinnen für das Thema zu interessieren.

Die Zielgruppe des Projekts vor Ort war die bereits oben erwähnte Mischung aus Studierenden, deren Reichweite vom Informatiker bis zum Juristen reicht. Die technische Ausstattung und Erfahrung der Studierenden stellte sich dabei als nicht so gut heraus, wie dies vorher von den Projektmitarbeitern erwartet worden war. Die private Ausstattung mit Computern / Internet war nicht überragend besser, als bei den Mitarbeitern selbst. Dies erschien angesichts des Informatik-Schwerpunkts des Studienganges Informationswirtschaft erstaunlich. Gleiches gilt im Übrigen für den Umgang mit Online-Angeboten wie Foren, Chats oder Moos im privaten Bereich.

Anscheinend war die von den Projektmitarbeitern gezogene Assoziation „Informatikinteresse = technische Internetkenntnisse" etwas vorschnell. Daraus ließ sich dann der Schluss ziehen, dass eine gute Einführung der Studierenden in die genutzten Techniken vorgenommen werden sollte.

Unabhängig von der privat vorhandenen Hardware stehen den Studierenden am Standort Karlsruhe jedoch im Rechenzentrum genügend Computer zur Verfügung, so dass wir davon ausgehen konnten, dass es jedem Studierenden technisch möglich war, die Lernplattformen zu nutzen, auch wenn diese (z.B. E-Learning-Suite) längere Ladezeiten benötigten.

2. E-Learning in Karlsruhe

Schon vor Beginn des Projektes gab es am Institut für Informationsrecht Studienangebote, die in den Bereich der digitalen Lehre einzustufen sind. Diese Studienangebote wurden parallel zum Projekt RION von den Mitarbeitern des Instituts ausgebaut.

2.1 Vorlesungen Internetrecht / Deliktsrecht

Diese Vorlesungen[8] werden von Prof. Dreier in Freiburg gehalten. Die Video-Aufzeichnungen der Vorlesungen stehen den Karlsruher (und natürlich auch den Freiburger) Studierenden als Konserve zur Verfügung. Daneben steht ein Skript, bzw. Folien – angepasst auf den jeweiligen Vorlesungsinhalt - im Netz zum Download zur Verfügung, gleichfalls einschlägige Materialien wie Gesetze. Ein Forum bietet den Studierenden die Möglichkeit zur Diskussion. Auch die Möglichkeit der Besprechung im Chat wurde erprobt. Mit diesen Vorlesungen ist der Lehrstuhl ebenfalls am Projekt

---

[8] Vgl. als Beispiel: http://www.ira.uka.de/~recht/E-Learning/internetrecht2002/index.html.

VIROR (Virtuelle Hochschule Oberrhein; www.viror.de) beteiligt. Dazu ist eine umfassende Auswertung der medialen Nutzung vorgenommen worden (vgl. Raabe 2003).

2.2 Bereitstellung von Materialien

Auch für die anderen Veranstaltungen des Lehrstuhl stehen den Studierenden Skripten und/oder Materialien zum Download zur Verfügung.

2.3 DATIS

Mit dem Projekt DATIS (http://iurdat.de/) hat der Lehrstuhl eine umfangreiche Datenbank mit amtlichen Dokumenten für das Informationsrecht geschaffen.

3. Online-Veranstaltungen im Rahmen von RION

Zweimal nahm der Standort Karlsruhe an den Verbund-Online-Seminaren teil, die zusammen mit den Projektpartnern Münster, Freiburg und Oldenburg / Lüneburg angeboten wurden.

Sowohl der Aufbau, als auch der Ablauf der beiden Seminare waren unterschiedlich. Beiden Seminaren war jedoch gemeinsam, dass Studierende aus allen Standorten die Teilnahme an einem an einem anderen Standort abgehaltenen Seminar angeboten wurde. Die Studierenden wurden je nach Interesse auf die Teilseminare an den unterschiedlichen Standorten aufgeteilt, der Verlauf dieses Teilseminars und die Benotung lag dann jeweils bei den Standorten.

In beiden Fällen wurden die Ergebnisse der Studierenden zunächst auf der RION-Plattform zur Verfügung gestellt und in der Folge von den Studierenden diskutiert. Ein kurzer analoger Chat rundete diese Diskussion ab.

Eine Seminararbeit, die im üblichen Rahmen eines Seminars lag, ging ebenfalls in die Bewertung ein.

Bei beiden Seminaren gab es am Standort Karlsruhe die Besonderheit, dass sie mit dem „realen" Seminar E-Commerce verbunden wurden.

Bei diesem Seminar handelte es sich um eine Angebot, dass sich sowohl an die Studierenden der Universität Karlsruhe, als an die Studierenden der Universität Freiburg richtete. Die TeilnehmerInnen dieses Seminars umfassten also InformatikerInnen und InformationswirtInnen - bis hin zu JuristInnen.

Die Verquickung der beiden Seminare geschah in der Weise, dass neben dem sog. „online-Seminar" auch ein „offline-Seminar" stattfand. Letzteres lehnte sich im Ablauf sehr stark an ein herkömmliches Seminar an. Dessen Teilnehmer sollten jedoch auch an den virtuellen Angeboten des Online-Seminars teilnehmen, also die Foren und

Chats bereichern. Andererseits nahmen die Online-Teilnehmer (zumindest die in Karlsruhe beheimateten) auch an den Offline-Blockseminaren teil. Da beide Seminare eine ähnliche Themenstellung hatten, war die wechselseitige Teilnahme möglich.

3.1 Seminar WS 2002/03
Bei diesem ersten Online-Seminar handelte es sich um ein Großseminar mit zu Beginn 40 Teilnehmern. Diese erstellten eine Arbeit zu Themen, die auf vier Standorte verteilt waren. Diese Arbeiten wurden auf der RION-Plattform online gestellt und dann zunächst in Foren und dann in einem Chat von allen Teilnehmern diskutiert. Von den fünf vom Standort Karlsruhe angebotenen Themen wurden im Endeffekt drei fertig bearbeitet. Insgesamt nahmen neun Studierende aus Karlsruhe / Freiburg (Jura) an diesem Seminar teil.

Zusammenfassend lässt sich sagen, dass die Beteiligung an den Foren besser hätte sein können. Die Teilnahme war sehr vom Thema abhängig, die eingängigen Themen (z.B. Tauschbörsen) wurden von den Studenten gerne diskutiert, während die Studierenden z.b. zu den öffentlich-rechtlichen Themen wenig Bezug herstellen konnten. Außerdem zeigte sich, dass die im Chat anberaumte Zeit (teilweise nur ca. 10 Minuten) zu kurz war, um noch zu neuen Ergebnissen zu kommen. Dies war aber in der Konzeption des Chats als „zusätzlichem Bonbon" auch nicht erwartet. Die inhaltliche Auseinandersetzung sollte in den Foren stattfinden.

Das Online-Seminar wurde ausführlich evaluiert. Die Ergebnisse der Evaluation gingen in die Planung für das nächste Seminar mit ein. Im „Offline"-Teil, der an geblockten Terminen abgehalten wurde, kam es zu einer für ein herkömmliches Seminar üblichen sehr intensiven, lebendigen und auch tiefergehenden Diskussion.

3.2 Seminar SS 2003
In diesem Semester lag der Focus stärker auf den lokalen Seminaren. So wurden die Foren und Chats (zumindest hinsichtlich der Pflichtteilnahme) auf die lokalen Standorte begrenzt, um so eine kleinere Gruppe zu erhalten und darüber hinaus auch die Kompetenz, bei den Themen der anderen Teilnehmer (die alle auf Grund der thematischen Fixierung der einzelnen Standorte verwandt waren) mitzudiskutieren, zu erhöhen.
Im Unterschied zum ersten Durchgang mussten die Studierenden dieses mal lediglich Thesenpapiere online stellen, über die im Forum diskutiert wurde. Auf diese Weise war es den anderen Teilnehmern (zeitlich) besser möglich, sich auf alle Themen vorzubereiten. Um den Teilnehmern die Einarbeitung in ihre Themen zu vereinfachen, wurden ihnen die Fachkapitel aus dem RION-Projekt zur Verfügung gestellt. Deren

Bearbeitung wurde durch einen Online-Test überprüft.
Am Standort Karlsruhe nahmen 11 Studierende teil, von denen einer aus Oldenburg und einer aus Freiburg kam. Der Rest waren Studierende verschiedener Fachrichtungen aus Karlsruhe. Insgesamt nahmen 13 Studierende aus Karlsruhe / Freiburg (Jura) an verschiedenen Standorten am Seminar teil.
Während die Quantität der Forumsdiskussion auch dieses Mal verbesserungswürdig war, hat die Qualität der gemachten Aussagen gewonnen. Die Entscheidung, nur Teilnehmer mit ähnlichen Themen diskutieren zu lassen, hat sich hier ausgezahlt. Letzteres war insbesondere beim Chat zu merken, an dem sich die meisten Teilnehmer rege beteiligten. Die Studierenden konnten durch die Vorbereitung mittels der Fachkapitel, der Thesenpapiere und der Forumsdiskussion mehr zu den fremden Themen beitragen und die Diskussion hier zum Teil weitertragen. Als hinderlich erwies sich jedoch auch hier die knappe Zeitbegrenzung von nur 15 Minuten pro Thema. Die Studierenden schienen auch Spaß am Chat zu haben, was entsprechende Rückmeldungen auch bestätigten. Dennoch blieb die Diskussion eher rudimentär, was sicherlich durch eine grafisch übersichtlicher gestaltete Chat-Umgebung (Farbige Hervorhebungen, größerer Screen etc.) noch geringfügig hätte verbessert werden können.
Ein nächster Schritt wäre hier sicherlich, die Gewichtigkeit der Chats zu erhöhen. Bei längeren Chats wäre es – eine ähnliche gute Einarbeitung in die fremden Themen vorausgesetzt - sicherlich möglich, auch hier vermehrt zu Ergebnissen zu kommen. Sicherlich müsste man aber dann Wert darauf legen, dass sich die Anzahl der Teilnehmer nicht erhöht, um die Chats nicht unübersichtlich werden zu lassen.

3.3 Zur Motivation der Teilnehmer

Insgesamt lässt sich nicht feststellen, dass die technisch orientierten Studierenden aus Karlsruhe die Idee eines Online-Seminars mit größerer Begeisterung aufgenommen haben, als die Juristen aus Freiburg. Insbesondere im SS 2003 war die Teilnahme am Online-Seminar für viele ein Ersatz für das bereits volle, parallel laufende Offline-Seminar. Es scheint doch eher die Tendenz vorzuherrschen, sich auf das Altbekannte einzulassen, bei dem vor allem der Arbeitsaufwand für die Studierenden besser einschätzbar erscheint.
Einmal im Seminar und mit den technischen Feinheiten der genutzten Plattform vertraut, haben die Studierenden jedoch die Möglichkeiten genutzt, die das Online-Seminar ihnen geboten hat. Insbesondere der zweite Durchgang hat durch die Nutzung der Fachkapitel sicherlich einen bequemen und doch fundierten Einstieg in die Materie bekommen.

Daneben war durch die Diskussion der Themen während der Entstehungsphase der Arbeiten (in Foren und Chats) eine intensive Betreuung möglich. Sowohl die TutorInnen als auch die anderen Teilnehmen haben so Impulse in die Arbeiten eingebracht, so dass deren Ergebnisse auf einem breiteren Fundament basierten.

Einen weiteren Vorteil stellt der interdisziplinäre und interuniversitäre Ansatz des Seminars dar, da durch teilweise Gruppenarbeit sowohl Studierende unterschiedlicher Universitäten, als auch unterschiedlicher Fachrichtungen zusammen gearbeitet haben und so wechselseitig einen Einblick in ihre Sichtweise geben konnten. Dieser Einblick in fremde Sichtweisen ist letztlich bei einem Feld wie dem Informationsrecht, welches schon per Definition interdisziplinär ist, entscheidend.

RION-Standort Oldenburg

Anette Linkhorst

1. Zielgruppen an der Universität Oldenburg

1.1 Standort Oldenburg

Verantwortlich für das Teilprojekt Oldenburg war Prof. Dr. Jürgen Taeger, Inhaber des Lehrstuhls für Bürgerliches Recht, Handels- und Wirtschaftsrecht sowie Rechtsinformatik am Institut für Rechtswissenschaften. Die Universität Oldenburg verfügt über keine Juristische Fakultät. Sie ist in Fakultäten untergliedert, zu denen die Fakultät für Informatik, Wirtschafts- und Rechtswissenschaften gehört. Dort ist das Institut für Rechtswissenschaften angesiedelt. Im Lehrgebiet sind sechs Professoren, ein Honorarprofessor sowie zahlreiche Lehrbeauftragte tätig.

Die Veranstaltungen der Rechtsinformatik sind in Oldenburg in Studiengänge der Rechts- und Wirtschaftswissenschaften sowie der Informatik integriert und gehören zum Wahlpflichtstoff. Sie werden jährlich von mehr als 120 Studierenden besucht. Die Studien- und Diplomprüfungsordnungen der Institute für Rechtswissenschaften und Betriebswirtschaftslehre und des Departments für Informatik sehen die Möglichkeit der Leistungskontrolle vor. Im neu eingerichteten E-Learning-Studiengang „Master of Business Administration in Educational Management" wird Rechtsinformatik mit einem Modul in der Online-Lehre angeboten. Mit dem Department für Informatik plant das Institut für Rechtswissenschaften konkret einen Masterstudiengang „Rechtsinformatik", der auch virtuelle Lernformen einschließt.

1.2 Zielgruppe von RION

An der Universität Oldenburg werden u.a. folgende Studiengänge angeboten, deren Teilnehmer zu der Zielgruppe des Projektes gehören: Informatik, Sozialwissenschaften sowie Wirtschaftswissenschaften einschließlich des Studiengangs „Betriebswirtschaftslehre mit juristischem Schwerpunkt".

1.3 Mitarbeiter für RION an der Universität Oldenburg

Unter der fachlichen Leitung von Prof. Jürgen Taeger wurden am Standort Oldenburg feste Stellen für vier wissenschaftliche Mitarbeiter/innen geschaffen. Als Volljuristen zeichneten Enno Goldmann, Dr. Wolfgang Seiler und Annette Linkhorst für die Content-Erstellung und die tutorielle Betreuung der virtuellen Seminare verantwortlich. Dipl.-Inform. Roman Mülchen war als Informatiker für die Erstellung und Pflege der Lernplattform Hyperwave E-Learning Suite und die technische Bearbeitung und Umsetzung der Beiträge für die virtuellen Seminare sowie des JIRI zuständig. Kurzzeitig waren weitere Hilfskräfte mit Abschluss mit der Erstellung von Fachtexten befasst.

1.4 E-Learning in Oldenburg

Der Einsatz virtueller Lehre und multimedialer Lehrelemente als Unterstützung für die Präsenzlehre hat an der Universität Oldenburg eine herausragende Bedeutung. Neben RION gab und gibt es andere E-Learning-Projekte, zu denen beispielsweise das Projekt el.la gehört, das sich mit Rechtsfragen des E-Learning beschäftigt. Als universitäres Zentrum wurde 1991 das Center for Distributed E-Learning gegründet, als dessen stellvertretender Direktor Taeger mitwirkt. Das CDL bemüht sich insbesondere um eine Verstetigung der E-Learning-Projekte an der Universität.

2. Erstes Online-Seminar (SS 2002)

2.1 Konzeption

Die Universität Oldenburg erprobte im Sommersemester 2002 zum ersten Mal ein Seminar zum Thema „Rechtsfragen des Internet". Es wurde standortbezogen nur für Studierende der Universität Oldenburg angeboten. Mit der Seminarkonzeption wurde vor allem das Ziel verfolgt, im Hinblick auf die bundesweiten Folgeseminare mit der eingesetzten Technik vertraut zu werden und Basiserfahrungen mit E-Learning zu erwerben. Es war Teil des Veranstaltungskonzepts, die ersten Eindrücke und Erfahrungen in präsentischen Diskussionen austauschen zu können. Im Übrigen war die Veranstaltung konventionell konzipiert. Es wurden Referatsthemen ausgegeben, die von Einzelbearbeitern ausgearbeitet wurden. Die schriftlichen Referatstexte wurden in die Seminarplattform (eLS) eingestellt und anschließend asynchron diskutiert.

2.2 Reflexion der Oldenburger Erfahrungen

Als strukturell neuartiges Angebot im Oldenburger Fachbereich für Wirtschafts- und Rechtswissenschaften zog die Veranstaltung einen recht großen Teilnehmerkreis an, der daran interessiert war, die neue Seminarform auszuprobieren. Der Kreis derjenigen, die auch ein Seminarthema bearbeiten wollten, war geringer und überstieg den eines herkömmlichen Seminars nicht. Die Betreuung aller Teilnehmer konnte noch durch einen einzelnen Tutor oder ein Tutorin sichergestellt werden.

Die Übernahme einer Themenbearbeitung schien allerdings ein nicht zu unterschätzendes motivierendes Moment gewesen zu sein, da auch die anschließenden Diskussionen ausschließlich im Kreis der Themenbearbeiter abliefen. Die Diskussionen waren reger und ausführlicher als in den bundesweiten Seminaren. Dies dürfte darauf zurückzuführen sein, dass sich die Teilnehmer aus Präsenzveranstaltungen der Universität Oldenburg kannten und deshalb keine Anonymitätsbarriere zu überwinden hatten. Das persönliche Gemeinschaftsgefühl äußerte sich auch im elektronischen Kommunikationsverhalten. Gleichwohl schien die Tiefe der Diskussionsbeiträge durch das elektronische Medium eine gewisse Grenze zu finden. In der Abschlussdiskussion wurde von den Teilnehmern positiv hervorgehoben, dass ein großer Vorteil der asynchronen Diskussionsform darin liege, dass man Literatur beiziehen und die diskutierten Fragen gründlicher bearbeiten könne. Diese Äußerung fand durch die in den Folgeseminaren durchgeführten synchronen Chats eine Bestätigung.

Das erste Seminar auf lokaler Ebene sollte und konnte dazu beitragen, technische und organisatorische Fragen im Hinblick auf die bundesweiten Folgeseminare besser zu bewältigen. Die Teilnehmer sahen jedoch auch in Online-Seminaren auf der Ebene einer einzelnen Universität durchaus ein sinnvolles Lehrangebot, weil sie eine Vorbereitung auf Situationen für erforderlich hielten, in denen es zur berufsbegleitenden Fernlehre möglicherweise einmal keine Alternative mehr gebe.

3. Erstes standortübergreifendes RION-Seminar (WS 2002/2003)

3.1 Konzeption

Das erste standortübergreifende Seminar im Rahmen von RION wurde im WS 2002/2003 angeboten. Es trug folgende Konzeption:

Als Grundlage für die Ausarbeitung der Seminarthemen wurde von den TutorInnen ein Plot erarbeitet, dessen Grundlage die Geschichte eines start-up-Unternehmens bildete. Die Aufgabenstellung wandte sich mit verschiedenen Rechtsfragen an die Studierenden, die diese in Form eines Referates zu begutachten hatten. Die Referate wurden in Form von Word-Dateien abgegeben und durch die Mitarbeiter der Informatik in Oldenburg in die Hyperwave E-Learning Suite eingestellt. Dort konnten sie von anderen Teilnehmern gelesen und von diesen sowie von den TutorInnen annotiert werden. Mit Hilfe der Annotationsfunktion der eLS wurden Fragen gestellt und von den Referatsverfassern beantwortet. Zudem standen auf der eLS Diskussionsforen bereit, in denen Studierende untereinander und mit den TutorInnen die Referate asynchron diskutieren konnten. Anschließend fand die Verteidigung der Referate in einem Streitchat im Jur-MOO statt. Dabei war es die Aufgabe der Studierenden, Thesen aus ihren Referaten vorzustellen und sie gegen Argumente anderer, vorher festgelegter Studierender („Angreifer") zu verteidigen. Ein Chat dauerte insgesamt 90 Minuten, während des Seminars gab es vier Streitchats. Diese wurden durch die jeweils zuständigen TutorInnen moderiert, welche auch das Rederecht an die Teilnehmer vergaben. In einem Chat wurden zumeist vier Themen diskutiert.

3.2 Reflexion der Oldenburger Erfahrungen

In Oldenburg war das Interesse der Studierenden, an dem Online-Seminar teilzunehmen, von Beginn an sehr groß. Da die Teilnahme insgesamt auf 40 Studierende kontingentiert war, konnten nicht alle Oldenburger Interessenten berücksichtigt werden. Am Seminar nahmen acht Studierende aus Oldenburg teil. Davon bearbeiteten sechs Studierende ein von Oldenburg betreutes Thema, zwei Oldenburger Studierende bearbeiteten ein von einem anderen Standort betreutes Thema.

In Oldenburg wurden folgende Themen betreut: Formerfordernisse und elektronische Signatur (bearbeitet von einem Oldenburger, einem Karlsruher und einem Münsteraner Studierenden), Vertragsschluss im Internet (bearbeitet von fünf Oldenburger und einem Karlsruher Studierenden), allgemeine Informationspflichten bei Internetpräsentationen von Unternehmen (bearbeitet von einem Karlsruher Studierenden), Einbeziehung von AGBs in elektronische Verträge (bearbeitet von einem Karlsruher Studierenden), Widerrufs- und Rückgaberecht bei Fernabsatzverträgen (bearbeitet von einem Lüneburger Studierenden), lauterkeitsrechtliche Beschränkungen des Online-Marketings (bearbeitet von einem Karlsruher Studierenden), unaufgeforderte kommerzielle Kommunikation (bearbeitet von einem Freiburger Studierenden).

Dabei ergaben sich aus Oldenburger Sicht folgende Erkenntnisse:

Die Bewertung der Leistungen der teilnehmenden Studierenden gestaltete sich schwierig. Grund dafür war, dass sich die gleiche Aufgabenstellung an Studierende unterschiedlicher Disziplinen richtete. Die Tutoren waren jedoch durchweg Juristen, denen es schwer fiel, die Leistung eines – beispielsweise – Informatikers oder einer Informatikerin auf der gleichen Ebene zu bewerten wie die eines Jurastudierenden. Zwar wurde eine Quote festgelegt, nach der das Referat, die Beteiligung an den Foren und die Leistung im Streitchat in die Gesamtbewertung einflossen, diese berücksichtigte jedoch nicht die unterschiedlichen Leistungsspektren der Studierenden. Unter den von Oldenburger Seite aus betreuten Teilnehmern waren Jurastudierende nur zu einem geringen Teil vertreten. Die Folge dieser inhomogenen Lerngruppe war, dass das Niveau der Arbeiten durchweg unter dem eines Jura-Seminars lag. Dabei war es auch schwierig, den interfachlichen Diskurs zu befördern, weil in unseren Gruppen keine „reinen" Jura-Studierende waren, sich die Aufgaben aber ganz überwiegend auf juristische Fragestellungen konzentrierten. Eine tiefgehende Auseinandersetzung in Form einer juristischen Diskussion wurde daher naturgemäß nicht erreicht.

Das Ziel, den interdisziplinären Austausch zwischen den Studierenden zu fördern, wurde teilweise erreicht. Dies sollte durch Themenstellungen verwirklicht werden, die sowohl aus juristischer als auch aus der Sicht von anderen Disziplinen beleuchtet werden können (z.B.: Fragen der elektronischen Signatur). Solche Themenstellungen sind jedoch begrenzt.

Eine vertiefte wissenschaftliche Diskussion ist im Chat kaum möglich, da die Verwendung komplexerer Sätze durch das Medium nicht gefördert wird – die Kommunikation ähnelt eher der einer Talkshow – kurze, schnelle und (im besten Fall) prägnante Stellungnahmen, die überwiegend oberflächlichen Charakter haben. Die Studierenden befanden das Medium hauptsächlich als neu und interessant zum Ausprobieren.

Der Chat eignet sich indes gut zur Betreuung der Studierenden (von uns eingesetzt auf der Plattform der eLS). Die Studenten konnten dabei vorhandene Fragen rasch mit dem Tutor oder der Tutorin klären. Zur Kommunikation unter den TutorInnen wurde das MOO eingesetzt und wurde dabei gut und effektiv genutzt.

Die TutorInnen haben Online-Sprechstunden angeboten, die mit unterschiedlicher Intensität von den Studierenden nachgefragt wurden. Einige Studierende nutzten die Online-Sprechstunde regelmäßig, während sich andere darauf beschränkten, Nachfragen per Mail an den Tutor oder die Tutorin zu richten.

Die Beteiligung an den Diskussionen in den Foren war zufriedenstellend.

4. Zweites standortübergreifendes RION-Seminar (SS 2003)

4.1 Konzeption

Im Sommersemester 2003 wurde erneut ein standortübergreifendes Seminar zu Rechtsfragen des Internet im Rahmen von RION angeboten. Diesem lag eine veränderte Konzeption zugrunde:

Es gab keinen einheitlichen Plot. Vielmehr boten die Standorte in Zusammenhang mit den von ihnen betreuten Rechtsgebieten eigenständige Aufgabenstellungen an. Diese konnten jedoch standortübergreifend und interdisziplinär bearbeitet werden.

Die erste Phase des Seminars war die sogenannte Selbstlernphase, in der die Studierenden die zur Verfügung gestellten Module durcharbeiten sollten. Dazu hatten sie Kontrollfragen zu beantworten. Die Studierenden mussten sodann zu den ihnen gestellten Aufgaben ein Thesenpapier erarbeiten, das einen Umfang von einer bis zwei Seiten haben sollte. Dieses Thesenpapier wurde online gestellt und konnte von anderen Studierenden und den TutorInnen annotiert werden. Zur gleichen Zeit liefen die asynchronen Diskussionen in den Foren, die diesmal nach den Themen untergliedert waren. Nach zwei Wochen Diskussionszeit fanden Chats statt, die von den Standorten selbst durchgeführt wurden. Die Ergebnisse aus den Chats und den Diskussionsforen konnten die Studierenden nutzen, um ihre abschließende Seminararbeit fertigzustellen.

4.2 Reflexion der Oldenburger Erfahrungen

Die Nachfrage durch Oldenburger Studierende war in diesem Semester vergleichsweise geringer als im vorangegangenen. Woran dies liegt, ist unklar.

Von den Oldenburger TutorInnen wurden insgesamt drei Studierende betreut. Es wurden folgende Themen aus Oldenburg angeboten: Haftung des Providers, Vertragsschluss im Internet mit Schwerpunkt auf Internet-Auktionen und, in Zusammenarbeit mit Lüneburg, Arbeitsrecht und Internet.

Dabei ergaben sich folgende Einschätzungen:

Die Selbstlernphase wurde von den Studierenden scheinbar nicht wirklich ernst genommen, da die Kontrollfragen entweder gar nicht oder per Copy/Paste beantwortet wurden. Inwieweit die Lernmodule tatsächlich durchgearbeitet wurden, lässt sich anhand der Beantwortung der Kontrollfragen schwer feststellen. 2/3 der Studierenden sagten in diesem Zeitraum ihre Seminarteilnahme ab.

Die zeitliche Bearbeitung der einzelnen Phasen (Lesen des Selbstlernmoduls, Bearbeiten der Kontrollfragen, Erstellen der Thesenpapiere) hat sich teilweise sehr verzögert. Termine wurden durch die Studierenden zum einen nicht ernst genommen (daraus ergibt sich die Frage, ob ein Online-Seminar eher als „Spielerei" empfunden wird). Zum anderen lag der Grund auch in technischen Verzögerungen (verspätete Bereitstellung der Themen). Insofern konzentrieren sich die Oldenburger Erfahrungen auf wenige Studierende, die möglicherweise nicht repräsentativ sind.

Es wurde zudem ein signifikanter Unterschied in der Beteiligung der Studierenden im Vergleich von Winter- und Sommersemester festgestellt. Im Sommersemester waren sowohl die anfängliche Zahl der Interessenten geringer als auch die Beteiligung der Seminarteilnehmer insgesamt. Die Diskussion in den Foren wurde durch die TutorInnen versucht zu fördern. Trotz mehrmaligen Hinweises an die Studierenden, sich an der Diskussion zu beteiligen und auf Fragen der TutorInnen zu antworten, konnte eine Beteiligung nicht festgestellt werden.

5. Schlussfolgerungen

Das Lehrgebiet von Prof. Taeger wird auch weiterhin die Präsenzlehre durch multimediale Lehrelemente unterstützen und virtuelle Seminare anbieten. Dabei wird sowohl auf das durch RION erarbeitete, auf CD ROM, im Netz und als Print vorliegende Material zur Unterstützung des Selbstlernens als auch auf die Erfahrungen aus den Online-Seminaren zurückgegriffen werden. Für externe Interessenten wird ein Zertifikatsstudiengang „Rechtsinformatik" vorbereitet.

Das Online-Seminar Rechtsinformatik der Universität Lüneburg im SS 2003

Alex Stegemann

1. Vorbereitung des Seminars

1.1 Absprache zwischen den TutorInnen (Chats)

Die Zusammenarbeit zwischen den TutorInnen verlief reibungslos und vorbildlich. Auch die Kommunikation untereinander erfolgte zügig und effektiv. Deshalb erschien die Vorbereitung des Seminars für das SS 2003 schon als Routine und funktionierte nahezu unproblematisch. Die häufigen Chats während der Anfangsphase, in denen offene Fragen und Probleme (bezüglich der Organisation und standortspezifischer Eigenheiten) meist schnell geklärt werden konnten, trugen zum Gelingen des Seminars wesentlich bei.

1.2 Anmeldung der Studierenden und Verteilung der Themen

Die Anmeldung der Studierenden erfolgte entweder über ein Online-Formular oder persönlich. Dies und die Verteilung der Themen unter Berücksichtigung der Wünsche der Studierenden geschah ohne größere Probleme oder Verzögerungen.

1.3 Technik für das Arbeiten im Online-Seminar

Im Vergleich zum WS 2002/03 hat sich die Technik und die damit einhergehenden Möglichkeiten verbessert. Das Arbeiten mit der E-Learning suite (eLS) ist sehr komfortabel, und diese ist einfach zu bedienen. Die vorgenommenen Verbesserungen haben dazu geführt, dass eine längere Einweisung nicht nötig war. Es war ausreichend, den Studierenden ein Aufgabenblatt mit den wichtigsten Funktionen zur Verfügung zu stellen, anhand dessen die Arbeitsweise selbsterklärend dargestellt wurde. Die Möglichkeit, Chats abzuhalten, machte die Benutzung des JurMOO (Juristisches Multi-User Domain Object Oriented) überflüssig. Dies erleichterte die Übersichtlichkeit der Vorgänge, da mit der eLS nur eine statt wie zuvor zwei Plattformen genutzt wurden.

2. Durchführung des Seminars

2.1 Selbstlernphase und Thesenpapiere

Eine geringe Teilnehmerzahl in Lüneburg hatte eine intensive und persönliche Betreuung der Seminarteilnehmer ermöglicht. Vor dem Beginn des Seminars wurden in einem kurzen persönlichen Treffen die technischen Details der eLS erläutert. Auch die

Funktionsweise des JurMOO wurde erklärt. Diese Zusammenkunft war für die spätere Zusammenarbeit von Vorteil, da durch das persönliche Zusammentreffen eine persönliche Basis geschaffen wurde. Die kurze Personenbeschreibung mit Foto, welche von allen TutorInnen und Studierenden in der eLS eingestellt wurde, ist zwar im Falle eines virtuellen Seminars als sehr positiv zu bewerten, sie ersetzt aber in der Regel nicht das persönliche Kennenlernen.

Fragen durch die Studierenden wurden vor allem vor dem Beginn der Selbstlernphase und während derselben gestellt. Die beiden Lüneburger Studierenden arbeiteten die ihnen zur Verfügung gestellten Selbstlernmaterialien zügig durch und beantworteten auch die Testfragen innerhalb der gestellten Frist. Die Antworten waren zufriedenstellend, wenn auch nicht sehr tief gehend.

Die Thesen wurden von beiden Studierenden ebenfalls zufriedenstellend aufgestellt. Auch hier bewegten sich die Verfasser nicht besonders tief in der Thematik.

2.2 Forendiskussion

Die Möglichkeiten, welche die eLS für das Einstellen von Diskussionsbeiträgen bietet, sind sehr nützlich und technisch ausgereift. Dennoch verlief die Forendiskussion eher enttäuschend. Dies ist vor allem auf mangelnde Beteiligung der Studierenden zurückzuführen. Auf Diskussionsbeiträge wurde häufig nicht reagiert, was augenscheinlich bald zu einem Desinteresse führte. In dieser Phase wäre eine wöchentliche obligatorische virtuelle Sprechstunde von Vorteil gewesen, um die Diskussion wieder anzuregen und zu forcieren.

2.3 Chat

Der Chat zwischen den Oldenburger und Lüneburger Studierenden zu den Themen der beiden Lüneburger Studierenden fiel sehr oberflächlich aus. Teilweise ließen die Antworten sehr lange auf sich warten, eine flüssige Diskussion kam selten zustande. Es ergab sich stattdessen eher eine Prüfsituation zwischen TutorInnen und Studierenden.

2.4 Hausarbeiten

Die Hausarbeiten der beiden Studierenden kamen nicht über das Niveau der Thesen, Forendiskussion und Chats hinaus. Sie wurden aber ordentlich verfasst und waren im Wesentlichen von referierendem Charakter. Die Benotung erbrachte in beiden Fällen ein Befriedigend.

3. Fazit

Das Lüneburger Online-Seminar Rechtsfragen des Internet ist auf Studierende der Betriebswirtschaftslehre zugeschnitten. Zwar bilden rechtliche Inhalte den Schwerpunkt, doch kann dieses Seminar einer juristischen Ausbildung nicht gleichgestellt werden. Dieser neue Seminartyp (Online) kann als Unterstützung der Präsenzlehre gesehen werden. Für die Zukunft sind auch Verknüpfungen beider Typen (Präsenz- und Online-Seminar) denkbar, um das Ziel gegenseitiger Ergänzung zu erreichen. Allerdings ist zum heutigen Zeitpunkt die Erfahrungsbasis hierfür noch zu gering.

Eine für die Studierenden obligatorische virtuelle Sprechstunde zwischen den TutorInnen und den Studierenden wäre ein sinnvolles Angebot für ein zukünftiges Seminar, um den Studierenden stärker an das Seminar zu binden. Eine Stunde pro Woche erscheint für diesen Zweck ausreichend.

Die Betrachtung des Seminars unter dem Gender-Gesichtspunkt hat keine besondere Häufung in die eine oder andere Richtung ergeben. Mit nur zwei Teilnehmern in Lüneburg ist die Basis für eine Bewertung unter diesem Aspekt aber zu gering, und das Ergebnis der Geschlechterverteilung von 1:1 daher nicht aussagekräftig.

Zusammenfassend kann festgestellt werden, dass die Qualität der schriftlichen Arbeiten im SS 03 bei nur zwei Teilnehmern am Lüneburger Rechtsinformatik Online-Seminar zufriedenstellend ausfielen. Gleiches gilt für die Chat-Leistungen und Hausarbeiten der Studierenden. Die Selbstlern- und Prüffragen belegten das Lesen der Materialien und führten zu kurzen, teils gehaltvollen Antworten. Für bessere Leistungen in einem zukünftigen Seminar wäre eine stärkere Präsenz der Seminarteilnehmer von Vorteil. Die Handhabung der Technik (insbesondere der eLS) dagegen ist im Vergleich zum vorigen Seminar wesentlich verbessert worden.

Rechtsinformatik und computerunterstützte Lehre an der Universität Hannover: Der EULISP Virtual Classroom

Dörte Gerhardt

1. Rechtsinformatik in Hannover

1.1 Das Institut für Rechtsinformatik

Der Fachbereich Rechtswissenschaften der Universität Hannover gilt mit seinen ca. 2500 Studierenden als relativ kleiner juristischer Fachbereich in Deutschland.[9] Die Rechtsinformatik hat am Fachbereich eine lange Tradition. Bereits 1983 wurde durch Prof. Wolfgang Kilian das in Deutschland erste Institut für Rechtsinformatik (IRI) ins Leben gerufen und Rechtsinformatik als Wahlfach[10] eingeführt. Von Kilian wurde die Rechtsinformatik stets als eine Wissenschaft aufgefasst, die aus den drei Säulen Voraussetzungen, Anwendungen und Auswirkungen der Informationstechnologie auf das Rechtssystem beruht (Kilian 2001). Daran ist auch die Arbeit am IRI und seine interdisziplinäre Ausrichtung orientiert. Gegenwärtig gehören zwei Professoren, eine wissenschaftliche Assistentin und fünf wissenschaftliche Mitarbeiter sowie zahlreiche wissenschaftliche Hilfskräfte zum Institut.[11]

1.2 Rechtsinformatik und Jurastudium

Das rechtswissenschaftliche Studium an der Universität Hannover besteht aus einem Kernstudium von sechs Semestern und einem anschließenden Schwerpunktstudium von zwei Semestern.[12] Der Studienplan empfiehlt eine Belegung des Wahlfachs mit 2 SWS ab dem 4. Semester und eine Ausweitung dieses Stundenkontingents auf 4 SWS ab dem 7. Semester[13] Aufgrund der ohnehin schon langen Ausbildungszeit (ca. 8 Jahre bis zum 2. Staatsexamen) und aufgrund der Notwendigkeit, zum Examen nach nur geringfügigen Abschichtungsmöglichkeiten quasi das gesamte erlernte Wissen parat zu haben, konzentrieren sich die Studierenden während des Studiums in der Regel auf

---

[9] Allgemeine Informationen zum Fachbereich Rechtswissenschaften und zum Jura-Studium in Hannover siehe http://www.jura.uni-hannover.de.
[10] Vgl. § 17 Abs. 3 Nr. 4 NJAVO. Die Empfehlungen für die Prüfungsinhalte im Wahlfach in der ersten juristischen Staatsprüfung sind auf der Website des Niedersächsischen Justizministeriums veröffentlicht (http://www.mj.niedersachsen.de/functions/downloadObject/0,,c1916301_s20,00.pdf, recherchiert am 19.8.2003).
[11] Informationen über das Institut für Rechtsinformatik siehe http://www.iri.uni-hannover.de.
[12] Vgl. § 2 Studienordnung des Fachbereichs Rechtswissenschaften der Universität Hannover (veröffentlicht unter http://www.jura.uni-hannover.de/studium/?c=studienordnung.php#2, recherchiert am 19.8.2003).
[13] Vgl. Studienplan des Fachbereichs Rechtswissenschaften der Universität Hannover (veröffentlicht unter http://www.jura.uni-hannover.de/studium/?c=studienplan.php, recherchiert am 19.8.2003).

die klassischen Rechtsgebiete. Für die Beschäftigung mit den in der Praxis zunehmenden Rechtsproblemen, wie sie z.b. durch den Einsatz der Informations- und Kommunikationstechnik auftreten, fehlen oft Zeit und Motivation. Das Wahlfach Rechtstheorie verbunden mit Rechtsinformatik wird von nur drei bis vier Studierenden pro Jahr gewählt, zumal in Niedersachsen kaum Prüfende für dieses Fach zur Verfügung stehen. Im Zuge der Juristenausbildungsreform sowie der vom Land geforderten Sparmaßnahmen sind einschneidende Veränderungen in der Juristenausbildung in Hannover zu erwarten. Die Einführung neuer Schwerpunktbereiche steht an. Welchen Stellenwert die Rechtsinformatik im künftigen Studium besitzen wird, ist noch nicht abzusehen.

1.3 Der Ergänzungsstudiengang Rechtsinformatik
Auf dem juristischen Arbeitsmarkt gewinnen neben guten Examensergebnissen Zusatzqualifikationen und akademische Grade an Bedeutung. In Hannover wurde bereits zum Wintersemester 1999/2000 der Ergänzungsstudiengang Rechtsinformatik als eines der ersten LL.M. Programme in Deutschland eingeführt (Kilian 1999). Er umfasst ein zweisemestriges postgraduales Zusatzstudium, wobei ein Semester an einer der insgesamt zehn europäischen Partneruniversitäten verbracht wird. Bei erfolgreichem Abschluss des Studiums wird der international anerkannte akademische Grad „Master of Laws" (LL.M.) für Rechtsinformatik verliehen. Der Studiengang ist Bestandteil einer Kooperation von derzeit elf europäischen Universitäten aus neun Mitgliedsstaaten der Europäischen Union, die unter der Bezeichnung EULISP[14] (European Legal Informatics Study Programme) miteinander kooperieren.[15] Zu den Grundsätzen des EULISP Studienprogramms gehört neben dem zweisemestrigen Studium an zwei Partneruniversitäten aus unterschiedlichen Mitgliedsstaaten und dem Verfassen einer Abschlussarbeit die gegenseitige Anerkennung der Punkte und Noten auf Grundlage des European Credit Transfer Systems (ECTS).[16]

Im Gegensatz zum Jurastudium findet das Ergänzungsstudium in kleinen Gruppen statt. In Hannover werden jedes Semester 20 Studierende (darunter maximal 10 Studierende von den Partneruniversitäten) zum Studium zugelassen. Zulassungsvoraussetzung ist ein vollbefriedigender Abschluss des ersten Staatsexamens oder eine ver-

---

[14] EULISP ist eine eingetragene europäische Marke.
[15] Informationen über EULISP, die Partneruniversitäten, Studieninhalte, Kooperationspartner, Studien- und Zulassungsordnung siehe http://www.eulisp.de.
[16] Siehe http://www.eulisp.uni-hannover.de/studium/index.htm - ECTS (recherchiert am 19.8.2003).

gleichbare Qualifikation[17]. Bei der Auswahl der Studierenden aus der Vielzahl der Bewerber werden auch Zusatzqualifikationen im Anwendungsgebiet berücksichtigt.

In Hannover fielen bis zum Sommersemester 2003 neben den üblichen Einschreibegebühren keine Studiengebühren an, lediglich einige Partneruniversitäten erheben für das Auslandssemester Gebühren. Aufgrund einer Auflage des Europäischen Strukturfonds (ESF) durch welchen der Studiengang gefördert wird, hat sich die Situation ab dem Wintersemester 2003/2004 mit der Einführung von 750 € Studiengebühren auch in Hannover geändert. Eine Sozialklausel ermöglicht Studierenden, die nicht über die finanziellen Mittel verfügen, weiterhin ein kostenloses oder kostenreduziertes Studium.[18]

Im Rahmen des Ergänzungsstudiengangs werden in Hannover pro Semester in der Regel 14 Lehrveranstaltungen, darunter zwei Seminare, im Umfang von jeweils zwei Semesterwochenstunden angeboten. Die Themenbereiche umfassen neben einer Einführung in die Rechtsinformatik Bereiche wie Datenschutzrecht, Europarechtliche Grundlagen der Informationsgesellschaft, Rechtstheorie, Datenbankrecht, Vertragsgestaltung für Softwareverträge, EDV-Vertragsrecht, Medienrecht, Elektronischer Geschäftsverkehr, Telekommunikationsrecht sowie technische Grundlagen der EDV, verschiedene Aspekte der Datensicherheit, Digitale Signaturen und Datenverschlüsselung. Die Studierenden können aus diesem Fächerkanon die zum Erreichen der notwendigen Anzahl von ECTS-Punkten erforderlichen Veranstaltungen auswählen. Empfohlen wird die Belegung von etwa acht Lehrveranstaltungen in Hannover, darunter ein Seminar. Für eine praxisrelevante Ausbildung bürgt die Einbeziehung von Lehrbeauftragten aus der Industrie und dem Anwaltsbereich. Zusätzlich werden enge Kontakte zu den Kooperationspartnern aus der Praxis gepflegt, die insbesondere in regelmäßig durchgeführten Praktikervorträgen und IT-Rechtsforen zum Tragen kommen.

1.4 Web-basierte Lehre im Ergänzungsstudiengang

Am Institut für Rechtsinformatik beschäftigen sich mehrere Forschungsprojekte mit juristischen Lehr-/Lernsystemen bzw. multimedialen Informationssystemen. Diese Aktivitäten wurden unter dem Dach des Projektes „Intelligente Lehr- und Lernsystem in der juristischen Ausbildung" (ILLJA) zusammengefasst.[19] Im Folgenden sollen die

---

[17] Siehe § 5 Zulassungsordnung.
[18] Vgl. Entgeltregelung für den Ergänzungsstudiengang Rechtsinformatik, Verkündigungsblatt der Universität Hannover vom 5.7.2000, S. 41.
[19] Vgl. auch Funkat (2001). Aktuelle Informationen zum Projekt sind unter http://www.iri.uni-hannover.de/forschung/illja.php verfügbar.

Randbedingungen für den einer Einsatz virtueller Lehr-/ und Lernumgebungen im Rahmen des Ergänzungsstudiengangs Rechtsinformatik beschrieben werden.

2. Zielgruppe

2.1 Die Studierenden

Von den bisher in Hannover zugelassenen EULISP-Studierenden waren zwei Drittel männlichen und ein Drittel weiblichen Geschlechts. Etwa die Hälfte der Studierenden hatte zum Zeitpunkt des Ergänzungsstudiums das zweite Staatsexamen abgelegt. Mehrere Teilnehmerinnen und Teilnehmer waren bereits promoviert. Mehr als ein Drittel der Studierenden hatten im ersten Staatsexamen über 9 Punkte erreicht. Bisher gab es neun Studienabbrecher. Vielfach lagen die Gründe hierfür in einem attraktiven Arbeitsplatzangebot. Unzufriedenheit mit dem Studienangebot wurde von keinem der Abbrecher als Grund angegeben.[20] Die Mehrzahl der Studierenden beginnt das Ergänzungsstudium direkt nach dem ersten oder zweiten Staatsexamen. Studierende mit langjähriger Berufserfahrung sind die Ausnahme. Der Altersdurchschnitt der Studierenden zu Studienbeginn liegt bei 28,1 Jahren.

2.2 Computerausstattung und EDV-Kenntnisse

Für den Studiengang steht den Lehrenden und Studierenden ein mit moderner Präsentationstechnik (Beamer, PC) ausgestatteter Vorlesungsraum zur Verfügung. An drei PC Arbeitsplätzen direkt im Raum ist es den Studierenden möglich, in den Vorlesungspausen im Internet zu recherchieren, Lehrmaterialien anzusehen und zu drucken oder in Gruppenarbeit gemeinsam Aufgaben zu lösen. Weitere Internetanschlüsse für Laptops der Studierenden sind vorhanden. Neben dem Vorlesungsraum befindet sich ein mit 24 Computerarbeitsplätzen und einem Multimediaarbeitsplatz ausgestattetes EDV-Labor, in welchem die Studierenden arbeiten können und in dem ebenfalls Lehrveranstaltungen durchgeführt werden. Die gesamte Außenanlage des Campus am Königsworther Platz liegt im Bereich des WLAN-Zugangs der Universität Hannover.

Die Verfügbarkeit von heimischen Computerarbeitsplätzen, die Arbeitsgewohnheiten der EULISP-Studierenden am Computer sowie deren vorhandene IT-Kenntnisse und die Erfahrungen im Umgang mit E-Learning wurden im SS 2000, im WS 2001/2002 und im SS 2003 im Rahmen einer Untersuchung erhoben. Die Fragen wurden von ins-

---

[20] Detaillierte Informationen zum Ergänzungsstudium sowie Zahlenmaterial zu den einzelnen Durchgängen werden im jährlichen Bericht über den Ergänzungsstudiengang Rechtsinformatik veröffentlicht. Dieser erscheint in der Schriftenreihe „Wissenschaft und Praxis" des Instituts für Rechtsinformatik.

gesamt 42 Studierenden beantwortet, darunter waren 27 Männer und 15 Frauen. Das Durchschnittsalter der Teilnehmer lag bei 27,9 Jahren. Diese Gesamtheit reflektiert sowohl das Geschlechterverhältnis als auch das Durchschnittsalter der EULISP Teilnehmer sehr gut.

Die Studierenden gaben an, pro Tag durchschnittlich 106 Minuten am Computer zu verbringen. Ihre Email fragen sie im Schnitt 1-2 mal pro Tag ab. Bei diesen Zahlen gibt es eine eindeutig zunehmende Tendenz. Waren es im SS 2000 im Mittel nur etwa 87 Minuten, die die Studierenden täglich am Computer verbrachten, waren es im SS 2003 bereits 148 Minuten. Im SS 2000 wurde die Email im Schnitt 1,4 mal täglich abgefragt, im SS 2003 waren es 2,6 mal täglich. 80% der Studierenden haben einen eigenen Computer zu Hause, 17% benutzen ein Notebook. Als Betriebssystem wird vorrangig Windows 95/98/NT/2000/XP benutzt. Zwei Studierende gaben an, dass sie mit LINUX arbeiten würden. Nur ein Studierender besitzt einen Macintosh-PC. Die meisten Studierenden nutzen die Angebote des EDV-Labors sowie die Rechner im Vorlesungsraum, insbesondere auch wegen des dort angebotenen kostenlosen Internetzugangs. Als Hauptzweck der Benutzung von Computern gaben 93% der Studierenden Textverarbeitung, 69% das Schreiben von Emails, 43% privates Surfen und 36% das Auffinden von Fachinformationen im WWW an. Ihren Wissensstand schätzen die Studierenden im Umgang mit dem Windows-Betriebssystem, mit der Textverarbeitung, mit Email-Programmen und dem Surfen im WWW als durchschnittlich bis gut ein. Keine bis geringe Kenntnisse und dementsprechend auch keine Erfahrungen bestehen bei der Nutzung von Newsforen und bei der Teilnahme an Chats, Mailinglisten oder Computerkonferenzen im Internet. Die Mehrheit der Studierenden hat noch niemals oder nur selten Lernprogramme oder Computerspiele benutzt. Auch mit der Erstellung von Webseiten und mit Programmierung liegen kaum Erfahrungen vor. Nur eine Studentin hatte im Rahmen einer Zusatzausbildung bereits Erfahrungen mit Lehrveranstaltungen gemacht, die durch ein umfangreiches Webangebot unterstützt wurden.

2.3 Motivation

In der oben genannten Befragung gaben 98% der befragten Studierenden an, dass sie sich eine Ergänzung der traditionellen Lehre durch interaktive Medien gut vorstellen könnten. 55 % der Studierenden sagte aus, sich nicht vorstellen zu können, sich ein Fach ausschließlich über interaktive Medien zu erarbeiten. 88% der Studierenden gaben an, nachdem ihnen das Konzept des „EULISP Virtual Classrooms" vorgestellt worden war, zu einer aktiven Mitarbeit in diesem bereit zu sein.
Die Studierenden wurden zusätzlich gebeten, ihre Bewertung zu einem Vergleich

computerunterstützten Lernens mit traditionellen Methoden abzugeben. Eine Übersicht der Ergebnisse ist in der folgenden Tabelle dargestellt. Die Zahlen geben die Anzahl der Antworten im entsprechenden Feld an. Nicht alle der insgesamt 42 Befragten äußerten sich zu diesem Thema.

Wie sehen Sie das computerunterstützte Lernen im Vergleich zu dem Studieren mit ausschließlich traditionellen Methoden?

Die Integration von „Virtual Classrooms" in die traditionelle Lehre.....						
unterstützt gründliches Studieren.	15	10	13	0	0	führt zu oberflächlichem Studieren.
erschwert es, Zusammenhänge zwischen verschiedenen Bereichen zu erkennen.	0	1	14	12	12	erleichtert das Erkennen von Zusammenhängen.
unterstützt kreatives Denken.	6	11	20	2	0	verhindert kreatives Denken.
bietet geringere Freiheit und einen geringeren Grad an Selbstbestimmung.	2	1	9	10	17	bietet größere Freiheit und einen höheren Grad an Selbstbestimmung.
wird traditionelle Formen der Lehre wie Vorlesungen bald überflüssig machen.	1	2	6	8	23	kann traditionelle Formen der Lehre ergänzen, aber niemals ersetzen.
erleichtert den Zugang zu Lehrmaterialien wesentlich.	23	14	3	0	0	bietet keinerlei Vorteile gegenüber den traditionellen Methoden (Bibliothek etc.).
unterstützt es, Lehrveranstaltungen gezielter vor- und nachzubereiten.	23	12	3	2	0	hält von der Vor- und Nachbereitung von Lehrveranstaltung ab.

Tabelle 1: Umfrage zum computerunterstützten Lernen

Einigkeit herrscht bei den Befragten in dem Punkt, dass durch computerunterstützte Lehre der Zugang zu Lehrmaterialien erleichtert wird (88%). 83% der Teilnehmer gaben an, dass Lehrveranstaltungen so gezielter vor- und nachzubereiten sind. Bei der Frage, ob computerunterstütztes Lernen das Erkennen von Zusammenhängen erleichtert äußerten sich 33% ambivalent und nur 57% zustimmend. 38 % der Befragten konnten nicht erkennen, ob computerunterstütztes Lernen Einfluss auf das kreative Denken hat. Hier äußerten sich nur 40% der Befragten positiv.

Ebenfalls erfragt wurde die Meinung der Teilnehmer über computerunterstützte Kommunikation.

Wie schätzen Sie den Einfluss computergestützter Kommunikation auf das Lernen ein?

Die Benutzung von Computern für die Kommunikation (Email, Computerkonferenzen, Newsgroups, Chat....).....

hat einen positiven Effekt auf das Studium.	20	9	11	1	0	hat einen negativen Effekt auf das Studium.
unterstützt fachliche Diskussionen.	16	14	9	0	0	verhindert fachliche Diskussionen.
nimmt mehr Zeit in Anspruch.	7	11	10	5	8	nimmt weniger Zeit in Anspruch.
ist oft mit technischen Problemen verbunden.	5	4	15	10	7	ist selten mit technischen Problemen verbunden.
fördert das kreative Denken.	5	9	24	2	0	verhindert kreatives Denken.
macht es schwer, aktiv an Diskussionen teilzunehmen.	1	4	13	12	10	unterstützt die aktive Teilnahme an Diskussionen.
vereinfacht die Kooperation mit anderen.	25	11	5	2	0	verhindert Kooperation mit anderen.
ist ein nützliches Mittel zur organisatorischen Begleitung von Lehrveranstaltungen und besser geeignet als Aushänge und herkömmliche Schwarze Bretter.	28	8	5	0	0	kann aktuelle Informationen nicht so wirkungsvoll verbreiten, wie es mit traditionellen Aushängen der Fall ist.
macht die face-to-face Kommunikation zwischen Studierendem und Dozent (z.B. Sprechstunde) überflüssig.	0	0	4	13	22	kann die face-to-face Kommunikation mit dem Dozenten niemals ersetzen.

Tabelle 2: Umfrage zur computerunterstützten Kommunikation

Auch bei diesem Teil der Umfrage streuen die Ergebnisse sehr. Das häufige Ausweichen auf die mittlere Antwortmöglichkeit, d.h. also, die Unfähigkeit, sich zu positionieren, lässt sich dadurch erklären, dass die Studierenden bisher über keinerlei Erfahrungen mit interaktiver computerbasierter Lehre und außer der asynchronen Kommunikation per Email ebenfalls kaum über Erfahrungen mit computergestützter Kommunikation (Diskussionen in Newsforen, Chats) verfügen. Grundsätzlich kann man bei der im Ergänzungsstudium Rechtsinformatik immatrikulierten Studierendengruppe gegenüber der Gesamtheit der Studierenden im Grundstudium von einer allgemein erhöhten Motivation und Leistungsbereitschaft ausgehen. Die Studierenden haben bereits mindestens das erste Staatsexamen mit gutem Erfolg abgeschlossen und das einjährige Zusatzstudium als eine Chance zur Erhöhung ihrer Attraktivität auf dem Arbeitsmarkt gewählt. Auch aus diesem Grund ist zu erwarten, dass sich die allgemein hohe Motivation auch auf die Bereitschaft der Studierenden niederschlägt, den Umgang mit neuen Lernformen zu erproben.

Die internationale Kooperation und der Auslandsaufenthalt der Studierenden, während dessen auch die Abschlussarbeit erstellt werden muss, machen eine web-basierte Unterstützung sowohl organisatorischer als auch inhaltlicher Aspekte des Studiengangs unabdingbar. Nur so kann die Vielzahl der organisatorischen Problemstellungen zufrieden stellend gelöst werden. Das Web bietet hier sowohl den Organisatoren als auch den Dozenten (oft in Personalunion) ein Medium zur erheblichen Erleichterung ihrer Arbeitsaufgaben an. Durch die konsequente web-basierte Umsetzung vieler organisatorischer Abläufe des Studiengangs sind die Studierenden gezwungen, sich mit diesem Medium auseinanderzusetzen und es in ihr tägliches Studium zu integrieren. Neben der Motivation der Studierenden zur Beschäftigung mit den interaktiven Angeboten ist somit auch ein faktischer Zwang gegeben.

3. Der EULISP Virtual Classroom (EULISP-VC)

3.1 Projektphase 1: Organisatorische Unterstützung des Studiums

Der Aufbau eines „virtuellen Klassenraumes" für das EULISP-Projekt (EULISP-VC) erfolgt in zwei Stufen. In einer ersten Phase wurde eine datenbankgestützte Weboberfläche konzipiert, die den gesamten organisatorischen Ablauf des Studiums unterstützt. Als Ergebnis einer Untersuchung vorhandener Tools, die zum Teil auch als Freeware zur Verfügung stehen, wurde entschieden, die notwendigen Werkzeuge selber zu programmieren. Keines der verfügbaren Softwarewerkzeuge entsprach den Bedürfnissen der Arbeitsgruppe und konnte für den Sonderfall eines postgradualen Studiums mit einer kleinen Gruppe an Studierenden ohne größeren Aufwand angepasst werden.

Die seit zwei Jahren implementierte Version des EULISP-VC ermöglicht es Bewerbern des Studiengangs ihre Bewerbung in einem Online-Bewerbungsformular einzugeben. Die Daten werden automatisch in die EULISP - Datenbank übernommen. Die im Studiengang immatrikulierten Studierenden bekommen alle einen passwortgeschützten Zugang zum EULISP-VC. Mit Hilfe dieses Zugangs sind sie in der Lage, ihre persönlichen Daten zu administrieren, z.B. Adressänderungen einzutragen, und genau zu definieren, welche Benutzergruppe (Studierende des eigenen oder auch anderer Jahrgänge, Dozenten, Partner) Zugang zu diesen Informationen bekommen darf.

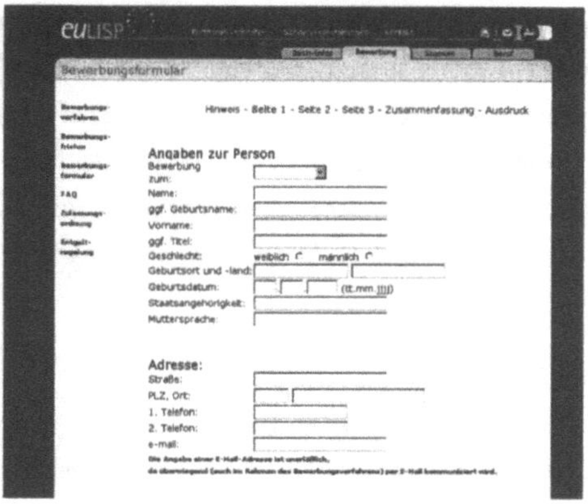

Abbildung 1: Online-Bewerbungsformular von EULISP

Mit Hilfe einer Suchmaske ist es möglich, Kontakt zu anderen Studierenden aufzunehmen und diese nach bestimmten Kriterien (z.B. dem Ort ihres Auslandsaufenthaltes, Interessenschwerpunkten oder dem Heimatort) zu sortieren (siehe Abbildung 2). Insbesondere die Kontaktaufnahme mit Studierenden älterer Semester, die bereits ihr Auslandssemester an der gleichen Universität absolviert haben, ist für die Studienanfänger wichtig, um Informationen über Unterbringungsmöglichkeiten, das Lehrangebot vor Ort, Ansprechpartner oder ähnliches erfahren zu können.

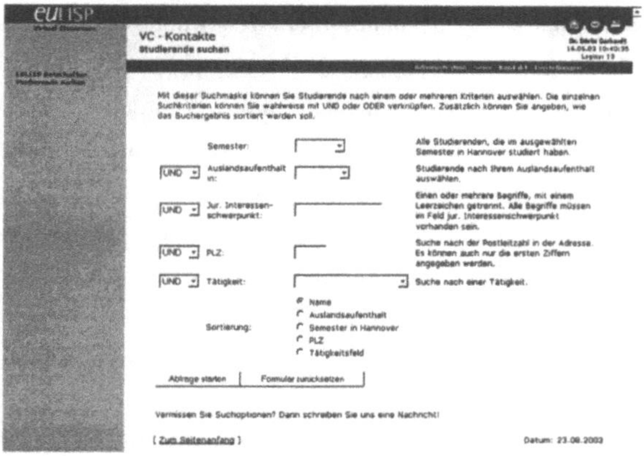

Abbildung 2: Kontaktsuche im EULISP-VC

Die Daten werden verschlüsselt über das Internet übertragen. Dabei kommt SSL 128 Bit Verschlüsselung zum Einsatz. Eine Umfrage unter den Studierenden des SS 2003 ergab[21], dass die Suchfunktion zur Kontaktaufnahme mit Studierenden des gleichen Semesters oder denen, die am gleichen Ort ihren Auslandsaufenthalt hatten, häufig nachgefragt wird. Alle Studierenden informieren sich im EULISP-VC über ihre Klausurnoten. Nur ein Student gab an, die Funktion zur Aktualisierung der personenbezogenen Daten nicht zu nutzen. Die Benutzeroberfläche wurde von den Studierenden auf einer Skala von 1 bis 4 mit der Note 1,6 bewertet und die Benutzerfreundlichkeit des Systems mit der Note 1,5.

3.2 Projektphase 2: Integration von Lernmaterialien

Vorlesungsbegleitend werden von den Dozenten des Ergänzungsstudiengangs in unterschiedlichem Umfang Materialien, Skripte, Linksammlungen, Literaturübersichten und Kommunikationsforen im Internet angeboten. Dieses Angebot wurde bisher von jedem Dozenten selbst entwickelt und gepflegt. Die Angebote sind nicht vereinheitlicht, es gibt keine übergreifende Struktur und News- bzw. Downloadmöglichkeiten. Möchte sich ein Studierender z.B. alle neuen Materialien der von ihm belegten Fächer herunterladen und ausdrucken, so muss er die Webseiten jedes Faches anwählen und nach neuen Materialien suchen, die er dann auswählen kann - eine Vorgehensweise, die zeitraubend ist und nicht den Möglichkeiten des Mediums Internet Rechnung trägt. Aus diesem Grund wurde basierend auf der Untersuchung der Besonderheiten des juristischen Lernens sowie der Auswertung existierender juristischer Lehr- und Lernsysteme für die zweite Projektphase ein vorlesungsbegleitender Online-Lehr- und Lernraum konzipiert. Die Implementierung des Lehr- und Lernraumes erfolgt ergänzend zu den Präsenzveranstaltungen des Ergänzungsstudiengangs Rechtsinformatik und wird fester Bestandteil des Studiums sein. Komponenten dieses virtuellen Lehr-/Lernraumes sind neben einem Informationsbereich (organisatorische Informationen zum Studium und zu den einzelnen Lehrveranstaltungen) die Lehr/-Lernmaterialien und -sequenzen sowie Kommunikationsräume und virtuelle Arbeitsgruppen. Jeder Dozent kann über eine Web-basierte Oberfläche selbst entscheiden, welche Komponenten er in seine Lehrveranstaltung integriert. Loggt sich ein Studierender in den VC ein, erhält er eine Übersicht über die seit seinem letzten Login neu eingestellten Materialien für alle belegten Kurse.

Wählt der Studierende direkt die Startseite eines Kurses an, werden ihm alle News seit seinem letzten Login angezeigt und ihm die Materialien zum aktuellen Vorlesungs-

---

[21] Der Rücklauf der Umfrage unter den 18 Studierenden des Sommersemesters war mit 11 Antworten leider gering ausgefallen.

thema angeboten. Selbstverständlich kann er zwischen den einzelnen Themen blättern oder sofort zu einem anderen Kurs wechseln.

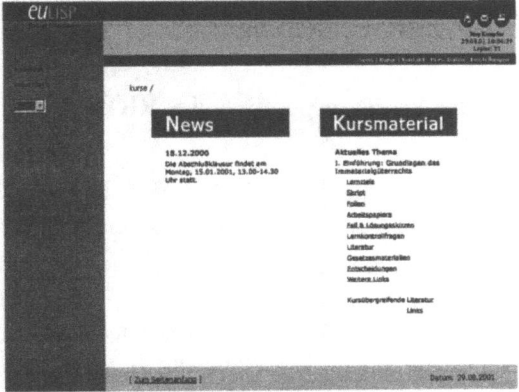

Abbildung 3: Startseite für einen Kurs

Abbildung 4 zeigt ein Beispiel für ein in den VC integriertes Vorlesungsskript.

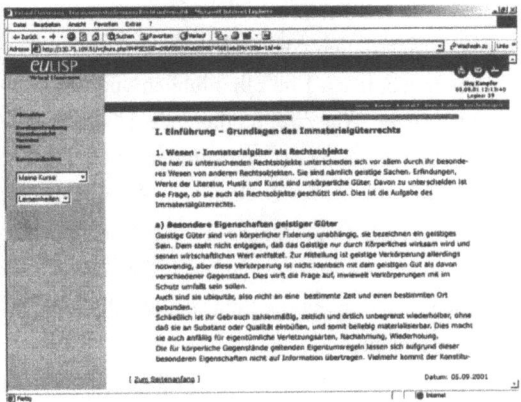

Abbildung 4: Beispielseite für ein Lehrveranstaltungsskript

Auch für die Umsetzung dieser Projektphase galt es, eine kosten- und aufwandsoptimierte Lösung zu schaffen, die an die Besonderheiten der Lehre im juristischen Fachgebiet angepasst ist. Im Rahmen des ILLJA-Projektes sowie des Projektes RION (Rechtsinformatik Online), an dem das Institut für Rechtsinformatik als so genannter Content-Provider beteiligt ist, erfolgten Recherchen der vorhandenen Werkzeuge zur Implementierung von Lernumgebungen. Für den Bedarf von EULISP erwies sich keines der vorhandenen Programme als geeignet, so dass sich auch hier für die Implementierung einer eigenen Umgebung unter Verwendung einer SQL-Datenbank entschieden wurde. Ein erster Test dieser Lernumgebung wird für das Wintersemester 2003/2004 erwartet.

4. Ausblick und Einbeziehung der Projektergebnisse des RION-Projektes

Die Studierenden des Ergänzungsstudiengangs Rechtsinformatik wurden im SS 2003 befragt, in welchem Rahmen sie die im Internet angebotenen Materialien zu den Lehrveranstaltungen nutzen.[22] 74% der Befragten gab an, dass sie in der Regel vor einer Lehrveranstaltung die Webseiten auf neue Materialien checken. Diese Materialien werden zwar von allen Studierenden herunter geladen und ausgedruckt, aber nie (45%) oder nur hin und wieder (55%) auch in Vorbereitung der Lehrveranstaltung durchgearbeitet. Nur ein Student liest die angebotenen Materialien meistens auch am Bildschirm, 55% der Studierenden tun dies nie, der Rest nur hin und wieder. Eine Nachbereitung der Lehrveranstaltung mit Hilfe der ausgedruckten Materialien findet bei 45% der Befragten regelmäßig, bei 36% meistens und bei den restlichen Studierenden nur hin und wieder statt. Dagegen werden die Materialien von allen Studierenden zur Vorbereitung auf die Prüfung genutzt. Den angebotenen Linksammlungen und Literaturübersichten wird weitaus seltener nachgegangen. Nur zwei Studierende gaben an, meistens auch die Sekundärliteratur zu recherchieren, 55 % der Befragten liest hin und wieder nach, der Rest nie. Linklisten wird von 55 % der Studierenden nur hin und wieder oder gar nicht nachgegangen. Die in der Projektphase 2 vorgesehenen Neuerungen des VC wurden von den Studierenden positiv begrüßt und insbesondere auch die einheitliche Form der Information über neu eingestellte Lehrinhalte und die Schaffung von kursbezogenen Mailinglisten angemahnt.

Die Zahlen zeigen, dass trotz der bei den Studierenden vorhandenen hohen Motivation eine Benutzung der Lehrmaterialien auch zur Kursvorbereitung nicht durchgängig zu erreichen sein wird. Sie belegen aber auch die Wichtigkeit, die ein vorlesungsbegleitendes Online-Angebot an Lehrmaterialien insbesondere in der Vorbereitung auf die Prüfungen hat.

Wie bereits erwähnt, ist das Institut für Rechtsinformatik am BMBF-Verbundprojekt „RION: Rechtsinformatik Online" (BMBF-Ideenwettbewerb Neue Medien in der Bil-

---

[22] Auch hier gab es leider nur einen Rücklauf von 11 Fragebögen von den insgesamt 18 Studierenden des Sommersemesters.

dung) als Content-Provider für das Juristische Informationssystem Rechtsinformatik (JIRI) beteiligt. Aufgabe innerhalb des RION-Projektes war die Entwicklung von interaktiven Lernmaterialien für das Studium des Datenschutzrechts. Die für das JIRI geschaffenen Lehrmaterialien werden allen Projektpartnern zur Verfügung stehen und könnten von den Dozenten des Ergänzungsstudiengangs als eine Bereicherung für ihre Lehre im Rahmen zusätzlicher Lehrmaterialien im EULISP-VC angeboten werden.

Entwicklung der Lernplattform und des Juristischen Informationssystems im Projekt „RION – Rechtsinformatik Online"

Roman Mülchen

1. Der Standort Oldenburg

Der vorliegende Abschlussbericht des Standortes Oldenburg für den Bereich Technik vermittelt dem Leser einen Einblick in die vielfältigen technischen Aufgabenstellungen, die sich während eines E-Learning Projektes stellen. Angefangen von den Entscheidungen für die Wahl einer geeigneten Lernplattform, über die Komplikationen bei der Inbetriebnahme und Konfiguration dieser Systeme bis zu der Unterstützung während des eigentlichen Einsatzzweckes der Contenterstellung. Der Bericht zeigt anhand eines konkreten Szenarios die Probleme auf, die beim Einsatz einer Lernplattform auf die Betreiber zukommen. Der Bericht beschreibt den chronologischen Ablauf innerhalb des Projekts „Rechtsinformatik Online" (RION).

Dem Leser wird dabei ein grober Einblick in die vielen Abhängigkeiten von konkreten Entscheidungen gegeben. Zahlreiche Lösungen an realen Beispielen werden vorgestellt und kritisch betrachtet. Probleme bei der Arbeit und „Zeitfresser" werden angesprochen und aufgezeigt. Damit werden nicht nur Lösungen aufgezeigt, sondern auch Entscheidungen, die in eine Sackgasse geführt haben. Diese Probleme treten in jedem Projekt auf, werden aber leider am Ende nicht dokumentiert, was dazu führt, dass auch andere Projekte ähnliche Fehlschläge hinnehmen müssen.

In den folgenden Abschnitten wird die tatsächlich durchgeführte technische Arbeit im Projekt RION dokumentiert. Es wird allerdings kein allgemeingültiger und wiederverwendbarer Leitfaden für eine zukünftige Projektabwicklung zur Verfügung gestellt. Abb. 1 zeigt schematisch den zeitlichen Einordnung der im folgenden beschriebenen technischen Komponenten innerhalb des Projekts. Der Bericht beschreibt zuerst die Wahl der E-Learning Plattform und deren Einsatz innerhalb des Projekts. Dabei wird vor allem auf die Kriterien zur Auswahl und auf die technischen Schwierigkeiten zwischen Hard- und Software eingegangen.

Im zweiten Teil des vorliegenden Berichts wird die Entwicklung des Juristischen Informationssystems RechtsInformatik (JIRI) dargelegt und erläutert.

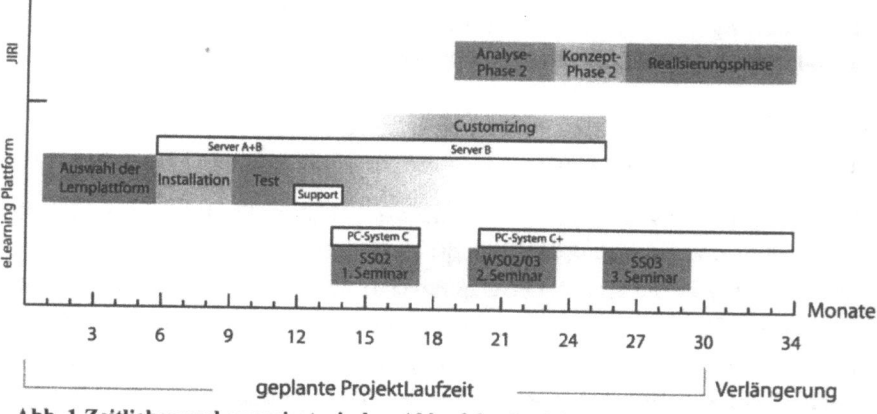

Abb. 1 Zeitlicher und organisatorischer Ablauf des Projekts

2. Einsatz einer Lernplattform

Zu Beginn des Projekts im Frühjahr 2001 war die öffentliche Diskussion um die „richtige" bezogen auf den Einsatzzweck geeignete Lernplattform noch in den Anfängen. Heutzutage gibt es diverse Institute und Forschungseinrichtungen, die zahlreiche Seiten in Tagungs-Publikationen und Büchern mit Evaluationen über unterschiedliche Lernplattformen veröffentlicht haben. Selbst eine umfassende Evaluation anzufertigen, hätte sicher den zeitlichen Rahmen in diesem Projekt deutlich überschritten. Unter Zuhilfenahme der mittlerweile publizierten Evaluationen hätten sich bestimmt andere Ergebnisse bei der Wahl der Lernplattform ergeben. Bedauerlicherweise lagen diese Forschungsergebnisse nicht rechtzeitig und noch nicht mit dem heute gewohnten Detaillierungsgrad vor, und eine einfachere Form der Auswahlentscheidung musste für das Projekt gewählt werden. Zudem blieb für die Evaluation nur sehr wenig Zeit, da auch die nötige Hardware zum Betrieb der Lernplattform noch vor dem Einsatz angeschafft werden musste.

2.1 Zeitliche und organisatorische Rahmenbedingungen für den Einsatz

Die drei durchgeführten Online-Seminare wurde alle etwas unterschiedlich organisiert.[23] Die Studierenden mussten in jedem Seminar andere Arten von Aufgaben bearbeiten. Dabei wurden in jedem Seminar zumindest Teile ihrer Arbeit in die eLS als HTML-Dokumente eingestellt. Die nachfolgenden Abschnitte beschreiben in Kurzform wie die technische Umwandlung der eingereichten Beiträge realisiert wurde.

---

[23] Siehe dazu den Oldenburger Abschlussbericht von Annette Linkhorst in diesem Band.

2.2 Seminar 1 - Sommersemester 2002

Die Studierenden reichen ihre komplett fertigen Seminararbeiten ein. Die elektronisch eingesendeten Dokumente[24] wurden anschließend manuell in HTML-Dokumente umgewandelt und erfahren dabei gleichzeitig eine Aufbereitung. Die fertigen HTML-Seiten werden daraufhin in der eLS zur Verfügung gestellt. Dort können sie sodann von den Benutzern der eLS annotiert werden. Eine Diskussion im Forum ist auch möglich.

2.3 Seminar 2 - Wintersemester 2002/2003

Ein Plot mit den unterschiedlichen Fragestellungen wird am Anfang des Seminars in die eLS als HTML-Dokument eingestellt. Jeweils eine Thema mit eventuell mehreren Fragestellungen wird auf einer Seite abgebildet und teilweise mit einem kleinen Flash-Comic animiert. Die Studierenden reichen ihre fertigen Seminararbeiten zu vordefinierten Terminen ab. Innerhalb einer Woche technischer Bearbeitung wird die Arbeit in ein XML-Dokument konvertiert. Die Fußnoten werden als anklickbare Popups realisiert. Innerhalb einer zweiwöchigen Diskussion über die Arbeit können sämtliche Funktionen der E-Learning-Suite genutzt werden.

2.4 Seminar 3 - Sommersemester 2003

Den Studierenden wird am Anfang des Seminars Selbstlernmaterial innerhalb der eLS zur Verfügung gestellt. Dieses Selbstlernmaterial ist anhand der bestehenden Fachkapitel erstellt worden. Eine vorherige Konvertierung in XML hat stattgefunden. Die Seminarteilnehmer reichen nunmehr „nur" ihre Thesen zu ihrer Aufgabe ein. Diese Thesen werden wiederum in HTML-Dokumente konvertiert und innerhalb der eLS diskutiert. Am Ende des Seminars reichen die Teilnehmer eine schriftliche Ausarbeitung als bewertbare Einzelleistung bei ihrem jeweiligen TutorIn ein.

3. Auswahl einer Lernplattform

Durch eine umfangreiche Recherche im World Wide Web[25] ist ein Katalog (vgl. Nienaber und Gorny 2001: 9) mit den wesentlichen Anbietern von Lernplattformen hervorgebracht worden. Im speziellen wurden die folgenden Plattformen näher betrachtet:
- COMMSY
- Camino

---

[24] Meistens wurden die Seminararbeiten im Microsoft Word Format eingereicht.
[25] Eine aktuelle Liste von Lernplattformen befindet sich auf der Webseite von Peter Baumgartner unter folgender Adresse: http://iol3.uibk.ac.at/virtuallearning/Ergebnisse/.

- Campus Virtuell
- E-Learn
- Hyperwave E-Learning Suite
- ILIAS
- LearnLoop
- Lotus Learning Space
- Skole-IT
- WebCT
- ZOPE

Die Bewertung der Lernplattformen erfolgte dann an festgelegten und für das Projekt entscheidenden Kriterien (vgl. Nienaber und Gorny 2001: 2-8). Die folgende Übersicht zeigt eine Auswahl der wichtigsten Punkte:

Technische Anforderungen:
- Webbasierte Lernplattform
- Lerner bedient System durch WebBrowser
- Systemunabhängigkeit für den Lerner
- Anpassung an Corporate Identity
- Archivierung auf CD
- Erweiterbarkeit der Funktionalität
- Deutsche Sprachversion

Interaktive und kommunikative Anforderungen:
- Asynchrone Kommunikation (eMail, Diskussionsforum)
- Synchrone Kommunikation (Chat, virtuelle Sprechstunden)
- Ankündigungen, Schwarzes Brett

Kooperative Anforderungen:
- Arbeitsgruppen
- Direktes Arbeiten an Dokumenten
- Dateiaustausch

Lern-Management Anforderungen:
- Unterschiedliche Rollen (LernerIn, TutorIn, TrainerIn, AdministratorIn)
- Statistiken (Tracing und Tracking)
- Lebenslauf für BenutzerInnen

Wirtschaftliche Anforderungen:
- möglichst geringe Kosten
- Lizenz nicht Benutzerabhängig
- Einmalige Lizenzkosten (Nachhaltigkeit)
- Technischer Support inklusive

3.1 Entscheidungsgründe

Durch den zeitnahen Einsatz im Projekt schieden die Systeme, die erst ins Deutsche übersetzt werden mussten (Skole-IT, LearnLoop), praktisch aus. Gleichzeitig waren wesentliche Ergänzungen der Funktionalität (COMMSY, Campus Virtuell, E-Learn, LearnLoop) nicht realisierbar. Durch einen zu hohen Administrations- und Personalaufwand während als auch nach der Projektzeit wurde seitens der Abteilung Rechner- und Netzbetrieb des Department für Informatik dringend vom Einsatz des Lotus Notes respektive Lotus Learning Space abgeraten.

Somit kamen für die finale Entscheidung noch Camino, Hyperwave E-Learning Suite und ILIAS in die engere Wahl. Von diesen drei Plattformen besitzt nur die E-Learning Suite ein ausgereiftes Annotationstool sowie ein praktisches Kurserstellungs- und Verwaltungstool, das für den Einsatz bei RION erforderlich ist. Die graphische Anpassung der Oberfläche von Hyperwave sollte mittels der Beschreibungssprache PLACE problemlos möglich sein(Nienaber und Gorny 2001: 10).

Die Hyperwave E-Learning Suite (ehemals GENTLE-WBT[26]) ist eine Lernplattform, die den Fokus speziell auf die Verbindung von zeit- und ortsunabhängigem Lernen unter Berücksichtigung von kooperativen Lernen und Arbeiten legt. Das kommerzialisierte Produkt basiert auf dem Hyperwave Information Server. Die E-Learning Suite als auch der Information Server werden kostenlos über das HAUP - Hyperwave Academic User Program[27] an Interessenten aus dem Bildungsbereich abgegeben. An den folgenden Aspekten wird deutlich, wie die E-Learning Suite den erstellten Anforderungen nachkommt.

---

[26] GENTLE: http://wbt-2.iicm.edu.
[27] Vgl. http://www.haup.org.

3.2 Technische Aspekte

Die E-Learning Suite ist eine webbasierte Lernplattform, die vollständig durch einen Webbrowser bedienbar ist. Die Anpassung an das Corporate Identity wird unterstützt. Ein mitgelieferter CD-Publisher ermöglicht die Inhalte der Kurse samt ihrer Notizen „offline" zu betrachten. Leider ist dieser Publisher nur für die zu erst eingesetzte Version 1.2 verfügbar. Selbst eine Anpassung der Funktionalität ist durchführbar.

3.3 Interaktive und kommunikative Aspekte

Die E-Learning Suite unterstützt alle Teilnehmer mit einer Vielzahl von synchronen und asynchronen Kommunikationsfunktionen. Dazu gehören:

- Info-Board
- Chat
- Diskussionsforum
- eMail

3.4 Kooperative Aspekte

- Aktive Dokumente
  Über die kontextbezogene Frage- und Antwort-Funktion wird der Inhalt durch Beiträge von Trainern und Trainees derart verbessert, dass jedes Dokument mit der Zeit jede mögliche Frage selbst beantwortet.
- Arbeitsgruppen-Unterstützung
  Die Seminarteilnehmer können in Lern-Teams gruppiert werden, die gemeinsam den Kurs bearbeiten und Dokumente miteinander austauschen.
- Notizen
  Persönliche oder öffentliche Notizen lassen sich problemlos an jeden beliebigen E-Learning Inhalt anhängen. Annotationen haben den Vorteil sich am Inhaltspunkt mit anderen auszutauschen, aber auch für sich selbst Anmerkungen wie in einem Buch an geeigneter Stelle zu hinterlassen.

3.5 Lern-Management Aspekte

Ein zentrales Konzept innerhalb der E-Learning Suite ist das der Rollen. Durch das System der Rollen haben der eLS-SystembenutzerInnen die Möglichkeit, für jede BenutzerIn zu entscheiden, ob dieser zur Gruppe der AdministratorInnen, der AutorInnen, den KurstrainerInnen oder zu dem an einem Kurs teilnehmender BenutzerInnen gehören wird. Dabei kann den BenutzerInnen jeweils eine oder auch mehrere Rollen zugewiesen werden. Jede Rolle gibt den betreffenden BenutzerInnen Zugriff auf eine andere Untergruppe von eLS-Funktionen. Die BenutzerInnen entscheiden selbst welchen Untergruppen ihre eigenen Beiträge zugänglich sind und haben zudem die Möglichkeit, „private" Beiträge in Form von Diskussionsbeiträgen oder Annotationen zu erstellen.

3.6 Wirtschaftliche Aspekte

Für Universitäten gab es die Möglichkeit, am „Hyperwave Academic User Program – HAUP" teilzunehmen. Durch die Teilnahme an diesem Programm konnte eine kostenfreie Lizenz[28] für den Lehrbetrieb erworben werden. Der hohe Anschaffungspreis für eine Lernplattform konnte damit umgangen werden. Ein technischer Support wird über das HAUP-Forum sowie über eine eigens eingerichtete Mailing-Liste hergestellt. Der Support kann kostenlos in vollem Umfang in Anspruch genommen werden.

3.6 Fazit

Die Anpassung an das Coporate Identity von RION, die kostenlose Lizenz und die Möglichkeit, einfache HTML-Dokumente in die Lernplattform einzustellen und direkt zu annotieren, waren die Faktoren, denen bei der Entscheidung das meiste Gewicht zugesprochen wurde.

---

[28] Die Lizenzbedingungen haben sich mittlerweile verändert. Vgl. http://www.haup.org und http://www.hyperwave.com.

4. Installation

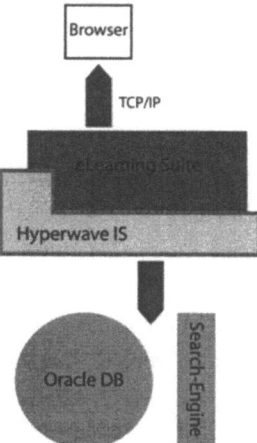

Abb. 2 Schaubild der unterschiedlichen Module

Die Installation einer komplexen Lernplattform gestaltet sich durch die enthaltenen und ineinander greifenden Einzelmodule recht aufwändig. Der Hyperwave Information Server (HIS) mit seinem Zusatzmodul „Hyperwave E-Learning Suite" als Lernplattform, ließ sich durch seine oftmals unzureichende Dokumentation nur unter viel Aufwand und dem Durchspielen diverser Konfigurationen auf einem Unix Betriebssystem installieren. Speziell bei der Installation der hier gewählten Variante, müssen mehrere Komponenten zusammenspielen, damit das Gesamtsystem einsatzbereit wird. Setzt man ein funktionierendes, im Netzwerk eingebundenes Unix Betriebssystem voraus, so besteht die Installation aus drei unterschiedlichen Teilen.

1. Hyperwave Information Server (HIS)
2. Oracle Datenbank
3. E-Learning Suite (eLS)

Viele Handgriffe waren nötig, um überhaupt zu einer einsatzfähigen Lernplattform zu gelangen. Durch die Komplexität des Systems sind automatisierte Installationsroutinen, wie man sie etwas bei der Installation von Standardapplikationen unter Windows gewohnt ist, nur schwer zu realisieren. Die Installation muss also mit vielen Einzelschritten manuell durchgeführt werden. Die richtigen Konfigurationen zum Betreiben der Oracle Datenbank[29] für das Speichern sämtlicher Inhalte und die vielfältigen Möglichkeiten zur Optimierung der Leistung mussten in zahlreichen Tests ausprobiert werden. Die Dokumentation der eLs war oftmals keine große Hilfe, da sie gerade an diesen wichtigen Stellen große Lücken aufwies.

Innerhalb des Standortes Oldenburg, der die Server für die Lernplattform installierte und wartete, wurde in der Informatik seit vielen Jahren gute Erfahrung mit Servern der Firma SUN-Microsystems gemacht. In Kombination mit SUN's eigenem Betriebssystem SUN-Solaris (UNIX) werden in Serverumgebungen hervorragende Ergebnisse erzielt. Der Dokumentation von Hyperwave war leider an keiner Stelle zu entnehmen, dass anscheinend genau diese Kombination von Hard und Software den Herstellern die größten Schwierigkeiten bereitet. Die Hardware konnte nicht der Grund für die ungenügende Performanz und das instabile Ausführungsverhalten der Lernplattform sein, das war durch die bisherigen Erfahrungen auszuschließen. Dennoch wurde das System bei gleichzeitigem Zugriff von nur fünf angemeldeten Teilnehmern regelmäßig instabil.

Die Installation und die nötigen Konfigurationen wurden in umfassenden Tests immer wieder verändert. Die Gründe für die anhaltenden Performanzprobleme und für das instabile Verhalten des Systems konnten jedoch nicht gefunden werden. Zu guter letzt wurde ein Hyperwave Vertragspartner zur Unterstützung engagiert (Support- und Schulungsunternehmen aus Hannover). Doch auch dadurch konnte keine Erfolge erzielt werden. Es wurde allerdings immer ersichtlicher, dass die Installation vollkommen ordnungsgemäß durchgeführt worden war. Der Fehler scheint hier also in einer mangelhaften Implementierung der genutzten Schnittstelle oder der darunterliegenden Systemkomponente zu liegen.

Die beständigen Probleme mit der Serverarchitektur führten zu der Entscheidung, die Installation auf einem handelsüblichen PC-System mit einem Linux Betriebssystem zu erproben. Nach den anfänglichen Schwierigkeiten mit dem Solaris-Server wurde diese Variante parallel erprobt, um den Betrieb der RION-Plattform sicherzustellen und die Projektziele und -termine nicht zu gefährden. Dieses System überzeugte durch ein robusteres Laufzeitverhalten und stellte sich als deutlich stabiler als die Serverinstallationen heraus.

Entsprechend wurden der Lehrbetrieb und die schon weit vorher angekündigte ONLINE-Lehrveranstaltung mit dieser Konfiguration aufgenommen. Die gewonnene Zeit wurde genutzt, um die Konfiguration an der Serverkombination zu verfeinern und zu

---

[29] Eine Campuslizenz lag an der Universität Oldenburg vor und deswegen fiel die Entscheidung zu Gunsten dieser Datenbank.

erweitern, doch auch zwischenzeitliche (Teil-)Erfolge konnten sich in intensiveren Tests nicht bewahrheiten. Immer wieder wurden Testpersonen gebeten, synchron eine Serverlast zu produzieren, um die konkreten Auswirkungen der technischen Änderungen testen zu können. Der gewünschte Erfolg blieb aus, und keine nennenswerten Verbesserungen waren feststellbar. Einige Monate später, nach dem die Entscheidung für den Kauf der Server-Hardware gefallen war, räumte die Hyperwave AG in einem offiziellen Schreiben in ihrer Support-Mailingliste ein, dass die Kombination aus Sun-Servern mit Solaris Betriebssystem und dem HIS eines der problematischsten Systeme zum Betreiben einer einsatzfähigen und vor allem performanten Lernplattform sei.

Im folgenden Semester wurden daraufhin keine weiteren Tests mit den Servern durchgeführt, und die Hardware des PC-Systems wurde erweitert. Mehr Arbeitsspeicher und eine schnellere CPU sollten den immer noch anhaltenden Performanzproblemen bei gemeinsamem Zugriff auf die Plattform entgegenwirken. Die beschleunigte Hardware auf PC-Technik hat diese Probleme erfolgreich behoben und ein Arbeiten mit ca. 50 Seminarteilnehmern war ohne Probleme im Verlauf des Seminars 2 möglich.

4.1 Technische Systeme für den Einsatz

Hardware

Die folgende Tabelle 1 zeigt die unterschiedlichen Rechnersysteme, die während der gesamten Projektlaufzeit eingesetzt worden sind. Die vier unterschiedlichen Hardware Konfigurationen werden in der Tabelle dargestellt. Die beiden Server sind jedoch nie zu einem tatsächlichen Online-Einsatz gekommen.

	Server A kein Einsatz	Backup-Server B Entwicklung	PC-System C SS 2002	PC-System C+ WS 02/03 u. SS 2003
CPU	2x 400 MHz Ultra Sparc II	400 MHz Ultra Sparc II	Athlon 1,2Ghz	Athlon XP1700+
RAM	1536 MB	512 MB	256 MB	1024 MB
HD	3x 18,2 GB SCSI	18,2 GB SCSI	45 GB IDE	45 GB IDE
Typ	Sun Ultra Enterprise 250	Sun Ultra	PC-System	PC-System

Tabelle 1 Eingesetzte Hardware

Software

Nachfolgend werden die unterschiedlichen Software Konfigurationen der eingesetzten Hardwaresysteme in Tabelle 2 dargestellt. Die beiden Server sind dabei zusammengefasst, da sie gleichermaßen eingerichtet worden sind.

	Server A+B	PC-System C	PC-System C+
OS	Solaris 8	Redhat Linux 7.1	Redhat Linux 7.3
Hyperwave	IS/5.5 – IS/6 SP2	IS/5.5 SP4	IS/6 SP2
eLS	1.2 + 1.3	1.2	1.3
Datenbank	Oracle Enterprise 8.1.7	native	Oracle 8

Tabelle 2 Eingesetzte Software

4.2 Inbetriebnahme und Administration

Die Administration der eLS konnte vollständig über eine Weboberfläche durchgeführt werden. Über die die Einrichtung von Kursen und BenutzerInnen hinaus war damit auch ein Großteil der Systemeinstellungen konfigurierbar. Bei den ersten „Gehversuchen" mit den SUN-Servern war bei einer entsprechenden Anzahl von bereits eingetragenen BenutzerInnen kein adäquates Arbeiten mehr möglich. Die Antwortzeiten des Servers waren viel zu gering. Der Einsatz des PC-Systems brachte hier die gewünschten Geschwindigkeitsvorteile.

Oftmals wäre dennoch ein automatisiertes Anlegen der BenutzerInnen wünschenswert gewesen, um die immer wiederkehrenden Einstellungen bezüglich der Gruppen- und Kurszugehörigkeit zu simplifizieren. Ein solches Skript konnte leider nicht eingesetzt werden, und somit wurde viel Zeit für das Anlegen der einzelnen BenutzerInnen und Kurse verwandt. Eine halb-automatische BenutzerInneneinrichtung der eLS war leider nicht vorgesehen.

Das „Freigeben" von vorher erstellten Kursen - so wie sie im Jargon von Hyperwave bezeichnet werden - [30] für eine bestimmte Teilnehmer-Gruppe, ließ sich nicht befriedigend administrieren. Es kam bedauerlicherweise immer wieder zu Problemen, so dass einzelne Teilnehmer nicht für die entsprechenden „Kurse" angemeldet waren, obwohl eine Anmeldung auf administrativer Ebene stattgefunden hatte. Dieses Problem ließ sich nicht vollständig in den Griff bekommen und sorgte immer wieder für Unverständnis bei den Teilnehmern.

Das Bereitstellen der eigentlichen Kursmaterialien war einigermaßen unproblematisch zu realisieren. Eine gute Strukturierung der Kursmaterialien ermöglichte es zudem, die Inhalte mittels eines Dateimanagers oder ähnlichen Softwarewerkzeuges und sogar über eine Windows-Explorer-Integration in die Datenbank zu transferieren. Der Datenbankinhalt integrierte sich automatisch als zusätzliches logisches Laufwerk in den jeweiligen Dateimanager. Es gab unglücklicherweise keinen Assistenten zum Aufspie-

---

[30] Für die Arbeit im Seminar wurden die „Kurse" in Module umbenannt.

len der Kurse, so dass die vielschichtige Ordnerstruktur der Datenbank geläufig sein musste. Mit ein wenig Übung war diese Aufgabe allerdings sehr leicht zu bewerkstelligen.

4.3 Sicherung und Wartung

Die Dokumentation des Hyperwave Information Servers (HIS) versprach die Möglichkeit zu einer problemlosen Wartung des Systems. Die schon vorher beschriebenen Performanzprobleme potenzierten sich allerdings bei der Sicherung eines kompletten Systems auf den SUN Servern. Durch die Rechnerumstellungen und eine leichte Zeitverzögerung bei der neuen Installation, musste das Seminar 2 im Wintersemester 02/03 die ersten vier Wochen auf dem Server durchgeführt werden. Dadurch war es zwingend notwendig die Daten der BenutzerInnen auf das neue System zu übertragen, um den Systemwechsel für die Seminarteilnehmer so transparent wie möglich zu gestalten und um etwaigen Datenverlust zu vermeiden, der sich eventuell negativ auf die weitere Arbeit im Seminar hätte auswirken könnte. Eine Wartung oder eher ein „backup" des Servers und ein „restore" auf dem PC musste durchgeführt werden.

Ein Backup der BenutzrerInnenrechte, wie es relativ problemlos mit einfachen Werkzeugen auf Kommandozeilenebene innerhalb des HIS möglich war wirkte sich leider nicht wesentlich auf die Einstellungen innerhalb der E-Learning Suite aus. Somit waren die Backup-Möglichkeiten hauptsächlich für den HIS abgestimmt und nicht für die E-Learning Suite. Gerade bei der Sicherung der eLS Einstellungen lag allerdings in unserem Einsatzfeld das Hauptaugenmerk. Viele Tricks und manuelle Eingriffe waren nötig, um dennoch ein erfolgreiches Abbild des bisherigen Serverzustandes zu erstellen.

Solche „Basteleien" werden grundsätzlich nicht bei der Wartung eines Systems erwartet. Demzufolge konnte eine gewisse Unsicherheit seitens der Techniker bis zum Abschluss der Wartungsarbeiten nicht aus dem Weg geräumt werden. Der Umzug von einem Server auf den anderen konnte endgültig durch viele Tests und unter hohem Zeitaufwand durchgeführt werden.

4.4 Ausfallsicherheit

Die endgültig eingesetzte PC-Lösung war nicht mit einer ausreichenden Backuplösung ausgestattet und somit gegen jegliche Hardware- oder Softwaredefekte schutzlos. Die kurze Zeit der Umstellung ließ ein Testen einer funktionierenden Backuplösung unter dem Betriebssystem Linux nicht mehr zu. Die vorher geplante Server Lösung hätte eine Bandsicherung sowie einen komplett lauffähigen Backup Server im Falle eines

Defektes einsetzen können, und der Betrieb der Lernplattform wäre dadurch nicht negativ beeinflusst worden. Im Falle einer tatsächlichen Fehlfunktion hätte es einen enormen Zeitverzug gegeben. Viele der bisherigen Arbeitsergebnisse der Teilnehmer wären dabei verloren gegangen, auch wenn die immer noch bewertbaren Einzelleistungen der Teilnehmer natürlich vorhanden geblieben wären. Glücklicherweise ist kein Defekt aufgetreten, und das Seminar konnte drei Semester ohne technische Schwierigkeiten durchgeführt werden.

5. Erweiterung der Lernplattform

Die Lernplattform entsprach nur in Teilen der geforderten Funktionalität zur Unterstützung der Online-Lehre. Entsprechend musste die Plattform erweitert werden. Diese Erweiterung bezog sich sowohl auf technische Komponenten, die den Funktionsumfang des Angebots verbesserten, als auch auf die Integration der Corporate Identity, um den Studierenden eine leichte Wiedererkennung des Systems und des zugehörigen Projekts zu ermöglichen. Durch das Einbringen der Corporate Identity sollte zudem die Gebrauchstauglichkeit des Systems verbessert werden.

5.1 Anpassung an die Corporate Identity

Das eigens für RION angefertigte Corporate Design sollte sich nicht nur auf den Webseiten, Plakaten, Flyern, etc. wiederfinden, sondern auch der Lernplattform zu Grunde liegen. In enger Zusammenarbeit mit externen Graphik-Designern wurde ein angepasstes RION-eLS-Layout entwickelt. Dieser Designvorschlag wurde zunächst mit Hilfe von Papierprototypen entwickelt und wurde bei der praktischen Implementierung in das System einigen Änderungen unterworfen. Technische Restriktionen bei der Erstellung des Programmcodes führten zu diesen Veränderungen.

Die technische Realisierung der gewünschten Anpassungen brachte viele Probleme mit sich. Sämtliche Änderungen mussten direkt im Programmcode der eLS durchgeführt werden. Die Lernplattform ist auf diese Adaption jedoch nicht eingerichtet und bietet keine geeigneten Schnittstellen, um die Oberfläche den geeigneten Vorstellungen anzupassen.

Die vorhandene technische Realisierung der Lernplattform weist einige gravierende technische Mängel bei der Implementierung auf, die diese Adaption erschweren: Es gibt keine hinreichend strukturelle Trennung von Inhalten, Präsentation und Funktionen auf den Seiten. Änderungen einzelner Komponenten führten dabei zu Seiteneffekten in anderen Teilen des Programmcodes. Die viel verbreite Technik, mit Templates[31] zu arbeiten, wie beispielsweise bei ähnlichen webbasierten Systemen, ist leider bei der Hyperwave E-Learning Suite nicht zum Einsatz gekommen. Diese Problematik vergrößerte sich noch durch ein Update der Lernplattform. Zum großen Ärger der Entwickler sind in dem Versionswechsel von eLS 1.2[32] zu 1.3 grundlegende Änderungen an der Programm-Struktur vorgenommen worden. Die „neuen" Dateien waren zwar wesentlich einfacher und strukturierter zu ändern, aber nicht alle Modifikationen wirkten sich so aus wie gewünscht. Der Programmcode war nicht einheitlich geändert worden. Hyperwave hatte in der eLS Teile erneuert und andere mit der vorhandenen Technik belassen. Diese Verzahnung der beiden Evolutionsstufen und damit unterschiedlichen Möglichkeiten zur Anpassung erschwerte die Arbeiten erheblich. All zu häufig wurde an den falschen Stellen nach der richtigen Lösung gesucht. Oftmals war nur nach vielfachem Testen zu erkennen, welche Änderungen eingetreten sind und an welchen Stellen die Oberfläche dadurch eventuell sogar unbenutzbar wurde.[33]

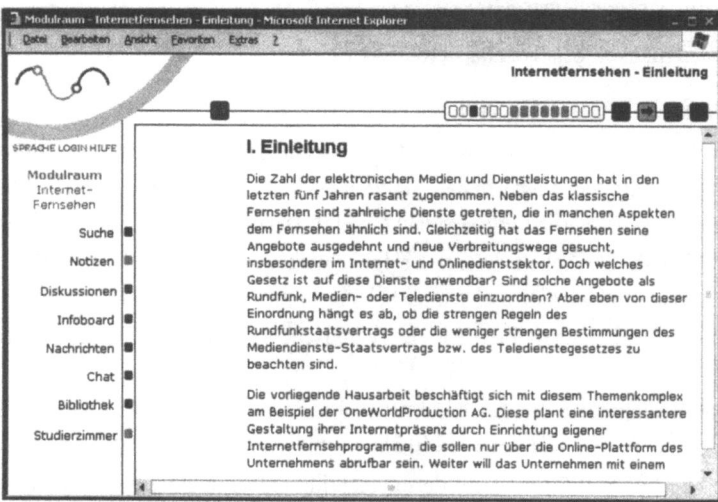

Abb. 3 Graphisch angepasster Modulraum der eLS

Der Erfolg oder Misserfolg der durchgeführten Änderungen wurde im besten Fall durch einfaches Aktualisieren der Browseranzeige ersichtlich. Die meisten Änderun-

---

[31] Eine Vorlage kann graphisch und/oder auch textuell angepasst werden und die gemachten Änderungen wirken sich auf die entsprechenden Teile im Programm aus.
[32] Die Version 1.2 wurde im 1.Seminar eingesetzt und hat nur nominale graphische Änderungen erfahren. Zumeist waren es Änderungen an Textbausteinen oder das Auslassen einiger Funktionen.
[33] Beispielsweise Weiße Schrift auf weißem Grund.

gen konnten jedoch nur durch einen Neustart des gesamten Hyperwave Information Servers dargestellt werden. Der ehemalige Ausfallserver wurde für diese Zwecke als Entwicklungsplattform benutzt. Somit konnten zumindest die Änderungen in einer Unix Umgebung getestet werden.[34] Ein Neustart des gesamten Systems dauerte ca. 90-120 Sekunden, und die Arbeiten an der Anpassung wurden dabei erheblich verzögert. Hätte man diesen erheblichen Zeitverlust im vorhinein abschätzen können, so wäre eine Testumgebung zum Anpassen des Layouts auf einem Windows Betriebssystem hier von Vorteil gewesen. Für das Aufsetzen eines windowsbasierten Testservers fehlte allerdings die nötige Zeit und die hardwaretechnischen Ressourcen.

Pünktlich zum Start des Wintersemesters 03/04 konnte das angepasste Design für die Bereiche der BenutzerInnen fertiggestellt werden.

Die administrativen Bereiche sind zum Teil bis heute noch unvollständig umgesetzt. Sie weisen jedoch zum Großteil weiterhin das Standard Layout von Hyperwave auf, so dass eine Bedienung des Systems ohne Probleme möglich ist. Für die Teilnehmenden des Seminars ergaben sich keine Probleme, da sie mit diesen Bereichen nicht in Kontakt traten.

5.2 Funktionale Erweiterung der eLS

Die eLS verfügt in ihrem Diskussionsmodul über versteckte Funktionen, die nur für einen Experten zugänglich sind. Textformatierungen der erstellten Beiträge sind beispielsweise nur bedingt realisiert und lassen sich nur nach vorherigem Lesen der Hilfe ausführen. Graphiken und Hyperlinks lassen sich auch nicht problemlos in einen Beitrag einfügen. Diese Funktionalitäten sind sie in ihrer Anwendung äußerst unkomfortabel, da spezielle Anweisungen von den BenutzerInnen gelernt werden müssen, die vor und hinter der jeweiligen Textpassage positioniert werden müssen. Einige dieser versteckten Funktionen haben wir intuitiv nutzbar gemacht und im gleichen Stil weitere hinzugefügt.

---

[34] Der endgültige Server lief unter Linux. Unix und Linux unterscheiden Groß- und Kleinschreibung bei Dateinamen im Gegensatz zu Windowssystemen.

5.3 Verbesserung des Diskussionsforums

Abb. 4 Popup-Fenster zum Verfassen eines Beitrags

Das Diskussionsforum/Notizfunktion wurde um folgende Funktionalitäten erweitert:
- Fettschrift
- Kursivschrift
- Unterstreichung
- zentriert
- Hyperlinks
- Aufzählungen
- Zitate
- Grafiken
- Smilies

Für die inhaltliche Arbeit im Seminar wurde auf die fachliche asynchrone Diskussion unterhalb der Teilnehmer besonderen Wert gelegt. Deshalb sollten die Diskussionsbeiträge so übersichtlich und komfortabel wie möglich gestalten werden können. Als Vorlage für diese Erweiterungen dienten Internet-Foren und die klassische Textverarbeitung. Über zwei Buttonleisten unter- und oberhalb des Textfeldes zum Verfassen eines Beitrages lassen sich die oben aufgezählten Funktionen per Mausklick auf ein Icon an der jeweiligen Stelle im Text einfügen. Dadurch müssen keine komplizierten Textkürzel vom Teilnehmer gelernt werden, und der volle Funktionsumfang kann eingesetzt werden.

5.4 Erweiterung der Teilnehmerinformationen

Die virtuelle Visitenkarte der Teilnehmer[35] ist in bestimmten Eingabe- und Anzeigefeldern an die Bedürfnisse des verteilten Seminars angepasst worden. Es gibt beispielsweise ein Feld „Studienort" und ein Feld „Studienfach". Diese zwei Felder sollen den BenutzerInnen einen schnellen Überblick über die Kompetenzen und die Ortzuge-

---

[35] Die eingegebenen Daten eines Benutzers innerhalb der eLS können von anderen Teilnehmern über eine sog. virtuelle Visitenkarte eingesehen werden.

hörigkeit des jeweiligen Teilnehmers geben. Vor allem das „Studienfach" ist für das gezielte Fragen innerhalb eines interdisziplinären Seminars von großer Bedeutung. Wenn sich die Seminarteilnehmenden schon gegenseitig nicht persönlich kennen, sollten sie zumindest schnell erkennen können aus welchem Fachgebiet die jeweiligen Teilnehmenden stammen.

Abb.5 Visitenkarte eines Benutzers als Popupfenster der eLS

5.5 Fazit

Der Einsatz einer Lernplattform für ein Online Seminar war unabdingbar. Ob nun dabei die „richtige" Plattform ausgewählt wurde sei dahingestellt. Zumindest lässt sich festhalten, dass der Arbeitsaufwand zum Betreiben einer eigenen Lernplattform für eine dann letztendlich so geringe Zahl von Studierenden das Maß weit übersteigt.
Die graphische Anpassung an ein Corporate Design wird von vielen Lernplattformen nicht unterstützt und war sicher auch für die Teilnehmer etwas Neues und Angenehmes. Man wusste, dass es sich um die Heimat von RION handelte, wenn man die angepasste eLS betrat. Der sonst so oft aufgetretene Bruch zwischen Webdesign und Lernplattform ist gänzlich weggefallen. Aber auch hier ist der technische Aufwand für die geringe Teilnehmerzahl zu hoch. Bei der Benutzung mit einer größeren Gruppe in möglicherweise mehreren parallelen Seminaren hätte sich der Aufwand auf jeden Fall gelohnt, allerdings ist dabei zu befürchten, dass die Hardware den höheren Anforderungen nicht gerecht geworden wäre.
Die gebotene Funktionalität der E-Learning Suite war für die durchgeführten Veranstaltungen gut zu integrieren, auch wenn an verschiedenen Stellen ein wenig mehr Flexibilität von dem System gefordert wurde. Die Lernplattform hat den Anforderun-

gen mehr als Standgehalten, und der Erfolg oder Misserfolg der Seminare ist eher an Inhalt und Betreuung, sowie an der allgemeinen Einstellung der Studierenden zu messen, als an der technischen Umsetzung.
Die gesammelten Erfahrungen können in einen richtigen Leitfaden überführt werden. Hier gäbe es die die Möglichkeit für ein Anschlussprojekt, damit das vorhandene Know-How nicht verloren geht.

6. Juristisches Informationssystem RechtsInformatik (JIRI)

Das JIRI – Juristisches Informationssystem RechtsInformatik – ist als Arbeitspaket in das Projekt RION eingebunden. Ziel des Projekts RION ist die Erstellung und mediale Aufbereitung fachwissenschaftlichen Contents unter Beachtung mediendidaktischer und software-ergonomischer Standards. Diese Inhalte multimedial aufzubereiten, um sie vor allem für die E-Learning Veranstaltungen flexibel einzusetzen, war eines der Hauptziele für die technische Umsetzung. Für die spätere Nutzung sollten gleiche Inhalte in unterschiedlichen Formaten zur Verfügung gestellt werden, damit auch beispielsweise Publikationen in schriftlicher Form mit wenig Änderungsaufwand möglich sind.

6.1 Voraussetzungen und Ziele

Die Stelle für den wissenschaftlichen Mitarbeiter mit informatischen Kenntnissen konnte erst zur Mitte der Projektlaufzeit im März 2003 besetzt werden. In der Vorzeit mussten die Contentprovider jedoch schon viele Inhalte produzieren, um ihren Zeitplan einhalten zu können. Durch den Mangel an Arbeitsmitteln wurde kurzerhand eine „Pseudo-Word" Formatvorlage für das Erstellen der späteren Fachkapitel an die Autoren herausgegeben, die sicher nur suboptimal gewesen ist und durch die viele der folgenden Entscheidungen oftmals beeinflusst waren. Der umfangreiche Inhalt war schon fast vollständig erfasst und lag in dieser Formatierung vor. Am Anfang des Projekts war diese Vorgabe nur als Übergangslösung gedacht, die sich dann jedoch im weiteren Projektverlauf als endgültige Lösung für das Erstellen von Fachkapiteln herausgestellt hat. Ein entsprechender Leitfaden zum Erstellen von XML-Dokumenten auf Basis eines XML-Schemas ist nicht rechtzeitig fertig gestellt worden.

Der Grundgedanke war, einem juristischen wissenschaftlichen Mitarbeiter ein System bereitzustellen, mit dem er eigenständig den Content für JIRI erstellen kann, so dass eine Einbindung in das System problemlos möglich ist. Urteile und Gesetzestexte sollten dabei dem Autoren vom System bereitgestellt werden. Diese werden über Drittanbieter eingekauft oder von studentischen Mitarbeitern in eine digitale Form gebracht.

Der Start des Oldenburger Online Seminars 1 im April 2002 und die beiden angrenzenden verteilten Online Seminare dominierten die Arbeit im Projekt.[36] Abweichend vom Projektplan musste JIRI immer weiter an das RION-Projektende verschoben werden, da die Arbeiten zur Erstellung der Online Seminare aufgrund der oben dargestellten Probleme die Ressourcen aufbrauchte. Die notwendigen Implementierungsarbeiten und Testläufe konnten erst im letzten Drittel des Projekts aufgenommen werden. Konzeptionelle Vorarbeiten wurden allerdings schon bei der Bereitstellung der eingesendeten Seminarbeiträge der Studierenden gelegt und erste Erfahrungen gesammelt. Trotz der schon dann im März/April 2003 fertig gestellten Fachkapitel wurden die Arbeiten an JIRI nicht so angefangen, als wenn es sich nur noch um Konvertierungen bestehender Formate handelt. Vor allem auch im Hinblick auf die Nachhaltigkeit sind die folgenden Entscheidungen grundsätzlich unter dem Vorbehalt der Bedienbarkeit durch Mitarbeiter aus dem Kreise der Rechtswissenschaften entstanden. Auch vor dem Hintergrund, dass für dieses Projekt kein fachlicher Content mehr erstellt wird, wurde seitens der Entwickler immer darauf Wertgelegt eine Umgebung vorauszusetzen, in der das Erstellte auch konkret eingesetzt werden würde. Viele Probleme wären bei einem anderen Ansatz nicht aufgetreten, denn dann hätten „Bastel"-Lösungen den gewünschten schnellen Erfolg gebracht. Der Ansatz der Entwickler war jedoch ein anderer, und es sollte ein praxistaugliches System zum Anfertigen wissenschaftlicher Ausarbeitungen mit vornehmlich juristischem Inhalt geschaffen werden.

Ziel ist die Erstellung unterschiedlicher Dokumentarten:

- Fachkapitel

Diesem Dokument kommt bei weitem die größte Bedeutung zu. Unterschiedliche juristische Themen werden ausführlich behandelt und bilden die fachliche Basis von JIRI.

- Literatur

Die innerhalb der einzelnen Fachkapiteln benötigten Literaturhinweise werden in einem externen Dokument gespeichert, um sie möglichst in einer Datenbank für den späteren Einsatz nutzen zu können.

- Glossar

Begriffe werden erklärt und können von Autoren aus einem Gesamtsystem mit Glossareinträgen für die spätere Nutzung extrahiert werden. Ein Verweis auf einen vorher definierten Identifikationsschlüssel reicht aus, um einen Eintrag für das eigene Fachkapitel aus einem separaten Dokument zu verwenden.

---

[36] Vgl. hierzu Abb. 1.

- Urteile

Die verschiedenen Urteile werden zentral gesammelt und liegen den AutorInnen in einer digitalisierten Form mit nummerierten Absätzen vor. Anhand der Nummerierung sind Verweise innerhalb von JIRI auf spezielle Abschnitte im Urteil möglich. Unterschiedliche Darstellungen der Urteile ermöglichen einen flexiblen Einsatz in verschiedenen Einsatzumgebungen.

- Gesetze

Gesetze werden zentral gespeichert, und deren Inhalte können von der Autorin im Fachkapitel eingesetzt werden. Auf vollständige Gesetzestexte wie auch nur auf Teile wie beispielsweise Paragraphen oder Sätze kann unter Angabe des entsprechenden Gesetzes und der Nummerierung des Abschnitts verwiesen werden.

Anforderungen

Für eine vollständige Anforderungsdefinition hätte eine konkretere Anforderungsanalyse durchgeführt werden müssen. Der Mangel an Zeit und vor allem an fachlichem Personal ließ eine solche Maßnahme leider nicht zu. Eine direkte wissenschaftliche Analyse hat nicht stattgefunden, doch viele Befragungen während der täglichen Arbeit mit den juristischen Kollegen haben die Schwierigkeiten beim Erzielen ihre Arbeitsergebnisse aufgezeigt und ihre Wünsche dargelegt. Daraus entstanden sind die folgenden Überlegungen:

Contenterstellung:

- Wissenschaftliche Mitarbeiter erstellen unter der Leitung der zugehörigen Professoren juristische Ausarbeitungen in digitaler Form.
- Die Kenntnisse der Contententwickler im Anwendungsbereich von Software sind als eher gering einzuschätzen.
- Erstellung eines möglichst einfach zu bedienenden Leitfadens zur Generierung der Inhalte.
- Die Arbeitsergebnisse sollten von den AutorInnen direkt zu begutachten sein.
- Die Inhalte sollten im Internet verfügbar sein, d.h. sie müssen in einem Internet-Browser darstellbar sein (WYSIWYG).

Funktionale Anforderungen:

- Erstellung eines Buches von einzelnen Kapiteln oder ganze Arbeiten zur Veröffentlichung.

- Die Ausgabedokumente sollten druckbar sein, da es sich teilweise um sehr lange Textpassagen handelt.
- Erstellung eines webbasierten Informationsportals aus dem jeweiligen Content und den zugehörigen Urteilen und Normen.
- Möglichkeit, die Arbeitsergebnisse auf einer CD-Rom zu publizieren.
- Erstellung einer Datenbank mit den Inhalten.
- Eine Verschlagwortung der Inhalte und Erstellung eines Indexes.
- Ausführliches Durchsuchen innerhalb der Daten sollte angestrebt werden.
- Die Daten sollen medial aufbereitet werden, um einen Mehrwert für die Online-Arbeit zu schaffen.
- Urteile sollten durch Leitsätze der Autoren und Schlagworte leichter zugänglich gemacht werden.
- Urteile sollen vollständig in JIRI eingebunden sein.
- Auf verwiesene Urteilspassagen sollte möglichst direkter Zugriff bestehen.
- Auf alle verwiesenen Gesetze soll vollständiger Zugriff bestehen.
- Gesetzesverweise sollten adäquat zu erreichen sein.

6.2 Konzept der technischen Realisierung

Die Anforderung die erstellten Inhalte im Internet verfügbar zu machen, beschränkt die Auswahl des geeigneten Dateiformates. Zudem: der Einsatz innerhalb der Hyperwave E-Learning Suite erlaubt als sinnvolles Format nur die vom World Wide Web benutze Publikationssprache HTML (HyperText Markup Language)[37], um keinerlei Widrigkeiten beim Einsatz innerhalb der Lernplattform zu begegnen. HTML besitzt nur eine begrenzte, fest vorgegebene Menge von Strukturelementen und lässt sich nicht in andere Dateiformate transformieren, so dass beispielsweise die Erstellung von Büchern nicht möglich ist.

Der aktuelle Stand der Technik lässt als universelles Dokumentenformat eigentlich „nur" XML[38] zu. XML ist eine Datenbeschreibungssprache, und der Begriff steht als Abkürzung für „eXtensible Markup Language". Extensible (erweiterbar) deshalb, weil sie flexibel erweitert werden kann und Inhalte mit selbst definierten Tags (durch '<' und '>' geklammerte Wörter) beschrieben werden. Die Inhalte werden somit im Gegensatz zu einer herkömmlichen Textverarbeitung nicht mehr anhand eines Layout abgelegt, sondern anhand ihrer logischen Struktur. Das Layout und das Ausgabeformat

---

[37] Vgl. http://www.edition-w3c.de/, http://www.w3c.org/MarkUp/.
[38] XML = eXtensible Markup Language. Internationaler Standard für die Beschreibung von Daten. Vgl. http://www.w3c.org/xml.

wird in einem zweiten Schritt durch unterschiedliche Arten von Stylesheets[39] bestimmt. Somit speichert XML die Inhalte unabhängig vom Layout.
Die Sprache XSL (Extensible Stylesheet Language, zu deutsch: erweiterbare Formatsprache) besteht aus zwei wichtigen Komponenten:
1. aus einer Komponente zur Formatierung von XML-Daten (oft XSL-FO - "XSL Formatting Objects" genannt (vgl. Dave Pawson 2002), und
2. aus einer Komponente zur Transformation von XML-Daten in andere XML-Daten.[40]

Abb. 5 zeigt die XSL-Verarbeitungskette am Beispiel einer PDF-Erzeugung anhand von XML-Daten.

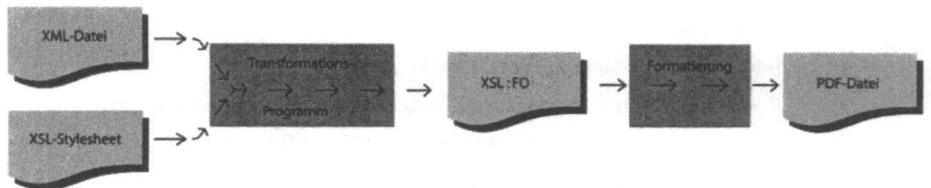

Abb. 5 XSL-Verarbeitungskette (vgl. Pawson 2002: 10)

Die wahrscheinlich wichtigste Komponente der XML-Sprachfamilien sind die XSL-Transformationen (XSLT, zu deutsch: XSL-Umwandlungen). Diese Skriptsprache erlaubt, aus einem Quelldokument ein umgewandeltes Zieldokument zu erzeugen.
Ein spezielles Transformationsprogramm (siehe Abb. 6) führt diese Aufgaben durch. Simple XSLT-Stylesheets können sogar von aktuellen Browserversionen direkt[41] XML-Dokumente in der transformierten Darstellung anzeigen. Diese Techniken ermöglichen durch Wechsel der Stylesheets innerhalb von Sekunden den Inhalten ein komplett anderes Aussehen oder sogar andere Formate zu geben. Durch den Einsatz dieser Verfahren können aus einer Datenbasis beispielsweise HTML-, sowie PDF-Dokumente erzeugt werden. Selbst das Erzeugen mehrerer miteinander verlinkter HTML-Seiten ist sehr komfortabel lösbar und eröffnet ganz neue Möglichkeiten.

---

[39] Eine Zusammenstellung von Formatierungsregeln, die angeben, wie Elemente im jeweiligen Zielmedium dargestellt werden sollen.
[40] Vgl. Selfhtml von Stefan Münz. http://selfhtml.teamone.de/xml/darstellung/xslgrundlagen.htm.
[41] Eine vorherige Transformation ist nicht nötig.

Abb. 6 Dateiverarbeitung mit XSL-Stylesheet (vgl. Knobloch 2001: 13)

Um das Gelingen der Transformation mittels Stylesheets zu gewährleisten und das Speichern innerhalb einen Datenbank verlustfrei zu gewährleisten, sollten die Inhalte alle derselben Struktur genügen. Hierzu gibt es ein standardisiertes Verfahren: das XML-Schema (oder auch „document type declaration (DTD)" in Harold 2002: 77ff.). Es ermöglicht in Form von Regeln oder Strukturmodellen, Beschränkungen für eine Klasse von XML-Dokumenten auszudrücken. Das XML-Dokument wird mit spezieller Software überprüft. Dieser Vorgang wird als Validierung bezeichnet. Ein XML-Dokument wird „gegen ein XML-Schema validiert". Diese Technik bietet den AutorInnen bei der Erzeugung und Bearbeitung von Dokumenten passende Auswahlmöglichkeiten an. Ein Editor, der ein XML-Dokument auf das Schema hin validiert, ist in diesem Fall unabdingbar (vgl. XML-Schema in Vlist 2003: 1-5).

Weitere Techniken sollten bewusst nicht eingesetzt werden, um die Komplexität für die Autoren beim Erstellen ihrer Ausarbeitungen nicht unnötig zu erhöhen.

Im Laufe der Projektzeit sind für die folgende Inhalte XML-Schemata entstanden:
1. Fachkapitel
2. Literatur
3. Glossar
4. Urteile

Die behandelten Gesetze wurden über einen externen Verlag bezogen und waren somit einem Schema entsprechend aufbereitet.

Zu (1-3) Fachkapitel, Literatur und Glossar

Das Schema für die Fachkapitel ist sukzessive anhand der Anforderungen der einzelnen Autoren entwickelt worden. Die Erstellung der Fachkapitel war zum Zeitpunkt der effektiven Entwicklung des XML-Schemas eigentlich abgeschlossen und die fertigen Arbeiten wurden als Grundlage für ein sog. „Reverse Engineering" benutzt. Als Ergebnis wurde ein XML-Schema entwickelt, dass speziell für die Erstellung von juristischen Inhalten für das Internet geeignet ist. Es ist nicht in allen Bereichen allgemeingültig und universell einsetzbar, kann allerdings auch für jede beliebige juristische

Ausarbeitung eingesetzt werden. Die Erweiterung des Schemas für andere wissenschaftliche Inhalte, bei denen beispielsweise das Augenmerk auf den Einsatz von Tabellen oder Bilder gelegt wird, ist jederzeit mit geringem Aufwand möglich. Damit in Zukunft auch die Möglichkeit besteht, auf eine projektweite Literaturdatenbank zurückgreifen zu können und damit Glossar bzw. Lexikoneinträge nicht direkt an ein Dokument gebunden sind, ist eine Ausgliederung erfolgt. Ein Fachkapitel besteht somit aus einem Inhaltsteil einer Literatur- und einer Glossardatei.

Zu (4) Urteile

Der Versuch, ein einheitliches XML-Schema für Urteile zu entwickeln, erwies sich als aufwändig und gleichzeitig auch unbefriedigend. Im Gegensatz zu Gesetzen lassen sich bei Urteilen keine einheitlichen Strukturen erkennen. Urteile werden von den jeweiligen Gerichten direkt verfasst und nicht nur von einer Institution. Die Vielfalt der unterschiedlich strukturierten und formatierten Urteile scheint schier unendlich zu sein. Es gibt bundesweit kein einheitliches Format für das Erstellen von Urteilen. Dieses Problem musste zunächst gelöst werden. Wichtigstes Kriterium bei dieser Transformation war die inhaltlich „vollständige" Erfassung der Urteile, um in späteren Einsatzfeldern auf sämtliche Informationen zugreifen zu können. Die Urteile mussten dazu in logische Bausteine zerlegt werden, um im späteren Einsatz gezielt bestimmte Informationsblöcke darstellen zu können.

Die diversen Vorlagen der einzelnen Gerichte, die sich selbst bei einem Gericht in der Struktur und dem Format unterscheiden, lassen kein einheitliches Schema zu. Teilweise scheint auch keine vollständig logische Dokumentenstruktur den Urteilen zugrunde zu liegen. An diesen Stellen versucht das Schema, den Sinn des Urteils komplett zu erfassen und eventuell eine etwas andere Formatierung als das Original zu benutzen. Dazu gehören beispielsweise Überschriften, Nummerierungen, Einrückungen und Zitat-Formate. Der Sinn des Originals wird dabei nicht verfälscht werden.

Im Folgenden wird zunächst die eingesetzte Technik, im besonderen XML beschrieben. Anschließend wird dokumentiert, welche Schritte durch die AutorInnen des Inhalts notwendig sind, um die erzeugten Module in die Datenstruktur zu überführen.

7. Transformation in entsprechende Ausgabeformate (technische Realisierung)

Zur endgültigen Betrachtung der Inhalte eines XML-Dokuments in formatierter Ausgabe muss die Transformation mittels eines entsprechenden Stylesheets erfolgen. Die ersten XSLT-Dokumente sind für das Seminar 2 im Wintersemester 2002/2003 entstanden, um die Ausarbeitungen der Studierenden in einer einheitlichen Form in die Lernplattform einzustellen. Während des Seminar 1 im Sommersemester 2002 wurden die Ausarbeitungen noch hauptsächlich manuell in HTML-Dokumente transferiert. Der Aufwand war deutlich höher als erwartet und war bei der Masse, der zu erwartenden Beiträge für das folgende Semester nicht mehr zu leisten. Die simple, teilweise mit „suchen & ersetzen" durchgeführte Konvertierung von Word-Dokumenten in XML-Dokumente wurde hier zum ersten mal in der Praxis eingesetzt. Das entwickelte Stylesheet hatte an einigen Stellen noch starke Defizite. Die eingesandten Beiträge[42] der Studierenden mussten pro gewünschter Ausgabeseite für die Lernplattform in HTML manuell auseinandergetrennt werden. Dafür wurden die entsprechenden Seiteninhalte in einzelne XML-Dokumente abgespeichert. Der seinerzeit eingesetzte XSLT-Standard 1.0 des W3-Konsortiums[43] verfügte nicht über entsprechende Methoden, um aus einem XML mehrere Ausgabedokumente zu erzeugen.

Die eingesetzten XSLT-Dokumente erzeugten statische HTML-Dokumente, die wiederum in die Hyperwave E-Learning Suite eingestellt wurden. Die Navigation zwischen den Dokumenten wird hierbei automatisch von der eLS übernommen. Allerdings müssen die HTML-Dokumente hierzu einer bestimmten Namenskonvention entsprechen.

Die Erstellung eines XML-Dokuments pro Ausgabedokument erwies sich in der Praxis als ungenügend. Nachträgliche Änderungen müssen über mehrere Dokumente eingepflegt werden, und ein XML-Dokument enthält prinzipiell nur den Inhalt einer HTML-Seite. Hierdurch ist der Sinn von XML etwas entfremdet, da sich die Dokumente ganz klar an ihrer Ausgabe orientieren. Auch wenn sie sich wieder leicht zusammenführen lassen, ist die inhaltliche Trennung nach Seiteninhalten nicht gut gelöst.

Die Erweiterte Version 2.0 der XSLT Sprache lässt die Generierung einzelner Ausgabedokumente aus einem XML-Dokument zu. Sie befindet sich allerdings noch in der Entwicklungsphase, und es gibt zu diesem Zeitpunkt noch keinen frei erhältlichen XSLT-Prozessor,[44] der XSLT 2.0 in seinem vollem Sprachumfang unterstützt. Da es sich hierbei allerdings nur um ein aktuelles Problem handelt, sind die Entscheidungen dennoch für die aktuellen beta-Versionen der XSLT-Prozessoren gefallen. Die Zukunft wird ganz sicher dort Abhilfe schaffen und stabile Software auf dem Markt platzieren.

---

[42] Für die Studierenden sollte kein zusätzlicher technischer Aufwand entstehen. Sie sollten sich ausschließlich mit dem Inhalt ihrer Ausarbeitung beschäftigen.
[43] W3C – World Wide Web Consortium. http://www.w3c.org.
[44] Dieser wird benötig, um die Transformation effektiv durchführen zu können.

Der Vorgang der XSLT-Transformation wurde ausschließlich von einem Entwicklungsteam durchgeführt, so dass kleine Widrigkeiten nur einen kleinen Stellenwert bekamen. Für den späteren Einsatz beim juristischen Autor sollte hoffentlich eine stabile Version zur Verfügung stehen.

Die Möglichkeit, aus einem XML-Dokument mehrere Ausgabedokumente zu generieren, war zum einen gewünscht und sehr komfortabel. Zum anderen musste dafür das oben bereits erwähnte XML-Schema erneuert werden. Die Komplexität des JIRI-Schemas erhöhte sich um ein Vielfaches. Hauptsächlich die Trennung in einzelne Seiten machten beim Erstellen des Schemas große Schwierigkeiten. Die AutorInnen sollten die Möglichkeit erhalten, nach ihren Wünschen einen etwaigen Seitenumbruch im HTML-Ausgabeformat zu erstellen. Der Einsatz einer weiteren Programmiersprache wäre hier durchaus sinnvoll gewesen und hätte die Komplexität des Schemas um einiges gesenkt. Es sollte allerdings bewusst der Versuch unternommen werden, ohne eine weitere Programmiersprache auszukommen. Die Techniken XML und XSLT sollten eigentlich ausreichen, um diese Aufgaben zu bewältigen. Oftmals wäre ein anderer Weg schneller und auch komfortabler gewesen. Die Folge einer zusätzlichen Programmiersprache hätte die Erstellung der zukünftigen Fachkapitel für die AutorInnen um ein vielfaches komplizierter gestaltet.

Entwicklung eines XSL-Stylesheets für:

- Gesetze (XML-Dateien)
- Urteile
- Fachkapitel
- Lernmodule (Einsatz im Seminar)
- Literatur
- Glossar
- Inhaltsverzeichnis
- Menüstrukturen

7.1 Ausgabemöglichkeiten

Zur Zeit werden aus den XML-Dokumenten zwei unterschiedliche Arten von Ausgaben automatisch erzeugt.

- Einzelne statische HTML-Dateien werden erzeugt und ergeben innerhalb eines Framesets zusammengefasst das gesamte Fachkapitel mit seinen Urteilen und Gesetzen.
- Ein PDF-Dokument mit Inhaltsverzeichnis und Sprungmöglichkeiten innerhalb

des Dokuments kann erzeugt werden. Einige Finessen, die sich mit handelsüblichen Textverarbeitungsprogrammen erstellen lassen, sind allerdings von den zugehörigen Programmen zur Transformation noch nicht implementiert.

- Die Bücher werden zurzeit noch mit einer handelsüblichen Textverarbeitung erstellt.

Wünschenswert wäre sicher noch eine dynamische Erstellung von Webseiteninhalten, indem die Stylesheets direkt in die XML-Dokumenten eingebunden werden. Leider unterstützen die gängigen Browser den verwendeten Standard noch nicht und ein weiteres Schema hätte entwickelt werden müssen.

7.2 Eingabe von Inhalten in XML

Die direkte Eingabe in Codeform von reinen XML-Dokumenten bereitet den versierten wie auch unerfahrenen ComputeranwenderInnen immense Schwierigkeiten. Zum einen muss eine gewissen Kenntnis des „wie" bekannt sein und zum anderen auch des „was". Die reine Kenntnis, wie ein XML-Dokument zu verfassen ist, befähigt die AutorInnen noch lange nicht, ein solches auch nach einem entsprechenden Schema zu erstellen. Die spezifischen Tags müssen vor der Erstellungen bekannt sein und erfordern ein wenig Übung im täglichen Umgang.

Kurz vor dem Projektende ist für die weitere Arbeit mit den entwickelten Formaten eine neue Art der Eingabe entwickelt und getestet worden. Die Software XML-Spy,[45] die während der Arbeiten mit XML eingesetzt wurde, bietet eigens einen kostenlosen Editor namens Authentic zur Erstellung von XML-Dokumenten. Dieser Editor nutzt als Unterstützung spezielle Stylesheets, die vorher mit der kostenpflichtigen Software erstellt worden sind. Diese Stylesheets, die nicht mit den in den vorherigen Abschnitten vorgestellten XSL-Stylesheets zu verwechseln sind, geben dem Entwickler vielfältige Möglichkeiten. Basierend auf den bereits erstellten Schemata lassen sich nur gültige Tags und die entsprechenden Attributwerte auswählen. Durch eine formularähnliche Oberfläche können Felder vordefiniert werden, die mit entsprechenden Bezeichnung und/oder Hilfestellungen erweitert sind. Optionale Tags werden in einem extra Programmfenster zur Verfügung gestellt. Beim Hinzufügen von Inhalten durch Mausklick auf die entsprechenden Tags erweitern sich eventuell neue Masken.

---

[45] http://www.altova.de.

Abb. 7 Teilbereich einer Maske zum Erstellen von Urteilen in XML mit der Software Authentic.

Die Formularmasken sind zwar durch einen Entwickler zu erstellen, verringern jedoch den Lernaufwand des Autors immens und liefern immer gültige Dokumente ab. Die im Normalfall teilweise kryptischen und unverständlichen Fehlermeldungen bei Abweichungen vom Schema lassen sich in Authentic durch selbst definierte Fehlermeldungen abfangen und leiten die AutorInnen bei etwas komplexeren Tags sicher ans Ziel. Erprobt wurden diese Art der Contenterstellung an diversen Urteilen und wurde seitens der Entwickler wie auch der Hilfskräfte als sehr effektiv und effizient angesehen. Eine sehr geringe Einarbeitungszeit und das schnelle Arbeiten mit den Masken war eine sehr positive Erfahrung. Einzelteile aus den Fachkapiteln sind bereits mit dieser Art der Technik umzusetzen, und letztendlich soll ein vollständiges Fachkapitel erstellbar sein.

7.2 Mediale Aufbereitung der Inhalte

Gesetzesverweise, Glossareinträge, Fußnoten, Urteile und Literatur werden durch kleine ausgegraute Symbole im Text dargestellt. Sie sollen den Lesefluss des Lesers möglichst nicht beeinträchtigen und können durch Mausklick aktiviert werden. Dabei verändert das Symbol seine Farbe, und ein Popup-Fenster mit den entsprechenden Inhalten öffnet sich direkt an der Stelle des Symbols und somit auch an der aktuellen Position des Mauszeigers. Der Fokus der Augen bleibt somit erhalten. Die Größe sowie die Position des Fensters kann im nachhinein verändert werden und bleibt auch beim Schließen des Fensters gespeichert, so lange sich die AnwenderInnen auf ein und derselben Seite befinden. Bei Gesetzen wird der entsprechende Paragraph/Artikel dargestellt, der von den AutorInnen als Gesetzesverweis angegeben wurde, um unnötiges Suchen und Scrollen zu vermeiden. Bei mehreren Verweisen oder bei „von bis" Angaben werden die genannten entsprechenden Absätze in dem Fenster dargestellt. Urteile können in ihrer Gesamtheit oder auch nur an bestimmten Absätzen angesprungen werden, sofern der Autor diese Absätze in seinem Text angegeben hat. Sind in einem Fenster nur Teile eines Dokumentes enthalten, so ist ein Verweis auf das jeweilige Gesamtwerk im Popup zusätzlich enthalten.

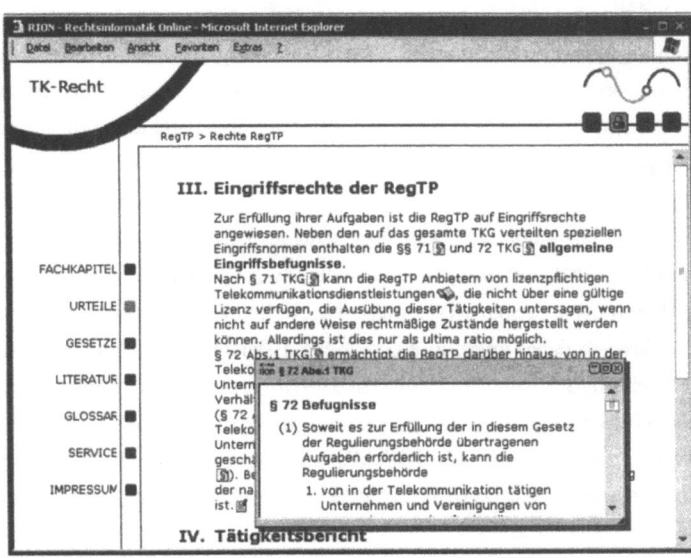

Abb. 8 Gesetzes-Popup innerhalb einer Inhaltsseite.

7.3 Fazit – weitere Arbeiten

Bezüglich der Contenterstellung sind bisher nur grundlegende Überlegungen getroffen worden, wie man zukünftig den Anforderungen entsprechend Content erstellen könnte. Erst zum Ende des Projekts konnte eine Software entdeckt werden, die den Anforderung zum Erstellen der Inhalte gerecht wird. Ein Leitfaden zur Erstellung ist somit aus zeitlichen Gründen noch nicht entstanden. Die anfänglich im Projekt getesteten Software Werkzeuge waren für die juristischen Autoren zu komplex in der Bedienung und wurden deshalb nicht eingesetzt.

Ein rechtsinformatisches Informationsportal ist auf Basis von Webseiten entstanden. Eine CD-ROM aus der Reihe „Edition Rechtsinformatik" ist bisher erschienen. Diese CD-ROM beinhaltet sämtliche Urteile und Normen, die von den Autoren für das Fachkapitel verwendet worden sind. Die Urteile und Normen sind vollständig auf der CD verfügbar, und die tatsächlich verwendete Textstellen können aus dem Fachkapitel direkt „angesprungen" werden.

Eine Suchfunktion ist bisher noch nicht umgesetzt worden und wird in den nächsten Versionen in das System integriert. Somit hat eine Indexierung der Inhalte noch nicht stattgefunden. Die erzeugten Inhalte/Daten liegen noch nicht in einer Datenbank vor.

8. Ausblick

Zur Zeit gehen die Arbeiten in Richtung XHTML[46] als Ausgabeformat. Bisher sind ältere Browser von den erzeugten HTML-Seiten zumindest rudimentär unterstützt worden. Durch immer mehr Flexibilität innerhalb der Dokumente und durch die Tatsache, dass die Ausgabedokumente maschinell erzeugt werden, liegt der Wunsch nah konforme Dokumente nach den Richtlinien des World Wide Web Konsortiums zu erstellen.[47] XHTML ist ein schon seit 1999 verabschiedeter Standard, der die Seitenbeschreibungssprache HTML mit einigen Elementen aus XML verknüpft. Vorteil ist hierbei, dass die Webbrowser genau wissen, dass sie ein konformes Dokument darzustellen haben und dass sie dabei intern in einen anderen Darstellungsmodus umschalten können. Die Webbrowser hatten sich mit den Jahren an die immer wieder auftretenden Fehler der Webseitenentwickler angepasst und durchsuchen den Code bei der Darstellung aufwendig nach Fehlern. Bei XHTML ist gewiss, dass diese Fehler nicht gemacht werden, und somit kann der Browser wesentlich schneller den Seitenaufbau durchführen.

Für die Suchfunktion innerhalb der Fachkapitel soll eine JAVA-Suche, die von einem Drittanbieter hinzugekauft wird, für eine wesentlich detailliertere Darstellung der Suchergebnisse und deren Navigation sorgen.

Die schon angesprochenen Eingabemasken mittels Authentic sollen auch mit dem mitgelieferten Internetexplorer Plugin editierbar sein, so dass eine Autorin nicht zwingend

---

[46] Vgl. http://www.w3c.org/MarkUp/.
[47] Die nötigen Werkzeuge sind beim W3C kostenlos bereitgestellt.
Vgl. http://www.w3c.org/QA/Tools/.

den nötigen Editor auf ihrem System installiert haben muss. Über einen unserer Webserver könnte sie direkt per Browserplugin, das automatisch installiert wird, auf ihrem System arbeiten. Einzige Bedingung hierfür wäre eine vorhandene Internetverbindung.

Empfehlungen zum Gender Mainstreaming in Projekten zu Neuen Medien in der Bildung

Britta Schinzel

1. Geschlechterkonzepte

Wir gehen von den folgenden Ausgangspunkten aus: Geschlechterrollen und -verhältnisse sind konstituierende Bestandteile aller sozialen Systeme und Strukturen. Sie sind jedoch darin keinesfalls fest noch uniform gültig, sondern kontextabhängig, relationiert und zeitlich variabel. Demgemäss werden Konzepte von „männlich" oder „weiblich" auch nicht vorausgesetzt, sondern ihre Bedeutung soll im Kontext der Neuen Medien und der e-Lehre/des E-Learning erforscht und gegebenenfalls als veränderungswürdig anerkannt werden. Individuen bewegen also sich in einem steten Prozess des jeweiligen Umbaus der Geschlechterverhältnisse. Entsprechend bezeichnet der Begriff „Gendering" (Vergeschlechtlichung) eben jene individuell-sozialen Wechselwirkungsprozesse, die Gender als soziales Strukturierungsmittel konstituieren. Geschlechterkonstruktionen und -strukturen werden nicht per se abgelehnt, sondern dann des Umbaus bedürftig angesehen, wenn sie für die eine oder andere Gruppe, als Mittel zur Exklusion etwa, schädlich sind.

Technik und ihre Produkte siedeln sich in sozialen Kontexten an, sind an der Gestaltung dieser Kontexte beteiligt. Geschlecht und Technik stehen in dynamischer Wechselwirkung, sind keine festen Größen, sondern Teile dynamischer sozialer Realität. Dabei sind IuK-Technologien besonders stark sozial wirksam und gendered bzw. beteiligen sich am Gendering. Technik und Geschlecht befinden sich in einem Prozess der Veränderung (z.B. mit Neuen Medien), der aufgrund der konstanten Kausalität in der hierarchischen Anordnung von Männern und Frauen in unserer Gesellschaft jeweils neue symbolische Bedeutungen in dieser Relation konstruiert. Dabei wird dann z.B. aus der weiblich stereotypisierten Kommunikation auf einmal durch IT männlich gestaltete und genutzte mediierte Kommunikation, es bilden sich neue Stereotype entlang dieser Nutzungen, etc.

Die Anforderungen an das Verständnis von Geschlecht im Kontext der Neuen Medien erfordern das Aufgreifen wesentlicher Merkmale der neueren Geschlechterdiskussion: Prozessualisierung, Relationierung, Bezogenheit auf die Performanzebene und den Einbezug symbolischer Codierungen (vgl. Helfferich 1999 & 2000).

Die bereits angesprochene Prozessualisierung geht davon aus, dass Geschlecht weder als gegeben noch als gewiss gilt. Dies betrifft sowohl Inhalte geschlechtsspezifischer

Rollenzuweisungen als auch die Frage, ob überhaupt in den Kategorien von „männlich" und „weiblich" gedacht wird. Die Idee der Prozessualisierung beinhaltet einen Öffnungsgedanken, der eng verbunden ist mit der Idee, dass Geschlecht „hergestellt" werden kann und sie ist historisch verortet (vgl. Gildemeister & Wetterer 1992). Die Kategorie „Geschlecht" wandelt sich also immer wieder unter identitäts(politischer) Perspektive, sie transformiert sich.

Für eine Relationierung der Geschlechterkategorien wird nicht mehr nur ein Geschlecht isoliert betrachtet und das andere Geschlecht als Kontrast und Bezugspunkt der Unterschiede benutzt, sondern die Beziehungen der Geschlechterkategorien zueinander werden untersucht. Auch bei der Relationierung steht der Aspekt der Öffnung im Vordergrund, denn wenn es um Forschungsfelder wie die Neuen Medien und virtuelle Welten geht, sind die Geschlechteraspekte in der Kommunikation immer wieder neu zu überdenken. In der virtuellen Welt muss die reale Geschlechterordnung keinen Spiegel finden, da diese Welt bietet neue Gestaltungsmöglichkeiten bietet; die Bindung an die reale Geschlechterordnung und damit die geschlechtsgebundene Interaktion müssen nicht statt finden (Turkle 1998).

Dem stehen aber Untersuchungen entgegen, die ein verstärktes Aufleben von Stereotypen z.B. in virtuellen Kommunikationsräumen belegen (Becker 2000, Huber 2000, allgemein Thimm 2000). Auch wenn es Auflösungen der Geschlechterprojektionen gibt oder auch neue Konstruktionen entstehen, zeigen Analysen (z. B: zur Figur von Lara Croft: Deuber-Mankowsky 2001), dass diese auf der Grundlage der vorhandenen Geschlechterordnungen stattfinden und auch ökonomische Interessen eine Rolle spielen.

Geschlecht ist auf der Ebene der Performanz, d. h. der Handlungsebene, der symbolischen Ordnung und auf der Ebene struktureller Zuweisungen durch eine technokratische normierende Zweigeschlechtlichkeit bedingt. Diese Ebenen sind aufeinander bezogen: die Ebene Lernende-Lehrende, die individuelle Ebene, die der Gruppe, die Ebene der symbolischen Ordnung, z.B. in Lernsoftware, Plattformen, etc.

Die Einbeziehung symbolischer Codierungen berücksichtigt festgeschriebene Rollenzuweisungen und ihre Auswirkungen auf Handlungen, dies nicht aufgrund theoretischer Vorgaben, sondern in Bezug auf die vorfindliche Praxis. Die strukturellen Zuweisungen werden symbolisch untermauert, auch und gerade bei der Einführung neuer Techniken, um so die Gesellschaftsordnung wieder neu zu reproduzieren. Beispielsweise führen im Deutschen die Engeneering-Definitionen für die Softwareentwicklung, wie Knowledge Engineering, Design Engeneering, Usability Engineering, etc.

von inhaltlich neutralem Boden zu technikzentrierten Konnotationen.
Diese vier Merkmale im neueren Geschlechterverständnis sollen die Unterschiedlichkeit heutiger Auffassungen in ihrer Komplexität zu erfassen versuchen. Dabei ist die Aufmerksamkeit auf die vorfindliche Kategorisierung beider Geschlechter, aber auch – und vor allem – auf den Wandlungsprozess zu lenken, dem Geschlecht als strukturelle und symbolische Größe heutzutage unterworfen ist, gerade in Bezug auf die Neuen Medien.

2. Gendersensitive E-Learning-Projekte

Nach wie vor kann das Problem konstatiert werden, dass sich Zugangsweisen zu und Umgangsformen mit Computern sowie den Neuen Medien in ihrer Unterschiedlichkeit zwischen den Geschlechtern reproduzieren. Dieser Sachverhalt schlägt sich unmittelbar auf den Frauenanteil in informationstechnischen Studiengängen und Berufsfeldern nieder, womit sie als Gestalterinnen der Neuen Medien weg bleiben. Prozesse des Gendering und das Gendering fördernde Strukturen zeigen sich in Folge bei Computernutzung, Interaktionsprozessen, Einstellungen, Motivationen und Selbstbildern. Dies führt oft, dazu, dass Frauen die technisch mediierte Lehre eher meiden. In unserem Projekt etwa RION fielen im ersten Projektseminar die Frauenzahlen in Jura in Münster von über 50% in der e-Lehre von Rechtsinformatik auf 20% ab, was in späteren Semestern zwar vermieden werden konnte, dennoch blieben die Relationen m:f im Verhältnis 2:1. Es bleibt also die Frage, wie Curricula gestaltet, welche Programmiersprachen, Tools, Umgebungen und Beispiele aus dem Kontext der Anwendungen benutzt und wie die Interaktionen durch Lehrende in den Projekten gesteuert werden können, um Lernenden, besonders Frauen einen Anreiz und Zugang zu Technologie zu ermöglichen, statt zu einem Rückzug zu führen.

Prozesse des Gendering und Gendering fördernde Strukturen zeigen sich in Computernutzung, Interaktionsprozessen, Einstellungen, Motivationen und Selbstbildern.

2.1 Ziele

Durch die Entwicklung gendersensitiver E-Learning-Projekte sollen zunächst negative Wirkungen verhindert werden, vor allem der Vertiefung einer ungleichen Geschlechterordnung durch den Einsatz der digitalen Medien und ihrer größtenteils androzentrischen Zurichtung für die e-Lehre entgegen gewirkt werden. Es geht aber nicht darum, Geschlechter oder andere Unterscheidungen zu nivellieren, sondern einengende Barrieren und Schädigungen zu vermeiden. Mediendidaktik zielt nach der Definition von Otto (1985, S. 79) auf die „Herstellung von Artikulationsfähigkeit und Handlungskompetenz, auf die Befähigung zur Kommunikation und auf die wachsende Selbstgestaltung des Lernprozesses". Unterricht wird (bezogen auf den schulischen Bereich, aber durchaus übertragbar auf andere Lernszenarios) dabei als offener Lernprozess von Lehrenden und Studierenden betrachtet, in dem Medien als Mittel zur (Selbst- oder Mit-)Gestaltung der Lernprozesse genutzt werden. „Bisher fehlen noch detaillierte Beschreibungen von Lernwegen und Bedeutungsentwicklungsprozessen, die aufzeigen, wie Lernende durch ihre Auseinandersetzung mit der Lern-Umgebung von einem kognitiven Punkt A zu einem kognitiven Punkt B gelangen" (Aufschnaiter undWelzel 2001: 129). Hier zeigt sich in der Forschung ein erheblicher Handlungsbedarf.

Gleichzeitig geht es darum, positive Wirkungen zu erzielen. Durch die Entwicklung von Medienkompetenz beispielsweise lassen sich die geschlechtsbezogenen Unebenheiten abmildern, die im Umgang mit Neuen Medien bestehen.[48] Nach der Definition von Baacke (1997) gehören zur (genderadäquaten) Medienkompetenz die kommunikative Kompetenz ebenso dazu wie die Erfassung und Bewertung komplexer medienkommunikativer Zusammenhänge, Fertigkeiten in der Handhabung der neuen Technologien, ein kritisches Urteilsvermögen, um verantwortlichen Umgang mit den Medien zu entwickeln und gezielt und bewusst Medienangebote auszuwählen sowie die Fähigkeit, die Neuen Medien als Werkzeuge den Aufgaben angemessen einsetzen zu können und sich mit Hilfe der Medien Lebenswelten anzueignen und sie mit zu gestalten. Eine gute Möglichkeit, das Kompetenzerleben zu fördern, ist beispielsweise eine niedrig schwellige, schnell erlernbare Software, die Erfolgserlebnisse bringt und somit die Motivation erhöht.

Eine Veränderung der Fachinhalte sowie ihrer Methoden, Sichtweisen und Lehrinhalte hätte zudem die Wirkung, dass es nicht bei einer Abmilderung der Unterschiede bleibt, sondern ein Umdenken stattfindet hin zu einer ausgeglichenen, nun nicht mehr androzentrisch geprägten Wissens(Wissenschafts-)kultur. Ließen sich mehr Fächer auf eine Öffnung ihrer Wissensgebiete ein, so wäre durch Interdisziplinarität eine veränderte Herangehensweise und methodische Umorientierung hin zu einer stärker gendersensitiven Ausrichtung bei der Entwicklung und Erforschung der Neuen Medien möglich.

Auch das BMBF sieht als Ziel einer gendersensitiven e-Lehre die Integration von Theoriebildung, Problemlösung und konkreten Anwendungen, sowie zwischen erkenntnistheoretischen, handlungsorientierten Fragestellungen, wobei auch Fragen und Diskus-

---

[48] Die Analyse von Texten der einschlägigen Autoren (z.B. Baacke 1997, 1999; Hillebrand und Lange 1996; Kübler 1996; Theunert 1999) zeigt, dass trotz aller theoretischen Vorarbeit bisher aber keine einheitliche und allgemeingültige Definition von ‚Medienkompetenz' vorliegt. Vielmehr finden sich unterschiedliche Kataloge von Elementen einer Medienkompetenz.

sionen zu den Wechselwirkungen zwischen Wissenschaftsentwicklung und gesellschaftlichem Wandel vertieft oder sogar überhaupt erst in Gang gebracht werden können. Die Entwicklung von Bewertungskompetenz kann zusätzlich zur Sensibilisierung beitragen, durch Mehrperspektivität, durch die Berücksichtigung von Unterschieden (Diversity-Ansatz), von Kontexten, Kontingenzen und von Interdisziplinarität.

2.2 Medienerfahrungen und Nutzungsweisen

Neuere Ansätze in der Didaktik, wie der Diversitätsansatz sehen neben dem Geschlecht auch andere, ebenso ausschlaggebende Gründe wie z. B. Vorwissen, Gruppensituation, etc., die wichtig für die Verortung eines Lernenden sind. Dabei ist unbestritten, dass sich geschlechtsabhängig Computereinstellungen und -nutzungen nach wie vor reproduzieren. Die in der Forschungsliteratur erörterten unterschiedlichen Faktoren, die zur einseitigen Kompetenz und Interessensbildung führen, sollen im Folgenden dargestellt werden, daran anschließend folgt eine Erläuterung des Diversity-Ansatzes.

Genderingprozesse in der Computernutzung

Frauen und Mädchen haben insgesamt weniger Umgang mit Computern und Neuen Medien als Männer und Jungen, arbeiten inzwischen aber gleich viel mit ihnen. So konnten wir bei den Schülerinnentagen der Universität anlässlich von Internetkursen und in einer Untersuchung am Institut Frau und Technik in Übereinstimmung mit anderen Studien (Schelhowe 1998; Messmer u. a. 2001) feststellen, dass i.d.R. Mädchen und Frauen heute genauso kompetent mit dem Computer arbeiten und sich im Internet zurechtfinden wie junge Männer, aber Jungen spielen erheblich länger mit ihm. Durndell und Thomson haben in einer Studie in Großbritannien herausgefunden, dass in der Schule Mädchen und Jungen Computer etwa gleich, in der Freizeit aber differenziert nutzen (Durndell et al. 1997). Jungen experimentieren öfter mit Computern als Mädchen, die Computer als ein praktisches Werkzeug betrachten (Theunert et al. 1992; Gaicquintia et al. 1993). Frauen benutzen meist andere Applikationen als Männer und sie programmieren auch weniger in ihrer Freizeit. Manche Studien haben diese Tendenz in verschiedenen Ländern gezeigt (Chen 1986; Durndell et al. 1990b; Sian et. al 1990; Beynon 1993). Sinhart-Pallin (1990) weist auch darauf hin, dass bei Mädchen andere Interessen (z. B. Bücher) trotz Computernutzung nicht zurückgestellt werden, während computerbegeisterte Jungen ein stärker eingeschränktes sonstiges Informationsverhalten zeigen.[49]

Unterschiedliche Vorerfahrungen und ein computerspezifisches Selbstkonzept prägen die Entwicklung von Computerkompetenz, d.h. die Art und Intensität der Nutzung. Auch im Internet findet sich in Sprache und Kommunikationsformen die Reproduktion des Gendering. Die Forderung nach einer gendersensiblen Netiquette besteht, ebenso wie die nach einer gendersensibel gestalteten Benutzungsoberfläche, die bis heute noch häufig an Männerbedürfnissen orientiert ist. Ziel muss es sein, gendersensitive Elemente der Benutzung zu ermöglichen. Die individuelle Aneignung der Metaphorik der Interfaces (Andersen 1990; Stingl, in Schinzel et al 2003) umfasst Menus, Dialogfenster, Archive, etc., BenutzerInnenführung, etwa zweidimensional mit WIMP-Paradigma (Window, Icon, Menu und Pointing Device) rekurrieren auf spezifische Navigationskonzepte, die in bestimmter Weise interpretiert werden müssen; das Arrangement der Programmteile und -funktionen, die implizite Funktionalität und Interpretationsvorschrift der Steuerungselemente der Navigations- und Kontrollinterfaces (Weiss 1994) legen Folgen fest. Jedoch sind die kognitiven Transferleistungen auf die inhärente thematisch-funktionale und auch die räumliche Struktur der präsentierten Funktionen unterschiedlich und müssen in Betracht gezogen werden.

Genderingprozesse in Interaktionsmustern

Besonders während der Pubertät benutzen Jungen ihr durch Spiele, technische Ausstattungen und neue Produkte gewonnenes Wissen innerhalb ihrer Referenzgruppe als Macht- und Prestigemedium und als Abgrenzung gegenüber anderen Gruppen, speziell gegenüber Mädchen. In dieser Zeit kristallisiert sich Computerkompetenz als Stabilitätsfaktor für Maskulinität in den Kategorisierungsprozessen während der sozialen Interaktionen (Schründer-Lenzen 1995). Dass Mädchen in der Freizeit weniger Erfahrungen mit Computern haben, wirkt sich im Unterricht aus (Barbieri et al. 1992; Levin et al. 1989; Lloyd et al. 1987; Alonso et al. 1992), etwas, das auch die Interaktionsmuster während des Unterrichts prägt (Williams et al. 1993). Jungen können mit Installations-Leistungen glänzen (Westram 1999), während Mädchen sich unsicher und inkompetent fühlen. Diese Situation wird von den LehrerInnen oft als ein "Natur-Phänomen" betrachtet, ohne die eigene Verantwortung für die Konsequenzen dieses Verhaltens im Unterricht wahrzunehmen. Der Mangel an Lehrkräften für Computerun-

---

[49] Ob jedoch generell durch Computerspiele das Freizeitverhalten umgestellt wird, z. B. Sport und andere Interessen zurückgestellt werden, hängt deutlich mit anderen Sozialisationsvariablen zusammen (*Petzold*, 1996).

terricht in Schulen und die mangelnden IT-Kenntnisse in Verbindung mit ebenfalls mangelnden gruppendynamischen und pädagogischen Fähigkeiten der aktuell tätigen ComputerlehrerInnen (Fluck 2000) spielen in diesem Punkt eine wesentliche Rolle: oft fühlen sich die LehrerInnen überfordert (Ruiz Ben 2000a, 2000b, 2000c, Alonso et al. 1992). Hier ist nach der Medienkompetenz der Lehrkräfte zu fragen, und in wie weit sich hier bei der Vorbildfunktion Gendering fördernde Aspekte ausgeprägt haben.

Genderingprozesse in Einstellungen zu Computern und Neuen Medien
In Bezug auf die Einstellungen von Frauen und Männern zu Informationstechnologien haben mehrere Untersuchungen belegt, dass in der Kindheit und in der Jugendphase bei Jungen mehr als bei Mädchen eine aufgeschlossene Einstellung zu Computern besteht (Gittler et al. 1992; Famulla et al. 1992). In wenigen Untersuchungen wurde eine bei beiden Geschlechtern ähnliche PC-Begeisterung festgestellt (Pflüger 1987). Aber die Art der Einstellung der Geschlechter zum Computer zeigte sich auch hier unterschiedlich: Mädchen zeigten eine emotional distanzierte Einstellung und häufiger negative Meinungen über Computer; Jungen personifizierten den Computer und waren bei seiner Nutzung und Spiel stärker emotional beteiligt (Pflüger 1987; Gittler 1992). Diese Ergebnisse sind natürlich zu revidieren, doch zeigen auch die jüngsten Untersuchungen (Wirth und Klieme 2003), dass in Deutschland die Spielorientierung der Jungen für sie den größten Erfahrungshintergrund an Computern liefert. Weiter bringen sie die für Mädchen alarmierenden Forschungsergebnisse, dass keine Teilgruppe der 15-Jährigen in Deutschland ein geringeres Interesse am Computer hat als Mädchen an Gymnasien: Deutsche Gymnasien belegen bezüglich der Häufigkeit der didaktischen Integration von Computern im internationalen Vergleich einen der letzten Ränge (Wirth und Klieme 2003: 144). Da die Einschätzung der eigenen computerbezogenen Kompetenzen mit der Nutzungshäufigkeit korreliert, ist das Potential einer positiven Beeinflussung des Computerinteresses von Mädchen und Frauen durch e-Lehre sehr hoch einzuschätzen. Dass interdisziplinäre Inhalte und Zugangsweisen den Interessen von Mädchen entgegenkommen, wurde wiederholt dargestellt (z. B. Gilbert 2003, Stewart 2003), auch die positive Wirkung von Kontextuierung der Studieninhalte von Beginn des Studiums an konnte in den USA wiederholt gezeigt werden.[50]
Weiter für das Gendering in den Neuen Medien zu beachtende Felder sind: Inhalte, Sprache, Inhaltsrepräsentation und -organisation, Metaphern, Leitbilder (Werkzeug-

---

[50] Vgl. L. Blum et al: http://wascs.sp.cs.cmu.edu/Web/Papers/#lb, Vicki Almstrum in CACM 46:9 (September 2003) "What is the attraction to computing?

vs. Maschinenmetaphern), Kontextuierung der Inhalte, verschiedene Sichtweisen und Interdisziplinarität, Ästhetisierungen, Metaphorik der Icons, Symbole, Gestaltung der Lernplattform- oder des Groupwaredesign - für Interaktion, Kommunikation und Kooperation, Design von Benutzung, Hypertextorganisation, Navigation und Funktionalität, und natürlich die Mediendidaktik.

Genderingprozesse in Selbstbild und Motivation
Eine der impliziten Dimensionen in den Einstellungen von Frauen und Männern zu Informationstechnologien ist das subjektiv wahrgenommene Selbstvertrauen, das durch ihren Einfluss auf Mühe, Persistenz und Beharrlichkeit eine indirekte Wirkung auf die Leistung zeigt (Pajares et al. 1999). Manche Studien haben belegt, dass Mädchen und Jungen unterschiedliche Selbstwahrnehmung und Selbstvertrauen in Mathematik und Informatik zeigen (Wigfield et al. 1997). Ein sehr wichtiger Faktor in diesem Punkt ist der Zusammenhang zwischen Selbstwahrnehmung und realer akademischer Leistung, worauf Aspekte wie soziale Schicht und die akademischen Fähigkeiten in manchen Studien einen wichtigen Einfluss gezeigt haben (Skaalvic et al. 1990). Das Selbstkonzept bezüglich eines bestimmten Faches wurde in Bezug auf eine externe Referenz (sozialer Vergleich mit anderen SchülerInnen oder StudentInnen in dem bestimmten Fach) und eine interne Referenz (Vergleich der eigenen Leistungen in diesem spezifischen Fach mit eigenen Leistungen in anderen Fächern) von Marsh untersucht (Marsh 1986 & 1990). Die Vorbild-Funktion von Frauen in Bezug auf die Technikentwicklung, -betreuung und -nutzung in der Lehre mit Neuen Medien spielt auch eine sehr wichtige Rolle, denn es scheint diesbezüglich in e-teaching-Projekten eine geschlechtsspezifische Arbeitsteilung zwischen Technikentwicklung und -Betreuung und Inhalteerstellung und Lehre zu herrschen.

Wenn klar wird, wo Computer im Alltag und im künftigen Leben positiv integriert werden können und mit welchen anderen Feldern wesentliche Verbindungen bestehen, wird der Zugang zu Computern und technisch mediierter Lehre leichter und die Motivation gefördert. Diversity und Interdisziplinarität müsste in den Vordergrund rücken, sowie Kooperation als pädagogische Methode berücksichtigt werden (Jones et al. 1995; Peterson et al. 1985; Fennema et al. 1985). Die Berücksichtigung unterschiedlicher kognitiver Lernstile ist für die Frauenbeteiligung ebenfalls von zentraler Bedeutung (siehe z.B. für webbasierte Lehre Chee Leong et al. 1999; McDonald et al. 2000, oder allgemein Blum 1998; Kirkup 1995).

Gendering Tendenzen in Design und Benutzung, in Kommunikation und Kooperation
Viele Autorinnen beklagen das schlechte frauenunfreundliche Design und Inhalt von Software (De Palma et al. 2001, American Association of UniversityWomen, Gorriz et al. 2000). Der Report Tech-Savvy der American Association of Women teilt mit, dass das gebrochene, ambivalente Verhältnis von Mädchen zu Neuen Technologien teilweise gerechtfertigt scheint, und zwar nicht wegen Ängstlichkeit und Inkompetenz. Schwachpunkte seien Passivität, Redundanz, Brutalität und gleichzeitige Unsinnlichkeit. Die Computerszene müsse integrativer, offener, vielseitiger werden. In diesem Punkt spielen die Qualitätsstandards in der Softwareproduktion eine wesentliche Rolle, weil durch sie Anforderungen an Interaktion mit anderen Disziplinen hereinkommen: die Akzeptanz der Produkte der Softwareindustrie hängt von den BenutzerInnen ab, weshalb diese Personen in ihren psychologischen, kulturellen, sozialen Dimensionen betrachtet werden müssen (Schinzel et al. 2001). Mit den Computerspielen sind bereits die technisch mediierten Inhalte angesprochen, welche oft unbewusst androzentrische biases transportieren, die Frauen und Minderheiten stören oder ausgrenzen können.[51].
Auch die neuen Kommunikations- und Kooperationsmöglichkeiten werden oft androzentrisch überformt, etwa indem sich männliche Kommunikationsstile[52] in beruflichen Chats und Mailinglists herausgebildet haben, die Frauen aus den Diskussionen herausdrängen und sie mangels körperlicher Präsenz noch unsichtbarer machen als in realen fachlichen Diskursen (Becker 1996).
Genderingprozesse fördernde Faktoren müssen identifiziert werden, um sie abzumildern und Degenderingprozesse in Gang setzen zu können.

Diversity
Der Diversity-Ansatz schreibt keine Geschlechter- u.a. Differenzen fest, sondern öffnet einen Raum für Unterschiede. In verschiedenen soziokulturellen und individuellen Kontexten entwickeln Individuen unterschiedliche Denkmuster und kognitive und Zugangs-Stile. Sie rekurrieren auf je nach Vorgeschichte unterschiedliche Medienerfahrungen, unterschiedliche Interessen und Ziele, verschiedene Lerntypen und kontingen-

---

[51] So findet man etwa häufig aggressive konkurrenzorientierte Spiele (u. a. auch in Gorriz et al. 2000 angesprochen) oder Bilder und Visualisierungen, die den "weißen Mann" als Norm präsentieren und andere als abweichend, abnorm darstellen (Schmitz 2001). Auf Homepages haben sich, um Aufmerksamkeit auf sich zu ziehen, Ästhetisierungen herausgebildet, die vorwiegend Männer nutzen (können), da sie Frauen sexueller Anmache und Flaming aussetzen (Becker 1996).
[52] So stellen Metaphern wie Maschine, engineering oder Konstruktion die Software in Kontexte und in Kompetenzbereiche, die als männlich betrachtet werden. Beispielsweise hat die Unterscheidung nach „Werkzeug" und „Maschine" geschlechtssymbolische Bedeutung (vgl. Turkle 1984, sowie die empirische Studie von Nelson/, Wiese und Coop 1991).

te Nutzungsarten. Ein weiterer Grund diesen Ansatz zu verfolgen ist, dass Wissen und seine Einbindung in die Praxis einem beschleunigten Wandlungsprozess unterworfen sind, daher ist die Diversifizierung wichtig. Das Hauptaugenmerk beim Diversity-Ansatz als Konsequenz aus der Theorie liegt auf einem konstruktiven Vorgehen, das sich auf die Vorbildung der Lernenden beziehen muss und den Ansatz bei den Lernbedürfnissen und Lernfähigkeiten der Lernenden findet. Gemäßigt konstruktivistische Lernmodelle, mit Lernerlenkung statt Orientierungslosigkeit sind dabei rein konstruktivistischem Vorgehen vorzuziehen. Es geht als um eine Unterstützung der Eigenverantwortlichkeit für von den Lernenden zu initiierende aktive Prozesse. Eine partizipatorische und diversifizierte Didaktik wirkt motivierend auf alle Studierenden. Diversifizierung bedeutet auch, dass weniger kursorisches Wissen vermittelt wird als vielmehr flexible Inhalte und die Anwendung von Methoden zur Aneignung situativ sinnvoller Kenntnisse eingesetzt wird. Das Thema der Lehrveranstaltungen soll eine intrinsische Motivation erzeugen (Claus et al. 2004). Es werden verschiedene Zugangsweisen und Lernstile bedient. Auch haben die Lehrenden, um eine einheitliche Medienkompetenz zu erreichen, eine gute NM-Einführung und -Dokumentation zu leisten. Es empfiehlt sich, den Studierenden gegenüber klarzustellen, aber auch zu begründen, was an Medienkompetenz und Selbständigkeit im Umgang mit Hard- und Software von ihnen verlangt wird und was nicht. Dabei kann ein zu hoher Anteil an Computerterminologie eher destruktiv und abschreckend wirken. Hingewiesen werden sollte auch auf die Hilfestellung und auf die Betreuung der Teilnehmenden, die angeboten wird. Die Wahrnehmung und Erhebung relevanter Diversity-Aspekte durch die Lehrenden ermöglicht eine Diversity-Gerechtigkeit. Die diversitätsgerechte Gestaltung innovativer Lehr-Lern-Szenarien erfordert einen Vergleich mit der bisherigen Lehre: Was ist den Studierenden vertraut? Welche Elemente sind ungewohnt? Wie stark ist die Abweichung vom Üblichen? Innovationsprozesse können durch Schärfen und Kommunizieren des Fachprofils befördert werden, indem Reflexion und Konsens über alle die Lehre tangierenden Elemente des Fachprofils initiiert werden.

3. Systematisierungen

Bisher fehlen wissenschaftliche Grundlagen für eine gendersensitive Gestaltung, für die Mediendidaktik und für die Nutzung von Lernmedien, wie z. B. die für eine gendersensitive Auswahl und Gebrauch von Lehr- bzw. Lernplattformen. In dieser Situation erfordert das Vorgehen neben einer Theorieleitung (z.B. des Geschlechterbegriffs vgl. 1.) die Bezugnahme auf die erforschten Relationen zwischen Geschlecht und Informationstechnik, wofür die bereits bekannten einwirkenden Effekte herangezogen werden (siehe 2.), didaktische Ergebnisse und curriculare Erfahrungen.[53] Die so gefundenen Erkenntnisse können als Eingangsthesen für eine gendersensible Gestaltung der neuen Medien für das E-Learning eingehen, indem sie in Bezug gesetzt werden zum Zusammenhang zwischen Didaktik, Technik und Inhalten. Für dieses Unterfangen wird hier eine Strukturierung gegeben, die Systematiken und Evaluationskonzepte enthält.

Die folgenden Systematisierungsversuche bieten keine disjunkten Unterscheidungen, da in der e-Lehre alle Kategorisierungen ineinander greifen. Daher erscheinen wesentliche Merkmale in vielen Systematiken immer wieder. Als unterscheidbare Kategorien sind sie dennoch wichtig, um die relevanten Fragen und Merkmale von verschiedenen Seiten her beleuchten zu können.

Die genderrelevanten Elemente einer Mediendidaktik sind unterscheidbar einmal nach nicht technisch mediierten Einflussgrößen, wie z.B. Organisation, beteiligte Personen mit ihrer Biographie, Lehr und Lernziele, Fachkultur(en), Lerninhalte und -methoden. Die technisch mediierten Elemente können nach dem repräsentierten „Was" (der *nature of content*), und dem „Wie" (dem *learning design*) unterschieden werden. Die Vorbereitungen hierfür laufen in den Phasen Entwicklung und Planung, die Ausführung in der Einsatzphase.

3.1 Einflussgrößen

Nicht technische Einflussgrößen, die für Gender und e-Lehre von Bedeutung sind, finden sich in den Bereichen

- Hintergründe, hier verstanden als sich noch nicht in der technischen Mediierung befindliche Merkmale, die jedoch für die Letztere ebenfalls bedeutungsvoll sind bzw. dort umgesetzt werden:
  - beteiligte Personengruppen und ihre individuellen, fachkulturellen, Medien- und genderbezogenen Einstellungen, Erfahrungen, etc.
    - E-Learning Entwickelnde (gendersensitives Design der Lernplattformen, gendersensitive Mediendidaktik, gendersensitives Inhalteaufbereitung in Modulen und technische Erschließung von Wissenszugängen)

---

[53] z.B. Frauenbeteiligung in Computer Sciences an der CMU durch Lenore Blums Definitionen der Eingangsqualifikationen und curricularen Änderungen: http://wascs.sp.cs.cmu.edu/Web/Papers/#lb

- Lehrende (Umsetzung des mediendidaktischen Konzepts, [fachspezifischer] Zugang zu Inhalten und Unterstützung der Lernprozesse, Inhaltspräsentation, Interaktionen,...)
- Lernende (Lernziele, individuell und Studien bezogen, Lern- und Kommunikationsstile...)
- Technische Unterstützung (gendersensitiv)
  - Arbeitsorganisation zwischen den beteiligten Personengruppen
  - Fachdidaktik und Fachkultur
- Ressourcenzugänge, sich auch als Barrieren erweisend, sind
  - materielle Ressourcen (PC, Güte der Ausstattung, Software, Internetzugang)
  - institutionelle Barrieren und Fachkulturen
  - situations- und neigungsbedingten Barrieren
  - individuelle Medienerfahrungen

Diese Bereiche gehen ineinander über, beispielsweise hat die Fachkultur einen erheblichen Einfluss auf den Zugang zu Ressourcen: Die Fachkultur sollte ihre Selbstdarstellung in der Öffentlichkeit und intern möglichst realistisch und aktuell gestalten, das Image des Faches und eventuell gängige Fehleinschätzungen thematisieren und so mögliche Hemmschwellen abbauen. Sie kann genaue Informationen weiterleiten, die darüber Aufschluss geben, wie viel und welche Medienkompetenzen für Berufe der jeweiligen Disziplin nötig sind, z.B. durch konkrete Berichte über verschiedene Arbeitsplätze und Berufsfelder. Ideal ist es, wenn das Projekt selbst einen Berufsbezug aufweist, insbesondere wenn spätere berufsrelevante Tätigkeiten eingeübt werden. Nützlich sind generell Veranstaltungen mit Berufsbezug, in denen spätere berufsrelevante Tätigkeiten eingeübt werden.

3.2 Medienfunktionen

Hierbei handelt es sich um die Systematisierung der technisierten Anteile, die sich durch die Einführung von Medienfunktionen wie folgt einteilen lassen (Keil-Slawik 2000).[54]

Die **primäre Medienfunktion** ist die, Zeichen durch Technik zu erzeugen, die in das Wahrnehmungsfeld des Menschen zu bringen und zu verknüpfen. Zu ihr gehören – nicht nur über Informationstechnik mediiert – z.B. Texte, mathematische Formeln, technische Zeichnungen, Bilder, Noten, Visualisierungen von Ereignissen, experimen-

---

[54] Keil-Slawik nimmt die tertiäre Medienfunktion, i.e. die Funktionen zur Implementierung „selbst lernfähiger" Systeme, wie Agenten, KI-Systeme, etc. noch hinzu.

tellen Anordnungen oder Simulationen. Die primäre Medienfunktion hat somit Auswirkungen auf den Ressourcenzugang und die Inhalteerschließung. Sie bezieht sich auch auf die Entwicklung von Infrastrukturen und Standardwerkzeugen (Alltagstauglichkeit). Sie ist auf allen drei Ebenen gender-relevant, insofern sie an kontingente Wahrnehmungshintergründe, Erfahrungen und Gewohnheiten anschließt.
R. Keil-Slawik erklärt die primäre Medienfunktion so:
a. Zeichen zu kreieren bedeutet, ein Phänomen so wahrnehmbar zu machen, dass es systematischen, beobachtbaren Veränderungen unterworfen werden kann.
b. Zeichen zu arrangieren bedeutet verschiedene Artefakte möglichst gleichzeitig ins Wahrnehmungsfeld zu bringen und so anzuordnen, dass inhaltliche Zusammenhänge räumlich abgebildet werden können.
c. Zeichen verknüpfen meint, zusammengehörige Artefakte als eine Einheit zu behandeln, beispielsweise durch physisches Verbinden, Zusammenfassen in einem Behälter oder durch das Anlegen von Verweisen.

Die technischen Mittel dürfen dabei nicht das didaktische Konzept bestimmen, d.h. der Zusammenhang mit dem didaktischen Konzept ist nur über die Frage möglich, wer kreiert, arrangiert und verknüpft. Die Hauptverantwortlichen für die primäre Medienfunktion sind die Entwickelnden, aber auch die Lernenden, sofern das didaktische Konzept konstruktivistische Anteile hat.

Die **sekundäre Medienfunktion** dagegen betrifft die medienunterstützte Verankerung von didaktischem und pädagogischem Wissen - einerseits über die zu vermittelnden Inhalte und andererseits über den Lernprozess selbst. Somit ist gender überall eingelassen bzw. relevant. Nach Keil Slawik kann sie unterteilt werden in Inhaltsebene, Instruktionebene und Kooperationseebene.

a. Inhaltsebene: Auswahl, Repräsentation und Zusammenstellung des Lehrstoffs, kommentierende Bewertung, Beispiele, Aufgaben (Bsp.: web, Plattform, CDs) (nature of content - learning what)
Die gendersensible Inhalteerschließung beachtet symbolische Gehalte von
- Definitionen und Symbolen,
- Sprache,
- Darstellungen und Bildern,
- die Auswahl und die Organisation des Wissens sowie
- Hierarchisierungen und Verlinkungen

b. Instruktionsebene: Festlegung der Reihenfolge der Bearbeitung, Mechanismen der

Rückmeldung, Lernerfolgskontrolle, Implementierung von Vermittlungs- und Übungskonzepten (Bsp.: Konzeptmanager) (learning how)

c. Kooperationsebene: methodische Einbettung in kooperative Lernprozesse, Mechanismen zur Abstimmungs- und Entscheidungsunterstützung, Umsetzung von Diskursverfahren und Rollenspielen (Bsp: Kommunikationstools, geteilte Anwendungen, geteilter Arbeitsraum)

Das gendersensible Lerndesign (learning how) achtet auf
- eine inkludierende Mediendidaktik
- gendersensitive Kommunikation und Kooperation
- inkludierende Lernforen- und –formen

Es wird lernerzentriertes, experimentierendes, explorierendes, kollaboratives und konstruktives Lernen favorisiert. Hierbei müssen emotionale Aspekte beachtet werden, verschiedene Perspektiven beleuchtet, Komplexität verdeutlicht und die Beziehung zwischen Perspektiven auf komplexe Inhalte erfahrbar gemacht werden.

Qualität, Konsolidierung und Langzeitwirkung des Erlernten wird erreicht durch induktive und deduktive Zugänge, durch das linking von verschiedenen Repräsentationen der gleichen Inhalte und durch die Immersion in authentische Umgebungen: so werden die Kreation individueller Bedeutungen und die relationalen Wege des Wissens und des „In-der-Welt-Seins" unterstützt.

Der Ressourcenzugang bezieht sich bei der sekundären Medienfunktion vor allem auf die Punkte a und b. Hier sind sowohl für das „learning how" als auch das „learning what" alle Personengruppen beteiligt.

3.3. Entwicklungsphasen

Drei Phasen sind es, die für die für die Gestaltung und damit für Genderrelevanz im E-Learning von Bedeutung sind:

Entwicklungsphase

In dieser ersten Phase wird innerhalb des Entwicklungs- und Lehrteams die Arbeitsorganisation aufeinander abgestimmt, das Curriculum geprüft. Technik, wie die Lernplattform, Groupware- bzw. Kommunikations- und Kooperationstools werden entwickelt oder angepasst. Diese Mittel müssen im Verein mit einer ebenfalls fest zu legenden Mediendidaktik entwickelt werden, welche wiederum eng mit einer mediierten Inhaltsaufbereitung verknüpft ist. Diese Anteile sind weder zeitlich noch hierarchisch anzuordnen, die Technik sollte aber dienenden Charakter beibehalten und steht nur in Zusammenhang mit der Entwicklung von Medienkompetenz für Lehrende und Lernende im Vordergrund.

Beispiele für eine gendersensitive Intervention in dieser Phase:
Zu achten ist hier auf die Arbeitsorganisation der und Kooperation zwischen den Entwickelnden und Lehrenden, ebenso sind die Gruppenprozesse so aufeinander zu beziehen, so dass keine geschlechtsspezifische Arbeitsteilung entsteht (z.b. zwischen Technik und Inhaltsaufbereitung).

Für das Learning What werden mit vergrößerter Bandbreite und verbesserten multimedialen Technologien wie streaming audio multiple Darstellungen von Information und inklusive Designlösungen möglich: so z.B. multimodale designs, die graphische und dynamische Repräsentationen enthalten. Nicht nur die Information selbst ist in diversifizierter Beschreibung darzustellen, sondern auch der entsprechende Inhalt von verschiedenen Perspektiven zu beleuchten und die Repräsentation von alledem in einer Diversität von Formen anzubieten. Alternative Darstellungen durch linking von verbaler, visueller und auditiver Information für diverse Lernstile, Vorlieben und Erfahrungen sollten verfolgt werden, doch Idiosynkrasien sind zu vermeiden.

Planungsphase
Die zweite Phase wird nun konkreter auf eine Lehrveranstaltung bezogen, d.h. die Auswahl der Lehr- und Lernziele, die Zugänge zu Wissen, zu Medien werden ausgearbeitet. Auch die mediendidaktischen Konzepte für die Zielgruppen und die Inhalte werden festgelegt.

Beispiel für eine gendersensitive Intervention in dieser Phase:
„Diversity" von Interessen, Zugängen, Repräsentationsformen, Lernstilen und Sichten soll erlaubt werden. Dies kann einerseits dadurch geschehen, dass ein und dasselbe Wissen unterschiedlich in der ersten Phase mediiert aufbereitet und angeboten wird. In der Planungsphase können Zugänge, Inhaltsauswahlen und Kooperationsbeziehungen adaptierbar durch die Nutzenden gehalten werden.

Auf der Inhaltsebene bezieht sich die Zusammenstellung eines gendersensitiven Unterrichtsmaterials auf die Auswahl und Zusammenstellung des Lehrstoffs, die kommentierende Bewertung, praktische Beispiele, realistische Aufgaben mit mehreren Lösungswegen und möglichen Ergebnissen, Kontexte und Nutzungsbezug. Gendersensitives Unterrichtsmaterial vermeidet Normierungen, androzentrische Standardisierungen, Übergeneralisierung und Dekontextualisierung. Statt kanonischer Lehrbuchinformation wird eine offene Lernsituation angeboten; Repräsentationsformen wie die Abstraktion mit Kontextbezug und verbundenes Wissen (persönliche Erfahrung) statt separiertes Wissen schaffen beste Voraussetzungen für eine gendersensitive Mediendidaktik.

Einsatzphase
Organisation und Taktung der Lehre sind hier zu finden, d.h. Präsenzphasen und online-/offline-Phasen wechseln sich ab. Die Regeln der Lehrorganisation und der Gratifikationen sollten zu Beginn der Lehrveranstaltung kooperativ festgelegt werden. Die Studierenden sollten tutoriell betreut werden, gleichzeitig sollten die Interaktionen bei der mobilen Lehre beobachtend und begleitend evaluiert werden.

Beispiele für eine gendersensitive Intervention in dieser Phase:
Es hat sich gezeigt, dass face-to-face-Kommunikation unablässlich sind für die Etablierung persönlicher Beziehungen und somit auch für die „Bindung" der Teilnehmenden am Projekt. Des Weiteren müssen die Kooperation gefördert werden und der Computerbesitz der Lernenden ist zu berücksichtigen. In dieser Phase werden folgende Voraussetzungen geschaffen:

- Kennenlernen organisieren (Einsicht in verschiedene Wissenshintergründe)
- Kooperationsziele vermitteln
- Leistungsanforderungen, Ergebnissicherung klären
- Regeln (gendersensitiv) für die Gruppenarbeit gemeinsam entwickeln
- Raum für informelle Strukturen schaffen
- Ansprechbarkeit organisieren
- Taktung festlegen
- Technische Voraussetzungen vermitteln

4. Empfehlungen zu E-Learning-Projekten

Hier gehen Erfahrungen nicht nur aus RION, sondern auch aus verschiedenen anderen Projekten ein, insbesondere aus dem vom BMBF geförderten Notebook-Universitätsprojekt der Universität Freiburg F-Moll (Claus et. al 2004), wofür wir das Gender Mainstreaming im Gesamtprojekt übernommen hatten.

4.1 Voraussetzungen in Entwicklungs- und Planungsphase
Definitionen sind ein wichtiger Bestandteil bei der Vorbereitung und Durchführung der E-Learning-Projekte. Diese beginnen bei Gender-adäquaten Begriffsbestimmungen, wie beispielsweise der Medienkompetenz, und enden bei der Formulierung der Projektziele. Nur dadurch wird von vornherein die Grundlage gelegt, die den Mitarbeitenden auch einen sicheren Umgang mit den Themen ermöglichen.

Personen

Wichtig bei der Auswahl der Personen, die mit den Projektaufgaben betraut werden, ist es zum einem, die mitgebrachte fachliche Kompetenz einzuschätzen, zum anderen, sie richtig einzusetzen. Neben der für die Tätigkeit erforderlichen fachlichen Qualifikation stellt die Genderkompetenz eine zweite, wichtige Anforderung an die MitarbeiterInnen. Das Einstellungsverhalten sollte sich in einem ausgewogenen Miteinander zeigen, d.h. im Projektmanagement sollte ein ausgeglichenes Geschlechterverhältnis bestehen. Die Aufgaben sind geschlechterdurchmischt zu verteilen; die technische Seite muss beispielsweise nicht immer von einem Mann übernommen werden.

Das Team des E-Learning-Projekts sollte zu Beginn eine Sensiblisierung für das Gender Mainstreaming erhalten. Ähnliche Voraussetzungen und Wissen um Geschlechterverhältnisse im Kontext der neuen Medien erleichtert die Kommunikation im Team. Für jedes Projekt ist mindestens eine bzw. ein GM-Beauftragte/r zu bestimmen, denn nicht nur im Ganzen ist immer wieder auf die Bedeutung geschlechtsspezifischer Unterschiede und Gemeinsamkeiten zu fragen, auch jeder Teilbereich ist daraufhin immer wieder zu hinterfragen.

Zielbestimmung

Um die Konzeptentwicklung auf den Weg zu bringen, müssen die Ziele gemeinsam zu Projektbeginn differenziert erarbeitet werden. Die Ziele müssen im Laufe des Projektzeitraums immer wieder überprüft werden, möglicherweise auch durch externe Evaluation. Konkrete Ziele können dabei sein: Sensibilisierung für Rollenklischees, Thematisierung von Ungleichheit, geschlechtergerechte Repräsentationen, ausgewogene Themenauswahl, geschlechtsunabhängige Rollenzuweisungen, geschlechtergerechte Inhalte, etc. Die Ziele müssen sowohl auf das Gesamtkonzept als auch auf seine einzelnen Komponenten hin abgestimmt sein.

Eine Bedarfsanalyse zu fachrelevanten Schlüsselkompetenzen kann über folgende Fragestellungen erreicht werden:

- Entwicklung einer Zielvorstellung: Über welche Schlüsselkompetenzen sollten Teilnehmende eines E-Learning-Projektes in welchem Maße verfügen?
- Erhebung von Daten zu vorhandenen Schlüsselkompetenzen: Über welche Schlüsselkompetenzen verfügen die Teilnehmenden zu Beginn und im späteren Verlauf des Studiums in welchem Maße? Inwiefern ist hier Diversität festzustellen?
- Erhebung von Informationen zum Relevanzerkennen: Wie ist das Bild des

Fachs in der Öffentlichkeit? Welche Vorstellungen haben Studienanfängerinnen und -anfänger?

Die Ebenen der Unterstützung des Relevanzerkennens und des Erwerbs von Schlüsselkompetenzen bei Studieninteressierten und Studierenden ergeben sich aus der externen und internen Informationspolitik, aus der Propädeutik und dem Curriculum sowie aus der Fachdidaktik. Die Relevanz von Schlüsselkompetenzen kann durch Informationen und Erfahrungen zu fachrelevanten Arbeitsfeldern deutlich werden, indem die Informationen zu einschlägigen Berufsfeldern ausführlich sind, eine Ermutigung zu Praktika geäußert wird und die Gestaltung von Lehr-Lern-Szenarien so aussieht, dass ein Berufsbezug bzw. Praktikumscharakter konkret wird. Die Lehr-Lern-Szenarien zur Vermittlung erster Erfahrungen mit virtueller Team-Arbeit kann gefördert werden durch überregionale Kooperationen und durch Szenarien, die Kooperationsformen des Arbeitslebens simulieren.

Innerhalb der Zielbestimmung muss auch der Umgang mit Öffentlichkeit und Privatheit im virtuellen Raum thematisiert werden: die Grenzen der Privatheit von elektronischer Kommunikation und CSCL-Workspaces sowie die veranstaltungsinterne Transparenz thematisieren. Es sollte dann eine verbindliche Vereinbarung über den Umgang mit den eingestellten Daten getroffen werden. Das Projektteam sollte Art und Umfang der Beteiligung an elektronischer Kommunikation und virtueller Team-Arbeit in Pflichtveranstaltungen freistellen, dabei ist eine Netiquette mit Spielregeln aufstellen inklusive Flamingverbot (Blum 1999: 48f.).

Zielgruppenprofile

In der Ausarbeitung des Gesamtkonzepts wird gleichzeitig auch die Zielgruppe bestimmt. Dabei müssen zu Beginn des Projektes die Gemeinsamkeiten und Unterschiede der Teilnehmenden nach Geschlecht unterteilt eruiert werden. Dazu zählen neben dem Hintergrund des Einzelnen/der Einzelnen, wie z. B. Erfahrung mit Computern, Beruf, Zugangsmöglichkeiten zu Computern und Internet, etc auch die Rahmenbedingungen der Teilnehmenden: wie viel Zeit können sie erübrigen, in welchem Lebenszusammenhang befinden sie sich und gibt es vielleicht Möglichkeiten, zeitliche Engpässe zu überbrücken. Geschlechtsspezifische und individuelle Nutzungsarten des E-Learning können auch im Laufe des Projektes kontinuierlich erfragt werden.[55] Je genauer die Analyse der Zielgruppe erfolgt, desto besser ist die Abstimmung und die Hilfestellung durch das Projektteam.

---

[55] Es gibt immer wieder Leitfäden, die inhaltlich gut gearbeitet sind, doch Genderaspekte völlig außer Acht lassen, so z.B. Guidelines (2004).

4.2 Medienfunktionen erster und zweiter Stufe (Entwicklungsphase)

Inhalt

Mit explizitem Inhalt gehen auch immer implizite Inhalte einher, die keine Androzentrismen aufweisen dürfen. Hierbei spielen Sprache, das Vokabular und die Metaphern sowie die Vermeidung von semantischen und pragmatischen Entmutigungen (keine militärischen Begriffe) und Leitbilder eine Rolle. Themenfelder wie Kriegs-, Sport-, Action/Adventure- oder Kampfspiele mit Konkurrenz und Gewalt sind zu vermeiden, sondern geschlechtsneutrale Themen aus dem realen Leben aufzugreifen, z.B. solche mit sozialen und ökologischen Zielen. So lässt sich ein Bezug zur (Berufs-)Praxis herstellen. Aber auch spezielle Frauen- und Männerthemen bieten sich an; die Themenbereiche sind ausgewogen zu wählen, dabei ist auf die Verteilung der Rollen zu achten: nicht Frauen in eine sozial schwächere Position bringen. Bei der inhaltlichen Ausarbeitung müssen die Projektmitarbeitenden darauf achten, ihre eigene, falls vorhandene, Rollenvorstellung der Geschlechter nicht unbewusst mit einzubauen. Zu Beginn der Veranstaltung sind immer beide Geschlechter anzusprechen.

Je nach Qualität der Inhalte können qualitativ verschiedene multimediale Angebote für Aufmerksamkeit sorgen, ebenso durch Medienwechsel und dem Austausch von Rollen.

Für die Projektunterlagen empfiehlt es sich, Zitate und Literaturhinweise auszugleichen. So können z.B. laut Jelitto (2003) die Vornamen ausgeschrieben werden, um das Geschlecht der (weiblichen) Autoren erkennbar zu machen. Abgekürzte Vornamen, so Jelitto weiter, „sind zwar geschlechtsneutral, machen aber den Beitrag von Frauen (bzw. in einigen Bereichen von Männern) zur Wissenschaft unsichtbar und wirken somit verschleiernd." Allgemein ist darauf zu achten, dass die verwendete Sprache weder altersdiskriminierend, militärisch, rassistisch, religiös abwertend oder sexistisch sind, Minderheiten diskriminieren oder Geschlechtsstereotypen aufgreifen (Jelitto 2003).

Didaktik

Die Projektarbeit sollte möglichst berufs- oder praxisnah erfolgen. Dabei muss Raum gelassen werden für verschiedene Lernstile, die individuell auf verschiedenen Wegen die richtige Lösung bringen oder zu ganz eigenen Lösungen führt. Zugänge können explorativ sein, als Guided Tour erfolgen und auch spielerische Elemente beinhalten. Konkurrenz- und Wettkampfsituationen müssen verhindert werden, Interaktionen und kollaboratives Lernen gefördert werden. Die kognitive Flexibilität von verbundenen Lernstilen und selbstbestimmtes Lernen nach eigenem Stil und selbst konstruierten Zielen erfordert, dass die Kontrolle der Informationspräsentation beim Lernenden ist, um die eigenständige Konstruktion von Wissen zu unterstützen. Wichtige Stichworte sind hier:

- Forschendes Lernen,
- gegenseitiges Belehren,
- narrative Stile,
- Rollenspiele.

Auf individuelle Lerninteressen und Präferenzen muss geschlechtersensibel eingegangen werden. Individuelle Lernwege, der Einsatz von Lernerfolgskontrollen und Präsenzkurse motivieren die Lernenden. Um eine Überforderung der Lernenden zu vermeiden, wird kompliziertere Software in einer gesonderten Veranstaltung eingeführt. Bei wechselnden Arbeitsmitteln bei Klausuren sollte die Angemessenheit der Anforderungen auch in der Klausurvorbereitung berücksichtigt werden. Fachspezifisch relevante Software sollte Studierenden weiterhin in Form von Schullizenzen zur Verfügung gestellt werden können.

Schon die Gestaltung der Lehrräume mit Computern sollte nicht als ein Ort des Frontal-Unterrichts einrichtet sein, sondern es bietet sich an, die Tische in einer kommunikativ besseren Weise aufzustellen, z.B. in U- oder Kreis-Form. Den Teilnehmenden sollten möglichst genaue Angaben über die Aufgaben der Betreuenden gegeben werden. Es hilft beiden Seiten, zu wissen, wann Hilfe z.B. zeitgleich oder zeitversetzt zu erwarten ist, wie zu erwartende Anregung und Kritik weitergeben wird, welche in der Gruppe diskutiert werden, etc. Zudem ist es seitens der TutorInnen wichtig, von vorne herein Verhaltensregeln mit auf den Weg zu geben. So wird der Unsicherheit der Teilnehmenden schon von Beginn an etwas der Wind aus den Segeln genommen. Die Aufgabenverteilung sollte - wie im Projektmanagement – so aussehen, dass sie die Geschlechterstereotypen bewusst aushebelt.

Virtuelle und mobile Veranstaltungen sollten nicht schon zu Beginn des Projekts eingeführt werden. Die Veranstaltungen sind mit sinnvollem, auf zu vermittelnden Lerninhalt abgestimmtem Computereinsatz zu konzipieren (*form follows function*), dabei soll der Computereinsatz einen Qualitätsgewinn erzeugen. Nutzen und Aufwand sollten in einem realistischen Verhältnis zueinander stehen. Die online zur Verfügung gestellten Lehrmaterialien sollten nach folgenden benutzungsfreundlichen Kriterien gestaltet werden:

- Qualität statt Quantität
- Übersichtliche Navigationsstruktur
- Lehrmaterialien weiterhin auch in der herkömmlichen Papierform zur Verfügung stellen
- Dateien an durchschnittlicher technischer Ausstattung orientieren
- Druckversion mit geringer Dateigröße anbieten

Von Anfang an ist die face to face- Etablierung persönlicher Beziehungen wichtig. Erforderlich sind eine gute Moderation, lebendige Diskussionen und Interaktionen zwischen Lernenden und Lehrenden sowie den Lernenden untereinander. Das Tutoring unterstützt die Interaktionen und Diskussionen auch online beständig und erhält sie aufrecht. Auch hier sind androzentrische Kommunikations- und Interaktionsstile zu vermeiden, d.h. keine konfrontative Argumentation, das Zielen auf Widerspruch und Durchsetzung statt auf Erhaltung der Kommunikation und einer gemeinsamen Problemlösung.

Die Teilnehmenden sollten eine Vorstellung davon bekommen, wie das didaktische Konzept im Projekt ausgerichtet ist, wo seine Schwerpunkte liegen, welche Lernziele und -schritte angedacht sind. Sie müssen zudem eine klare Aufforderung zu Nachfragen und Anregungen erhalten. Bei Diskussionen mit verteilten Rollen ist darauf zu achten, dass auf beiden Seiten Männer und Frauen teilnehmen, um eine Frontenbildung zu vermeiden. Eine fachliche Selbsteinschätzung der Teilnehmenden ermöglicht ein Umdenken gerade bei Frauen, die sich eher zu niedrig einstufen, Männer dagegen zu hoch. Frauen haben oft weniger Zeit (Kinder, Nebenerwerb), daher sollte die Struktur einer Software klar sein und zwischen Standard- und Vertiefungsangebot unterscheiden, um ein schnelles Lernen zu ermöglichen. Auch sollte die ungefähr benötigte Zeit für jede Einheit angegeben werden, um den Aufwand abschätzbar zu machen (Jelitto 2003).

Zu Beginn des Projektes müssen alle Teilnehmenden auf ein einheitliches Niveau gebracht werden, dabei ist die Einführung in die Technik von der inhaltlichen Einführung zu trennen. Der Computerbesitz und die Kompetenzen müssen dabei diversifizierend berücksichtigt oder auf einen einheitlichen Stand gebracht werden. Die technische Einführung versucht, beide Geschlechter zu einer positiven Technikeinstellung zu bewegen; dies lässt sich z.B. mit kleinen Aufgaben bewerkstelligen, die schnelle Erfolge ermöglichen. Die Moderation erfolgt gendersensibel und begleitend ohne dabei bestimmend zu sein.

Die multimediale Aufbereitung von Lehrveranstaltungen kann nützlich sein, wenn der

Einbezug verschiedener medialer Ebenen wie Text, Bild, Ton, Film, Anwendungssoftware etc. bereits üblich und didaktisch sinnvoll ist. Audio-Elemente sind von Männern und Frauen zu sprechen (auch hier sollten die gesprochenen Texte geschlechtssensibel aufbereitet werden). Eventuell vermieden werden sollte die multimediale Aufbereitung von Lehrveranstaltungen, wenn das Neulernen von komplexem Sachwissen angestrebt wird, wenn geisteswissenschaftliches Reflexionswissen unterstützt werden soll, Scheinevidenzen erzeugt werden könnten und eine kritische Bewertung des Vorgetragenen angestrebt ist.

Lernplattform

Ein lerntheoretisches Paradigma besagt, dass sich für unterschiedliche Verwendungskontexte zunächst eine möglichst offene Konzeption der Lernplattform empfiehlt, die neben der Lernziel- und Aufgabenorientierung der instruktionistischen Lerntheorie auch entdeckendes und problemorientiertes Lernen und vor allem das projektorientierte kooperative Lernen des konstruktivistischen Ansatzes in einer Knowledge Community unterstützen sollte. Beim Gebrauch der Plattformen werden die nachgewiesenen Erfolgsstrategien gendersensitiver Lehre verfolgt:

- Einsatz kooperativer oder individualisierter Lernstrategien statt öffentlich gemachtem Drill
- Einschränkung bzw. Verzicht auf kompetitive Lernstrategien
- Praktische Beispiele und manipulative Modelle
- Statt kanonischer Lehrbuchinformation ein Design von offenen Lernsituationen mit mehreren Lösungswegen und möglichen Ergebnissen (Teamarbeit)
- Projektarbeit: die Rotation von Gruppenführern in Arbeitsgruppen, Praxispflicht für alle, gleiche Computerzeit für alle
- Tutoring
- Verwenden von gendersensitivem Unterrichtsmaterial

Fest getaktete chat-Termine in Kleinstgruppen (synchron) dienen der Strukturgebung der Lernenden. Die Methoden sind Lesen, Einstellen begleitender Lernmaterialien, die für Gruppenarbeit und für Tutoring geeignet, für projektorientierte Aktivitäten geeignet sind, Diskurslernen durch Datei- und Messageaustausch und gemeinsame Bearbeitung von Dokumenten, Online-Seminare und die Integration neuer Applikationen.

Für die Lernenden muss die Möglichkeit bestehen, die Lernplattform individuell anpassen zu können. Ihnen müssen Hilfsdokumente zur Verfügung gestellt werden, auf die auch virtuell zugegriffen werden kann, wie z.B. das Benutzungshandbuch. Die Hilfe sollte so gestaltet sein, dass sie kontextsensitiv orientiert ist und auch virtuelle Führungen mit Aufgabenstellungen anbietet, einen Index beinhaltet; zu überlegen wäre auch eine Mehrsprachigkeit (Jelitto 2003). Zur Information innerhalb der Lernplattform gehören das Annotationswerkzeug (asynchron), Bookmark (Standortspeicherung), der Dateiaustausch, ein Kalender und die Datenbank. Die Kommunikation beinhaltet Emails (threads), Chat und Message Board. Zur Kooperation gehört das Application Sharing, Meeting Roster (Café) zum Arrangieren von Treffen und auch die Concept Map, anhand derer Arbeit verteilt werden kann.

Die Anonymisierung bei Chats und Foren und die Verwendung geschlechtsneutraler Nicknames kann aus Gendersicht sinnvoll sein, aber auch um Statusunterschiede (Student/in, Professor/in) zu verschleiern (Jelitto 2003). Das Geschlecht virtueller Assistenten, Avatare und Comicfiguren muss definiert und gerecht verteilt werden, wobei auch geschlechtsneutrale Versionen denkbar sind.

Die virtuell unterstützte Lernbegleitung begleitet die Lernenden, z.B. durch festgetaktete Online-Betreuungstermine mit den TutorInnen, eine seminarspezifische Schulung im Vorfeld vorausgesetzt. Dazu gehören kooperative Lernformen und Tutoring im Zusammenhang mit Lernaufgaben themenbezogener Seminare oder Kurse zur Verbesserung der Kommunikation ebenso wie die Weitergabe von Wissen durch die Betreuenden (Know how-Transfer). Angeregt wird ein Austausch über die eigenen Lernprozesse.

Weitere (in RION verwirklichte) Anforderungen an eine Lernplattform sind:[56]

- Übersichtliche, selbsterklärende Navigation
- auf Basis einer standardisierten Datenbank-Software
- Einstiegsseite mit Infos für jeden InternetnutzerInnen
- Durch Login gesperrter Inhaltsteil für die am Projekt Beteiligten
- Geringe technische Anforderung (ISDN / Modem) und Fähigkeiten auf Seiten der NutzerInnen
- Gute Wartbarkeit (geringer SysOp-Aufwand)
- Gute Customization-Möglichkeit
- Geringstmögliche Abhängigkeit von fremden Firmen, bzw. deren TechnikerInnen
- Geringstmögliche Lizenz- und Updatekosten

---

[56] Diese Anforderungen können unter Gestaltungs- und Evaluationsgesichtspunkten alle genderrelevant werden.

Für die Lernerseite folgende Aktionen / Möglichkeiten:

- Anmeldung (einstufiges Verfahren), Wahlmöglichkeit der Kurse
- Angaben zu Vorkenntnissen, evtl. Einstiegstest
- Einsicht in persönlich Daten (Adresse, Stand der Einsendeaufgaben,...)
- Notizbuchfunktion
- Eigener Speicherbereich

Und Felder für:

- Adressen und persönliche Daten der Teilnehmenden
- Felder für "Vorkenntnisse", "Einstufung", "(Schul-)Bildung"
- Felder für beteiligte Organisationen (Uni, Schule,...)
- Feld für Lernort
- „Interesse", „Bitte um Informationen", „Anmeldung"

Für die Verwaltungsseite:

Allgemein gilt:

- Alle Felder sollten von Administration aktivierbar, bzw. deaktivierbar sein
- Serienbrieffunktion / Verknüpfung mit Word /Excel / Access

Status

- Aktueller Bearbeitungsstand pro Teilenehmenden
- Status: Lerner, Betreuender, AutorIn
- „Eingeschrieben für..."
- „Vorgeschichte", also Erstprojekt, usw.
- Dauer der jeweiligen Teilnahme
- Zertifikat / Note

Verlauf / Organisation

- Stichwortfelder
- Kommentarfelder
- Technische Daten, Angaben zu PC, Login, usw. pro Teilenehmenden
- Evtl. Abrechnungsmöglichkeiten
- Evtl. Evaluationsmöglichkeit, d.h. Zuordnung elektr. Fragebögen zu einzelnen Teilenehmenden und Datenbank
- Direkte Rückmeldemöglichkeiten für Angemeldete oder InteressentInnen

- Tracking
- Evtl. Auflistungsmöglichkeiten von Kommunikationsabläufen: Was hat mir Frau XY alles gemailt oder in den Newsgroups geschrieben?

BetreuerInnenseite:
Einsicht in:
- Adressen der Teilenehmenden
- Aktueller Bearbeitungsstand der eigenen Gruppe
- Technische Daten, Angaben zu PC, Login, usw. pro Teilenehmenden
- Auflistungsmöglichkeiten von Kommunikationsabläufen: Was hat mir Frau XY alles gemailt oder in den Newsgroups geschrieben?

Kommunikation
- Die eingebetteten Kommunikationswerkzeuge müssen auch Nachrichten von „außen" verarbeiten können: eMails, Foren
- E-Mail
- Diskussionsgruppen offen u. geschlossen ("Foren"),
- Application sharing
- FTP
- Chat
- Annotationstool
- möglichst Audio- und Video-Conferencing

Lerninhalte
- HTML (XML)-Texte, einschließlich Java-Applets, Grafik, Video- und Audio-files
- PDF (ps)-Texte zum Herunterladen
- CSCL-Tools als zusätzliches Angebot bzw. Übungsmöglichkeit, nicht als Ersatz, dabei grundlegende Kenntnisse in Datenschutz und Netiquette vermitteln und Umgang mit Öffentlichkeit und Privatheit im Internet thematisieren, nicht zu vergessen die Datensicherheit (Claus et al. 2003).
- Programme / Tools zum Herunterladen (siehe FTP)
- Lernprogramme (CBTs, WBTs)
- Interaktive Tests zur Selbstkontrolle
- Interaktive Tests zum Protokollieren / Belegen des Lernerfolgs
- Übertragung der Ergebnisse an Datenbank

- Bibliothek (Bibliografie-Datenbank)
- Glossar, das mit Begriffen in Lerntext verknüpft ist
- Entwicklungstools
- Autorentool
- Lernpfade-Tool ("Guided Tours")
- Design-Tool

NutzerInnenverwaltung

- Generell müssen rollenabhängige Rechte für die Beteiligten (Projektleitung, Kursorganisatorinnen, Dozentinnen, Tutorinnen, Lerner, Expertinnen, Gäste...) vergeben werden können.

Visuelle Umsetzung

Die visuelle Umsetzung auf der Lernplattform beginnt mit der Auswahl des Bildmaterials und somit der Lenkung des Blicks. Fragen treten auf nach der Thematisierung der unterschiedlichen Repräsentanz von Frauen und Männern. Die Darstellung von Männern und Frauen in unterschiedlichen Medien wie Animation und Photo vermittelt auch eine unterschiedliche Qualität und Aktivität. Geachtet werden muss auf den Einsatz der Symbole und Metaphern und ihre Aussage über geschlechtsspezifische Unterschiede (Jelitto 2003), die entweder vermieden oder vertauscht werden sollten. Auch bei Gestaltungselementen können Geschlechtsrollen determinierende Unterschiede vermittelt werden, z.B. durch die Wahl der Icons.

Navigation

Diversitätsgerechte Didaktik bedeutet auch, die Navigation individuell und an unterschiedlichen Bedürfnisse anpassbar zu machen. Viele Lernende bevorzugen eher eine freie Navigation oder auch verknüpfte Information, wie z.B. in Hypertexten. Andere hingegen finden sich eher in hierarchisch strukturierten, starren Navigationsmustern zurecht (Schinzel et al. 2002).
Empfohlen werden gelenkt-sequentielle Navigationselemente oder eine hierarchische Führung nur für die erste Erschließung, später sollte eine freie Navigation möglich sein. Concept maps eignen sich für den Überblick im Gesamten, 3-D-Repräsentationen mit 3-D-Navigationstools und freie Navigation für selbstgesteuertes Lernen und zielorientierte Nutzung. Im Zweifelsfall sind multioptionale Navigationskonzepte zu wählen, wobei auf ihre Multifunktionalität, d.h. individuelle Formbarkeit zu achten ist, um dem Diversity-Ansatz gerecht zu werden.

Technische Umsetzung

Adäquate technische Lösungen können nur im Dialog zwischen Technischem Support und Lehrenden im Fachbereich ausgearbeitet werden, bei dem auch Open Source Produkte diskutiert werden müssen. Minimalkonfiguration für PC-Anforderungen und minimale Zugangsvoraussetzungen müssen definiert sein. Die Konfigurationsanforderungen sollten so gering wie möglich sein und den Lernenden auch zur Kenntnis gebracht werden. Der zeitliche Rahmen bezogen auf den Rechnerzugang sollte möglichst groß sein, dabei sollten auch Räume oder Benutzungszeiten angeboten werden, die nur für Frauen reserviert sind. Eine unkomplizierte Hardware-Ausleihe und die Bereitstellung der benötigten Software und Nachschlagewerken sowie Downloadmöglichkeiten erleichtern die Arbeit im Projekt ungemein. (Jelitto 2003).

Hinsichtlich der technischen Einführungen haben sich bewährt:
- sukzessive vervollständigte und an den Bedürfnissen der Nutzenden orientierte Installations- und Benutzungshinweise mit Screenshots
- W-LAN- und Netzwerkdosen-Topographie auf der Teilprojekt-Homepage (in F-Moll)
- Kurz nach der Vergabe Einführungsveranstaltung in die Benutzung der Notebooks und des W-LAN (in F-Moll)
- zeitlichen Mehraufwand bei der Projektkonzeption bedenken

Bei Technikeinführungen ist es besser, kein spielerisches Vorführen der Möglichkeiten eines Programms zu zeigen, sondern die Nützlichkeit, die Stärken und Potentiale von Computeranwendungen realistisch darstellen. Die Schwächen des Arbeitsmittels Computer sind ebenfalls zu thematisieren und Computer und Software als Werkzeug zu beschreiben.

5. Evaluation

Es gibt eine Vielzahl von Definitionen des Begriffs Evaluation.[57] Allgemein kann man Evaluation als einen Prozess der Bewertung eines Produktes, Prozesses oder Programms ansehen. Dieser Prozess besteht aus mehreren Phasen, darunter häufig eine Datenerhebungsphase und immer eine Analyse- und Bewertungsphase. Am Ende steht ein Evaluationsergebnis.

Mit einer Evaluation werden verschiedene *Ziele* verfolgt: Zum einen die Qualitätssicherung und Qualitätsverbesserung. Diese beiden Aspekte langfristig zu sichern und

---

[57] „To say that there are as many definitions as there are evaluators is not far from accurate." (zitiert nach Wottawa et al. 1990, S. 9)

zu verbessern ist das zentrale Ziel. Die Evaluation bedeutet aber auch einen Transparenzzuwachs, der durch die exakten Daten und Informationen über das Projekt erreicht wird. So können Entscheidungen und Planungen auf eine solide Basis gestellt werden. Die Evaluation kann helfen, den Nachweis der Effizienz und Effektivität zu geben. Das eigene Profil kann geschärft werden, ein Vergleich wird einfacher durchzuführen sein. So können auch Standards entwickelt werden, deren Maßstäbe an neue Projekte mit ähnlicher Thematik oder Anforderung (Gender Mainstreaming) gelegt werden (auch Mindestanforderungen).

5.1 Evaluationsmethoden

Durch die Evaluation lassen sich folgende Ergebnisse erwarten: eine Aufwertung des Projekts, mehr Kommunikation und Verständnis innerhalb der Gruppe, mehr Transparenz über die eigenen Leistungen und Entwicklungsmöglichkeiten, eine stärkere Zielorientierung, ein Innovations- und Motivationsschub sowie die Stärkung der Eigenverantwortung der Lehrenden und Lernenden.

Am Abschluss jeden Evaluationsprozesses steht die Frage, wie die Erkenntnisse aus der Analyse interpretiert werden bzw. welche Schlussfolgerungen zu ziehen sind. Die Aufstellung eines Plans zur Durchführung anstehender Änderungen ist hier sinnvoll.

Interne Evaluation (Selbstbewertung)

Die interne Evaluation führen die Projektleitenden in Eigenregie und Verantwortung durch. Vor allem vier Aufgabenfelder sind in dieser Phase zu beachten:

- Konzeption und Organisation
- Informations- und Datensammlung
- Erstellung eines Know-how-Berichts zur internen Evaluation
- Arbeitsreport (=Selbstreport).

Externe Evaluation (Peer Review)

Bei einer externen Evaluation sind folgende Punkte zu bearbeiten:

- Aufgaben und Auswahl der Peers (auch unter Gesichtspunkten Geschlecht, Genderkompetenz)
- Vorbereitung der Begehung (=Besuch)
- Ablauf der Begehung
- Projekte
- Erstellung Gutachten

Peers sind in der Regel HochschullehrerInnen sowie Personen aus der Praxis. Eine gute Kommunikation innerhalb der Gruppe und mit den Evaluierten sollte ermöglicht werden.

Schließlich sind aus interner und externer Evaluation Konsequenzen zu ziehen. Dazu ist es erforderlich, dass das Projekt einen Maßnahmenkatalog erarbeitet. Für jede Maßnahme werden die für die Realisierung Verantwortlichen sowie die konkreten Zwischenschritte und Termine genannt.

Der Erfolg der Evaluation hängt im Wesentlichen davon ab, dass sich die Lehrenden und Lernenden vor Ort aktiv an dem Prozess beteiligen. Im Diskurs miteinander und im Gespräch mit den Peers werden so neue Ideen entwickelt, um langfristige Verbesserungen zu erzielen. Die Umsetzung entscheidet letztlich über den Erfolg der internen und externen Evaluation.

5.2 Evaluationskriterien für Lehrveranstaltungen in E-Learning-Projekten

Kriterien zur Evaluation und Selbstevaluation

- Analyse der Abweichung vom Üblichen: Wo muss mit einem breiteren Diversitätsspektrum gerechnet werden?
- Bemühen um Diversitätswahrnehmung

Ausbildungs- und Lernziele des Projekts: Fähigkeiten und Wissen

- fachliche und berufliche Leitlinien
- Verbindung zwischen einzelnen Veranstaltungen
- Integration beruflicher Anforderungen
- Veranstaltungstyp und Struktur bzw. Methodik
- Wochenstunden, Präsenzzeiten, Selbststudium
- Leistungsnachweise

Genderaspekte

- Veränderbarkeit?
- Diversität der Zielgruppen?
- Drop-Outs
- Communitybildung
- Vernetzung (informelle Strukturen)
- Integration von Technik in zwischenmenschliche Prozesse
- Anteil bei online und offline-Terminen nach Geschlecht

Umgang mit den technischen Elementen der Plattform
- Bedienungsaspekte
- technische Schulung
- Umgang mit den technischen Elementen der Plattform

Aufbau des Projekts
- Technikeinsatz sinnvoll
- technische Integration/Umsetzung der Projektkonzeption

Qualität der Kommunikation und entstandenen Diskurse
- Lernatmosphäre
- Quantität und Qualität der Interaktion
- Relevanz des gebotenen/erarbeiteten Materials
- Organisationsaspekte

Leistungen der Lernenden
- Vorwissen
- Adäquatheit der Anforderungen
- Grad der Beteiligung
- Aufmerksamkeit
- Erbrachte Leistungen
- Anwesenheit

Beurteilung des Lehrenden:
- Fähigkeit zur Moderation/Koordination
- Effektivität
- Organisation
- Enthusiasmus
- Offenheit im Umgang mit Lernenden und deren Beiträgen und Ansichten

Eventuell schon vorliegende empirische Daten werden ausgewertet. Eine Befragung per Fragebogen wird zu Beginn des Projektes durchgeführt und fortlaufend während der gesamten Projektlaufzeit wiederholt. Gespräche, die auf einem vorher ausgearbeiteten Leitfaden basieren sowie Gruppendiskussion eröffnen einen genaueren Blick auf das Projekt und geben neue Anreize zu Veränderungen. Teilnehmende Beobachtung wie auch die in der Plattform vorgefundene Diskussionskultur und die dort abgelegten

Arbeiten werden geschlechtsspezifisch ausgewertet, dabei aber auch die individuell geprägten Stile untersucht.

Nicht vergessen werden darf die Evaluation potentiell geschlechts-diskriminierender Beurteilungs- und Bewertungskonzepte, die natürlich vor Beginn des Projektes durchgeführt wird. In der Eingangsbefragung zur Zielgruppe wird nicht nur das Vorwissen, sondern auch das soziale Umfeld abgefragt.

Literaturverzeichnis

Albrecht, R. und Neumann, K. (2002). E-Learning aus hochschuldidaktischer Perspektive. Innovationsimpulse und Strategieprobleme am Beispiel der Implementation von Lernplattformen. In: Handbuch für Hochschuldidaktik. Raabe Verlag.

Andersen, P. B. (1990). A Theory of Computer Semiotics. Semiotic Approaches to Construction and Assessment of Computer Systems. Cambridge: Cambridge University Press (Cambridge Series on Human-Computer Interaction 3).

Antos, G. (2000). Transferwissenschaft. Chancen und Barrieren des Zugangs zu Wissen in Zeiten der Informationsflut und der Wissensexplosion. In: Antos, G., Wichter, S. (Hrsg.). Reader zum Internationalen Kolloquium der Martin-Luther-Universität Halle-Wittenberg in Naumburg 4.-6. Oktober 2000: Transferwissenschaft, Wissenstransfer durch Sprache als gesellschaftliches Problem. Verfügbar über: http://www2.germanistik.uni-halle.de/tagungen/transfer_2000/Reader/Reader_01_10_00.pdf, S. 6-31.

Arbeitsgruppe FFII: Patentjurisprudenz auf Schlitterkurs - der Preis für die Demontage des Technikbegriffs. Verfügbar über: http://swpat.ffii.org/analyse/erfindung/index.de.html.

Archer, J. (1992). Gender Stereotyping of School Subjects. In: The Psychologist, vol. 5., No. 2, S. 66-69.

Aronson, E., Blaney, N., Stephan, C., Sikes, J., Snapp, M. (1978). The jigsaw classroom. Beverly Hills, CA: Sage Publications.

Aufschnaiter, S. v., Welze, M. (Hrsg.) (2001). Nutzung von Videodaten zur Untersuchung von Lehr-Lern-Prozessen. Aktuelle Methoden empirischer pädagogischer Forschung, Münster et al.

Baacke, D. (1996). Medienkompetenz als zentrales Operationsfeld von Projekten. In: Baacke, D. e.a. (Hrsg.). Handbuch Medien: Medienkompetenz. Bonn Bundeszentrale für politische Bildung.

Baacke, D. (1997). Medienpädagogik. Grundlagen der Medienkommunikation, 1, Tübingen.

Baacke, D. (1999). „Medienkompetenz": theoretisch erschließend und praktisch folgenreich. In: medien und erziehung, 1, S. 7-12.

Ballard, Brigid, Clanchy, John (1988). Literacy in the University: An „Anthropological Approach". In: Taylor et al. Literacy By Degrees. London: The Society for Research into Higher Education & Open University Press, S. 7-23.

Bandura, A. (1997). Self-efficacy: the exercise of control. New York: Freeman.

Bartlett, F.C. (1932). Remembering: A study in experimental and social psychology. Cambridge, UK: Cambridge University Press.

Baumgartner, P. (1995). Didaktische Anforderungen an (multimediale) Lernsoftware. In: Issing, L., Klimsa, P.(Hrsg.). Information und Lernen mit Multimedia. Weinheim: Beltz, S. 241-252.

Baumgartner, P. (1999). Evaluation mediengestützten Lernens. Theorie-Logik-Modelle. In: Kindt, M. (Hrsg.). Projektevaluation in der Lehre – Multimedia an Hochschulen zeigt Profil(e). Münster: Waxmann.

Baumgartner, P., Häfele, H. & Maier-Häfele, K. (2002b). Learning Management Sys-

Baumgartner, P., Häfele, H., Maier-Häfele, K. (2002a). E-Learning Standards aus didaktischer Perspektive. In: Bachmann, G., Haefeli, O., Kindt, M. (Hrsg). Campus 2002: Die Virtuelle Hochschule in der Konsolidierungsphase. Münster: Waxmann, S. 277-286.

Beaudin, B. P. (1999). Keeping Online Asynchronous Discussions on Topic. In: Journal of Asynchronous Learning Network. Vol.3, Issue 2, November 1999, http://www.aln.org/publications/jaln/v3n2/pdf/v3n2_beaudin.pdf.

Beck, K. (1998). Das Computernetz als pädagogische „Wunschmaschine". Prognosen über den Einsatz und die Folgen computervermittelter Kommunikation im Bildungswesen. In: Jahrbuch Telekommunikation und Gesellschaft Online. Verfügbar über: http://www.jtg-online.de/jahrbuch/online/Online-Artikel/beck/beck.html.

Becker, B. (2000). Cyborgs, Robots und „Transhumanisten" – Anmerkungen über die Widerständigkeit eigener und fremder Materie. In: Becker, B./I. Schneider (Hg.), Was vom Körper übrig bleibt. Körperlichkeit – Identität – Medien. Frankfurt a. M., S. 41-69.

Behnke, C.; Meuser, M. (1999). Geschlechterforschung und qualitative Methoden. Opladen: Leske & Budrich.

Beißwenger, Michael (2003). Getippte »Gespräche« und ihre trägermediale Bedingtheit: Zum Einfluß technischer und prozeduraler Faktoren auf die kommunikative Grundhaltung beim Chatten. In: Schröder, Ingo W., Voell, Stéphane (Hrsg.). Moderne Oralität. Marburg: Reihe Curupira, Bd. 13, S. 265-299.

Berszinski, S., Messmer, R., Nikoleyczik, K., Remmele, B., RuizBen, E., Schinzel, B., Schmitz, S., Stingl, B. (2002). Geschlecht (SexGender). Geschlechterforschung in der Informatik und an ihren Schnittstellen. In: FifF-Kommunikation 3/02, S. 32-36.

Beynon, J. (1993). Computers, dominant boys and invisible girls: or, 'Hannah, it's not a toaster, it's a computer!" In: Beynon, J./H. Mackay (1993): Computers into Classrooms: More Questions than Answers. London.

Bielaczyc, K., Collins, A. (1999). Learning communities in classrooms: A reconceptualization of educational practice. In: Reigeluth, C. M. (Hrsg.). Instructional design theories and models. Vol. II, Mahwah NJ: Lawrence Erlbaum Associates, S. 269-292.

Blum, K. D. (1998). Gender Differences in CMC-based distance education. In: Feminista, Vol. 2, S. 5.

Blum, K. D. (1999). Gender Differences in Asynchronous Learning in Higher Education: Learning Styles, Participation Barriers and Communication Patterns. http://www.aln.org/publications /jaln/ v3n1/pdf/v3n1 blum.pdf

Bohnsack, R. (1999). Rekonstruktive Sozialforschung. Einführung in die Methodologie und Praxis qualitativer Forschung. Opladen: Leske & Budrich.

Bormann & Bormann (1991). Rechtsnatur und Rechtsschutz von Software. In: Der Betrieb (DB) 1991, S. 2641-2649.

Brake, C. (2000). Politikfeld Multimedia : Multimediale Lehre im Netz der Restriktionen, Münster: Waxmann.

Bruckman, A. (1998). Community Support for Constructionist Learning, DCSCW 7 (1/2), S. 47-86.

Bruckman, A., Resnick W. (1995). The MediaMOO Project: Constructivism and Professional Community. Convergence, 1:1, 1995.

Bruner, J. S. (1966). Toward a theory of instruction. New York: Norton.

Bund- und Länder-Kommission für Bildungsplanung und Forschungsförderung (BLK) (2000): Verbesserung der Chancen von Frauen in Ausbildung und Beruf. Ausbildungs- und Studienwahlverhalten von Frauen, Bonn.

Busse, D. (1993). Juristische Semantik: Grundfragen der juristischen Interpretationstheorie in sprachwissenschaftlicher Sicht. Berlin : Duncker und Humblot.

Bydlinski, Peter (1998). Der Sachbegriff im elektronischen Zeitalter: zeitlos oder anpassungsbedürftig? In: Archiv für civilistische Praxis. No. 198 (1998), S. 287-328.

Cassidy, S., Eachus, P. (2001). Developing the Computer Self-Effifacy (CSE) Scale: Investigating the Relationship Between CSE, Gender and Experience with Computers. http://www.chssc.salford. ac.uk/healthSci/selfeff/selfeff.htm.

Chee Leong, Al-Hawamdeh, S. (1999). Gender and learning attitudes in using Web-based science lessons. In: Information Research, Vol. 5.

Chen, C., Rada, R. (1996). Interacting with hypertext: A metaanalysis of experimental studies. Human-Computer-Interaction, 11, S. 125-156.

Chen, M. (1986). Gender and Computers. The beneficial effects of experience on attitudes. In: Journal of Educational Computing Research, Vol. 2, No. 3, S. 265-282.

Claus, R., Otto, A.(2003). Das Mobile Hardware-Praktikum: Eine (teil)-virtuelle Lehrveranstaltung im Studiengang Informatik: Gender-Aspekte der Evaluation. Verfügbar über: http://mod.iig.uni-freiburg.de/forschung/gender/hwp_evaluation_gm.pdf.

Claus, R., Otto, A., Schinzel, B., (2004). Gender Mainstreaming im diversifizierten Feld einer Hochschule: Bedingungen ? Akzeptanz ? Strategien. Erfahrungen aus dem Notebook-University-Projekt F-MoLL.. IIG-Berichte 1/04.

Collins, A., Brown, J. S. et al. (1991). Cognitive apprenticeship: making thinking visible. American Educator, 15 (3), S. 6-11, S. 38-39.

Corsten, M. (1999). Institutionelle und biographische Konstruktion beruflicher Wirklichkeit. Vorklärung einer Theorie beruflicher Sozialisation. In: M. Grundmann (Hg.): Konstruktivistische Sozialisationsforschung, Frankfurt a. M., S. 267-289.

Corsten, M., Hillmert, S. (2000). Qualifikation, Berufseinstieg und Arbeitsmarktverhalten unter Bedingungen erhöhter Konkurrenz: was prägt Bildungs- und Erwerbsverläufe in den achtziger und neunziger Jahren? Berlin, Max-Planck-Institut für Bildungsforschung.

Coy, Wolfgang (1996). Was ist, was kann, was soll „Informatik und Gesellschaft"? In: Schinzel, B. (Hrsg.). Schnittstellen : Zum Verhältnis von Informatik und Gesellschaft. Wiesbaden: Vieweg, S. 17-27.

Dahlbohm, B., Mathiassen, L. (1993). Computers in Context-The Philosophy and Practice of Systems Design. Cambridge/Massachusetts: Blackwell Publishers.

Davis, M., Rouzie, A. (2002). Cooperation vs. Deliberation: Computer Mediated Conferencing and the Problem of Argument in International Distance Education. In: International Review in Open and Distance Learning. Vol. 3, No. 1. Verfügbar über: http://www.icaap.org/inicode?149.3.1.x.

De Palma, P. (2001). Why Women Avoid Computer Science. The numbers prove that women embrace the "precision" of mathematics. Could it be the ill-defined nature of computing is what drives them away? In: Commun. ACM, 44, 6, (June), S. 27-29.

Dennis, A.R., Valacich, J.S. (1999). Rethinking Media Richness. In: Sprague, R.H. (Hrsg.). Proceedings of the 32nd Hawaii International Conference of System Sciences (HICSS 32). Los Alamitos, California et al.: IEEE Computer Society, (CD-ROM of Full Papers).

Deuber-Mankowsky, A. (2001). Lara Croft, Modell, Medium, Cyberheldin: das virtuelle Geschlecht und seine metaphysischen Tücken, Frankfurt a. M.

Dewey, J. (1916). Democracy and education: An introduction to the philosophy of education. New York: Macmillan.

Diaz-Bone, Rainer (2003). Entwicklungen im Feld der foucaultschen Diskursanalyse [66 Absätze]. Forum Qualitative Sozialforschung / Forum: Qualitative Social Research [On-line Journal], 4(3). Verfügbar über: http://www.qualitative-research.net/fqs-texte/3-03/3-03review-diazbone-d.htm.

Dickhäuser, O. (2001). Computernutzung und Geschlecht: ein Erwartung-Wert-Modell. Münster: Waxmann.

Dillenbourg, P. (1999, Hrsg.). Collaborative learning: Cognitive and computational approaches. Amsterdam: Pergamon Press.

Dillenbourg, P., Baker, M., Blaye, A., O'Malley, C. (1996). The evolution of research on collaborative learning. In: Reimann, P., Spada, H. (Hrsg.). Learning in humans and machines: Towards an interdisciplinary learning science. Amsterdam: Pergamon Press, S.189-211.

Durndell, A., Glissov, P.; Siann, G. (1990). Gender Differences and Computing in Course Choice at entry into Higher Education. In: British Educational Research Journal, Vol. 16, No. 2, S. 149-162.

Durndell, A.; Thomson, K. (1997). Gender and Computing: A decade of Change? In: Computers & Education, Vol. 28, No. 1, S. 1-9, 1997.

Ehn, P. (1988). Work-Oriented Design of Computer Artifacts. Arbetslivscentrum, Stockholm.

Ellis, R. (1994). Individual learner differences. In: Ellis, R.. The Study of Second language Acquisition. Oxford: Oxford University Press, S.471-527.

Erb, U. (1996). Frauenperspektiven auf die Informatik. Infomatikerinnen im Spannungsfeld zwischen Distanz und Nähe zur Technik, Münster.

Famulla, G.-E.; Gut, P.; Möhle, V.; Schumacher, M.; Witthaus, U. (1992). Persönlichkeit und Computer, Opladen.

Faulkner, W. (2000).The power and the pleasure? A research agenda for „making gender stick" to engineers. Science, Technology and Human Values 25(1), S. 87-119.

Feierabend S., Klingler, W. (2000) Basisuntersuchung zum Medienumgang 12 – 19jähriger in Deutschland. In: Medienpädagogischer Forschungsverbund Südwest (Hrsg.). JIM 2000. Jugend, Information, (Multi)-Media. Baden-Baden.

Fennema, E., Tartre, L. (1985). The use of spatial visualization in mathematics by boys and girls. In: Journal of Research in Mathematics Education, 16 (3), S. 184-206.

Filk, Christian (2001). Synchronizitätsgrade beim kollaborativen E-Learning – einige Hypothesen und Perspektiven. In: Wagner, E., Kindt, M. (Hrsg.). Virtueller Campus. Szenarien – Strategien – Studium, Münster: Waxmann, S. 66-74.

Fischer, Frank (2001). Gemeinsame Wissenskonstruktion - Theoretische und methodologische Aspekte (Forschungsbericht Nr. 141). München: Ludwig-Maximilians-Universität (eingereicht zur Publikation). Verfügbar über: http://home.emp.paed.uni-muenchen.de/~fischer/Wissenskonstruktion.pdf.

Frey, K. (1992). Allgemeine Didaktik. Zürich: ETH.

Funkat, Dörte (2001). Virtuelle Lehr- und Lernräume in der juristischen Ausbildung. In: Wagner, E., Kindt, M.. Virtueller Campus, Münster, S. 75-83.

Funken, C. (2000). Körpertext oder Textkörper – Zur vermeintlichen Neutralisierung Geschlechtlicher Körperinszenierungen im elektronischen Netz. In: *Becker*, B., *Schneider*, I. (Hg.), Was vom Körper übrig bleibt. Körperlichkeit – Identität – Medien. Frankfurt a. M., S. 103-130.

Funken, C., Hammerich, K., Schinzel, B. (1996). Geschlecht, Informatik und Schule. Oder: Wie Ungleichheit der Geschlechter durch Koedukation neu organisiert wird, St. Augustin.

Gaicquintia, J. B., Bauer, J. A.; Levin, J. (1993). Beyond Technology's Promise, Cambridge.

Gildemeister, R., Wetterer, A. (1992). Wie Geschlechter gemacht werden. Die soziale Konstruktion der Zweigeschlechtlichkeit und ihre Reifizierung in der Frauenforschung. In: *Knapp*, G.-A., *Wetterer, A.* (Hg.), Traditionen Brüche. Entwicklungen feministischer Theorien, Freiburg, S. 201-254.

Gittler, G., Kriz, W. (1992). Jugendliche und Computer: Einstellungen, Persönlichkeit und Interaktionsmotive. In: Zeitschrift für experimentelle und angewandte Psychologie, 2, S.171-193.

Gorriz, C., Medina, C. (2000). Engaging girls with computers through software games. In: Commun. ACM, 43, 1, (Jan.), pp 42-49.

Graddy, Duane B., (2001). Cognitive Flexibility Theory as a Pedagogy for Web-Based Course Design. Verfügbar über: http://www.ipfw.edu/as/tohe/2001/Papers/graddy/graddy.htm.

Grune, C. (2000). Lernen in Computernetzen. Analysen didaktischer Konzepte für Lernumgebungen. München: KoPäd-Verlag.

Guidelines for determining type and frequency of learner-instructor interaction to employ in the Navy's Integrated Learning Environment (2004), Learning Systems Instituts, Florida State University (Draft)

Günther, Gotthard (1963). Das Bewusstsein der Maschinen, Krefeld: Agis-Verlag.

Hapnes, T., K. Soerensen (1995). Competition and collaboration in male shaping of computing: A study of a Norwegian hacker culture. In: Grint, K., Gill, R. (Hrsg.). The Gender-Technology Relation: Contemporary Theory and Research. London: Taylor & Francis, S. 174-191.

Harold, Elliotte Rusty & Means, W. Scott (2002). ML in a nutshell [A Desktop Quick Reference]. 2. ed. – Beijing; Cambridge; Farnham; Köln; Paris; Sebastopol; Taipei; Tokio: O'Reilly.

Haynes, C, Holmevik, J. R. (1998). Highwired: On the Design, Use, and Theory of Educational MOOs. UMP, Ann Arbor.

Haynes, C. (1998). Help! There's a MOO in this class! In: Haynes, C., Jolmewik, J.R. (Hrsg.). High Wired. Ann Arbor: Michigan University Press, S. 161-176.

Heckhausen, H. (1987). „Interdisziplinäre Forschung" zwischen Intra-, Multi- und Chimären-Disziplinarität. In: Kocka, J. (Hrsg.). Interdisziplinarität : Praxis – Herausforderung - Ideologie. Frankfurt: Suhrkamp, S. 129-145.

Heilmann, J., Langerfeldt, M. (2004). EDV-Einsatz und Internet-Nutzung im Betrieb aus arbeitsrechtlicher Sicht. Studienbücher zur Rechtsinformatik (Herausgegeben von J. Taeger) Band 2. Oldenburg. Zugl.: CD-ROM Edition Rechtsinformatik (Herausgegeben von T. Dreier, B. Holznagel, J. Taeger) CD 2.

Heinström, J. (2000). The impact of personality and approaches to learning on information behaviour. In: Information Research. 5,/3. Verfügbar über: http://InformationR.net/ir/5-3/paper78.html.

Heintz, B., Nadai, E., Fischer, R., Ummel, H. (1997). Ungleich unter Gleichen. Studien zur geschlechtsspezifischen Segregation des Arbeitsmarktes, Frankfurt a. M.

Hempel, M., Hartmann, J. (1995). Lebensplanung und Berufsorientierung – ein Thema für die Grundschule? Potsdam.

Hentig, Hartmut von (1971). Das Bielefelder Oberstufen-Kolleg : Begründung, Funktionsplan u. Rahmen-Flächenprogramm. Stuttgart: Klett.

Herring, S. C. (1996). Computer-mediated communication. Linguistic, social and cross-cultural perspectives. Amsterdam: Benjamins.

Hillebrand, A., Lange, B. P. (1996). Medienkompetenz als gesellschaftliche Aufgabe der Zukunft. In: Rein, a. a. O., S. 24-41.

Hirschauer, S. (1993). Dekonstruktion und Rekonstruktion. Plädoyer für die Erforschung des Bekannten. In Feministische Studien, 2, S. 55-67.

Höhn, K.-R., Block, R. (1997). Dysfunktionalreform: Überlegungen zu den hochschulpolitischen „Leitlinien" des Wissenschaftsministerium NRW. Verfügbar über: http://www.href.uni-essen.de/binnen/funkst/dys/dysfunk.htm.

Holznagel, B., Nienhaus, C. (2003). Telekommunikationsrecht. Studienbücher zur Rechtsinformatik (Herausgegeben von J. Taeger) Band 6. Oldenburg. Zugl.: CD-ROM Edition Rechtsinformatik (Herausgegeben von T. Dreier, B. Holznagel, J. Taeger).

Holznagel, B., Stenner, D. (2003). Rundfunkrecht. Studienbücher zur Rechtsinformatik (Herausgegeben von J. Taeger) Band 7. Oldenburg. Zugl.: CD-ROM Edition Rechtsinformatik (Herausgegeben von T. Dreier, B. Holznagel, J. Taeger).

Hoose, D., Vorholdt, D. (1996). Sicher sind wir wichtig – irgendwie? In: Freie und Hansestadt Hamburg Senatsamt für die Gleichstellung (Hrsg.): Eine Untersuchung zum Einfluß von Eltern auf das Berufswahlverhalten von Mädchen.

HRK (2001). Hochschulrektorenkonferenz, AG "Juristenausbildungsreform" der HRK. Abschlussbericht für das Präsidium der HRK. Zustimmend zur Kenntnis genommen vom 193. Plenum am 19./20. Februar 2001. Verfügbar über: http://www.hrk.de/beschluesse/1674.htm.

HRK (2003). Hochschulrektorenkonferenz: Entschließung des 199. Plenums vom 17.18.02.2003. Verfügbar über: http://www.hrk.de.

Humboldt, W.v. (1920). Der Königsberger und der Litauische Schulplan. In: ders.. Gesammelte Schriften, Berlin.

Jakobson, R. (1967). Selected writings. The Hague, Netherlands: Mouton.

Jelfs, A., Colbourn, C. (2002). Virtual seminars and their impact on the role of the teaching staff. In: Computers & Education. No. 38. S. 127-136.

Jelitto, Marc (2003). Digitale Medien in der Hochschullehre: Gender Mainstreaming & Evaluation. Forschungsbericht des Fachbereichs Elektrotechnik. FernUniversität in Hagen, Online-Publikation. 1/2003 http://www.ice-bachelor.fernunihagen.de/Forschung/forschungsbericht1_2003.pdf

Jobke-Westhöfer, D. (2003). EDV-Vertragsrecht. Studienbücher zur Rechtsinformatik (Herausgegeben von J. Taeger) Band 5. Oldenburg. Zugl.: CD-ROM Edition Rechtsinformatik (Herausgegeben von T. Dreier, B. Holznagel, J. Taeger).

Jonassen, David H., Mandl, Heinz (1990 Hrsg.). Designing Hypermedia for Learning. Berlin, Heidelberg, New York u.a.: Springer.

Jones, T., Clarke, V.A. (1995). Diversity as a determinant of attitudes: a possible explanation of the apparent advantage of single-sex settings. In: Journal of Educational Computing Research, Vol. 12, No. 2, S. 51-64.

Keil-Slawik, R. (2000). Rahmenbedingungen für den Einsatz von Multimedia in der Hochschullehre. Unveröffentlichtes Manuskript zur Tagung der FB 8 der GI. Bederkesa.

Kerres, Michael (1998). Multimediale und telemediale Lernumgebungen: Konzeption und Entwicklungen. München: Oldenbourg.

Kerres, Michael (2000). Potenziale des Lernens im Internet: Fiktion oder Wirklichkeit? In: Hoffmann, Hilmar (Hrsg.). Deutsch global. Neue Medien – Herausforderungen für die Deutsche Sprache?. Köln: DuMont, S. 170-195.

Kielholz, A. (1998). Jugendliche und Internet : Geschlechtsunterschiede in Nutzungsart, Nutzungsmotiven und Einstellung. Lizentiatsarbeit in Kinder- und Jugendpsychologie an der Universität Bern. Verfügbar über: http://visor.unibe.ch/~agnet/Gesamt.pdf.

Kilian, Wolfgang (1999). Ergänzungsstudiengang Rechtsinformatik, In: Computer und Recht. 15. Jg., H. 9, S. 599-601.

Kilian, Wolfgang (2001). Warum Rechtsinformatik? In: Computer und Recht. 17. Jg., H. 2, S. 132-135.

Kilian, Wolfgang (2003). Jahresbericht über den Ergänzungsstudiengang Rechtsinformatik, Hannover, Band 12 der Schriftenreihe „Wissenschaft und Praxis" des Instituts für Rechtsinformatik.

King, J., Bond, T., Blandford, S. (2002). An investigation of computer anxiety by gender and grade In: Computers in Human Behavior. No. 18, S. 69-84.

Kirkup, G. (1995). The importance of gender as a category in open and distance Learning. Conference on putting learner first: Learner-centered approaches in open and distance learning, UK, July.

Klüver, J. (1977). Struktur der Disziplin - Die Rolle der Fachsystematik bei der Entwicklung von Hochschulcurricula. Universität Hamburg.

Knobloch, Manfred (2001). Web-Design mit XML: Webseiten erstellen mit XML, XSL und Cascading Stylesheets / Manfred Knobloch; Matthias KoS. - 1. Aufl. - Heidelberg: dpunkt-Verl..

Konegen-Grenier, Christian (1997). 'Drei Fragen an Christiane Konegen-Grenier'. In UNI - Perspektiven für Beruf und Arbeitsmarkt 21/2, S. 4.

König, Mark Michael (1991). Das Computerprogramm im Recht. Rechtsfragen der Wirtschaft. Bd. 1. Köln, S. 71ff.

Kornwachs, K. (1997). Um wirklich Informatiker zu sein, genügt es nicht, Informatiker zu sein. In: Informatik-Spektrum, 20, S. 79-87.

Kosmoss, J. (2001). Der internationale Frauenstudiengang Informatik" an der Hochschule Bremen. Heft Nr. 23, Juni 2001 "Frauen machen sich breit" der GI-FG 8.01 Frauenarbeit und Informatik.

Kübler, H.-D. (1996). Kompetenz der Kompetenz der Kompetenz. Anmerkungen zur Lieblingsmetapher der Medienpädagogik. In: medien praktisch, 2, S. 11-15.

Laessoe, J., Rasmussen, L.B. (1989). Human-Centered Methods - Development of Computer-Aided work processes. Esprit-Projekt 1217 (1199). Human-Centered CIM-Systems, Deliverable R18. Institut for Samfundsfag, Danmarks Tekniske Hojskole.

Levine, T. (2002). Stability and change in curriculum evaluation. Studies in Educational Evaluation 28, S. 1-33.

Link, L., (2002). Die Bedeutung von Kommunikationsmedien und -formen in internetbasierten Fernlehrmodulen. In: Campus 2002 : Die virtuelle Hochschule in der Konsolidierungsphase. Münster: Waxmann, S. 408-416.

Marsh, H. W. (1986). The Self-Description Questionnaire (SDQ). A Theoretical and Empirical Basis for the Measurement of Multiple Dimensions of Preadolescent Self-Concept: A Test Manual and a Research Monograph. The University of Sidney, Australia.

Marsh, H. W. (1990). Causal Ordering of Academic Self-Concept on Academic Achievement: A Reanalysis of Newman (1984). In: Journal of Experimental Education, 56, S. 100-103.

Marsick, V., Kasl, E. (1997). Factors that affect the epistemology of group learning: A research-based analysis. In: 1997 AERC Proceedings. Verfügbar über: http://www.edst.educ.ubc.ca/aerc/1997/97marsick.htm.

Mayer, P., Seufert, S. (2002). Fachlexikon e-learning. Verfügbar über: http://www.managerseminare.de/msemi/1361524/frontend/elexikondaten.html?kat=2000&urlID=42016.

McDonald, S., Spencer, L. (2000). Gender Differences in Web Navigation; in Balka, E., Smith, R.: Women, Work and Computerization - Charting a Course to the Future; Kluwer Academic Publishers.

Messmer, R., Schinzel, B., Zimmer, Ch. (2001): Mädchen im Internet; empirische Studie am Institut Frau und Technik; unveröffentlichtes Manuskript.

Metz-Göckel, Sigrid (1996). Konzentration auf Frauen - Entdramatisierung von Geschlechterdifferenzen : Zur feministischen Koedukationskritik. In: Beiträge zur feministischen Theorie und Praxis. 19. Jg., Heft 43/44, S. 13-30.

Miller, M. (2003). Who Conducts a Discourse? A Reply to my Commentators. Verfügbar über: http://www.sozialwiss.uni-hamburg.de/Isoz/isoz/miller/miller/Replik.pdf.

Mittelstrass, Jürgen (1996). Stichwort Interdisziplinarität. Basler Schriften zur europäischen Integration. Nr. 22. Basel: Europainstitut.

Mittelstrass, Jürgen (1996). Vom Elend der Hochschuldidaktik. In: Brinek, G. & Schirlbauer, A. (Hrsg.) Vom Sinn und Unsinn der Hochschuldidaktik. Wien: WUV, S. 59-76.

MMJA (o.J.). State of the Art. Verfügbar über: http://www.mmja.euv-ffo.de/State_of_the_Art/state_of_the_art.html.

Möhlenbrock, R. (1979). Modellbildung und didaktische Transformation. Grundzüge und exemplarische Anwendung eines modelltheoretisch orientierten Transformationskonzeptes. Diss. phil. Universität Hamburg.

Moss, C. M., Shank, G. (2002). Using Qualitative Processes in Computer Technology Research on Online Learning: Lessons in Change from „Teaching as Intentional Learning". Forum Qualitative, *3*(2). http://www.qualitative-research.net/fqs/fqs-eng.htm.

Müller, Anselm; Knirsch, Susanne; Nett, Bernhard; Remmele, Bernd; Röhr, Frank; Stingl, Benjamin; Walloschke, Tanja (2003). Zwischenstand der Evaluation. In: Schinzel, B. (Hrsg.): Ausgewählte Studien der Begleitforschung zum Projekt Rechtsinformatik Online. IIG-Berichte 1/03. Verfügbar über: http://mod.iig.uni-freiburg.de/publikationen/rion2003.pdf

Müller, D. (1997). Didaktische Dimensionen hypermedialer Simulation. In: Projektgruppe HYSIM: Abschlußbericht zum Modellversuch „Hypermediagestützte Simulationssysteme für berufliche Schulen (HYSIM)". Bremen, S. 21-96. Verfügbar über: http://www.artec.uni-bremen.de/field1/Hysim/hysim-abschlussbericht.pdf.

Müller-Hengstenberg, Claus (1994). Computersoftware ist keine Sache. In: Neue Juristische Wochenschrift. 48/1994, S. 3128-3134.

Münz, Stefan: Selfhtml: Verfügbar über: http://selfhtml.teamone.de/xml/darstellung/xslgrundlagen.htm

Nake, F., Rolf, A., Siefkes, D. (2002). Zugänge zu einer Theorie der Informatik : Zum kritischen Selbstverständnis einer Disziplin. Verfügbar über: http://tal.cs.tu-berlin.de/siefkes/Hersfeld/Zugaenge.pdf.

Neuweg, Georg-Hans (1999). Könnerschaft und implizites Wissen. Zur lehrlerntheoretischen Bedeutung der Erkenntnis- und Wissenstheorie Michael Polanyis. Münster: Waxmann.

Nienaber, Ingo und Gorny, Peter (2001). Projektbericht: Vergleich einiger Lernplattformen zwecks Einführung für die Projekte: „eL3 – eLernen und eLehren in der Lehrer-Aus- und Weiterbildung und RION – Rechtsinformatik online", Oldenburg,

Nitzschke, B. (1988). Sexualität und Männlichkeit. Zwischen Symbiosewunsch und Gewalt, Reinbeck.

NMB-Förderausschreibung. Verfügbar über: http://www.pt-dlr.de/PT-DLR/nmb.

Oechtering, V., Vosseberg, K. (1999). Informatica Feminale - Sommeruniversität für Frauen in der Informatik. Aktivierungspotentiale für frauengerechte Studienreformen und Weiterbildung. Erscheint in: BMBF (Hrsg.): Frauenstudiengänge in Ingenieurwissenschaften und Informatik. Chancen für die Zukunft. Konferenz am 14. und 15. 12. 1999 in Bonn.

Ohler, P. & Nieding, G. (1997). Kognitive Modellierung der Textverarbeitung und der Informationssuche, In: Batinic, B. (Hrsg.). Internet für Psychologen. Göttingen: Hogrefe, S. 219-239.

Otto, G. (1985). Medien der Erziehung und des Unterrichts. In: Enzyklopädie Erziehungswissenschaft, 4. Bd., Stuttgart, S. 74-107.

Pajares, F., Graham, L. (1999): Self-efficiancy, motivation construct, and mathematics performance of entering middle school students. In: Contemporary Educational Psychology, 24, S. 124-139.

Palinscar, A. S., Brown, A. L. (1984). Reciprocal teaching of comprehension - fostering and comprehension - monitoring activities. Cognition and instruction. No. 1, S. 117-175.

Pawson, Dave (2002). XSL-FO: [Making XML look good in print]. 1. ed.. – Beijing; Cambridge; Farnham; Köln; Paris; Sebastopol; Taipei; Tokio: O'Reilly.

Peirce, C.S. (1955). Philosophical writings of Peirce. New York: Dover.

Peterson, P. L., Fennema, E. (1985). Effective teaching, student engagement in classroom activities, and sex-related differences in learning mathematics. In: American Educational Research Journal, 22 (3), S. 309-335.

Pflüger, J., Schurz, R. (1987). Der Maschinelle Charakter. Opladen.

Piaget, J. (1954). The construction of reality in the child. New York: Ballantine Books.

Pohlmann, A. (2002). Zukunftsaufgabe Gender Mainstreaming In: Begleitprojekt Gender Mainstreaming im BMBF-Programm Neue Medien in der Bildung. Dokumentation WORKSHOP Gender Mainstreaming in der beruflichen Bildung: Anforderungen an Medienpädagogik und Medienentwicklung 29. Mai 2002 in Berlin, S. 6-12.

Polanyi, M. (1985). Implizites Wissen. Frankfurt: Suhrkamp.

Raabe, Oliver (2003). Der Einsatz netzbasierter Lernmaterialien in der juristischen Ausbildung am Beispieleiner Vorlesung im Internetrecht. In: JurPC Web-Dok. 30/2003. Verfügbar über: http://www.jurpc.de/aufsatz/20030030.htm.

Rautenstrauch, C. (2001). Tele-Tutoren: Qualifizierungsmerkmale einer neu entstehenden Profession. Bielefeld: Bertelsmann.

Renkl, A. (1997). Lernen durch Lehren - Zentrale Wirkmechanismen beim kooperativen Lernen. Wiesbaden: Deutscher Universitätsverlag.

Ritter, M. (1996). „Aber ich bin keine Emanze!". Die Bedeutung des Computers für die Identitätsbildung bei adoleszenten Mädchen. In: Feministische Studien, 1; S. 66-75.

Roloff, Christine (2001). Evaluation und Frauenförderung. Beitrag zur 6. Österreichischen Wissenschaftlerinnentagung „Frauenförderung = Hochschulreform", 28.2.- 2.3. 2001 in Graz.

Ruiz Ben, E. (2000). "Subjective value and Expectation of Success on Computer Use and the Intention of choosing Computer Science as Profession among secondary students in Spain: The Role of Parents' and Teachers' support." Proceedings of the 7th Workshop on Achievement and Task Motivation, University of Leuven.

Ruiz Ben, E. (2000). "The Gender-gap in Secondary Students' Computing Subjective Value and Expectation of Success in private and public schools in Spain". In: Proceedings of the RC04 Mid-Term Conference on Outcomes and Governance of Schooling. Groningen - The Netherlands (5-7 July).

Ruiz Ben, E. (2000). La valoración y Expectativas de los alumnos y las alumnas de enseñanza secundaria hacia el uso de ordenadores, in: Proceedings VI Jornadas sobre la Enseñanza Universitaria de la Informática (25-26 Septiembre), Universidad de Alcalá de Henares.

Sacher, W. (1990). Computer und die Krise des Lernens. Eine pädagogisch-anthropologische Untersuchung zur Zukunft des Lernens in der Informationsgesellschaft. Bad Heilbrunn: Klinkhardt, S. 59-110.

Schefe, Peter (1999). Softwaretechnik und Erkenntnistheorie. In: Informatik Spektrum. 22(2), S. 122-135.

Scheja, G. (2003). Einführung in das Datenschutzrecht. Studienbücher zur Rechtsinformatik (Herausgegeben von J. Taeger) Band 3. Oldenburg. Zugl.: CD-ROM Edition Rechtsinformatik (Herausgegeben von T. Dreier, B. Holznagel, J. Taeger) CD 3.

Schelhowe, H. (1998). Anwenden - Verstehen – Gestalten: Informatische Bildung in der Informationsgesellschaft. In: Winker, G., Oechtering, V. (Hg.): Computernetze - Frauenplätze. Frauen in der Informationsgesellschaft, Opladen, S. 99-113.

Schelhowe, Heidi (1999). Interaktivität der Technologie als Herausforderung an Bildung. Zur Gender-Frage in der Informationsgesellschaft. In: Forschungsinstitut für Arbeiterbildung, Recklinghausen (Hrsg.). Jahrbuch Arbeit, Bildung, Kultur. Bd. 17. S. 49-55.

Schinzel, B. (1999). Informatik, vergeschlechtlicht durch Kultur und Strukturen, ihrerseits verschlechtlichend durch die Gestaltung ihrer Artefakte. In: Janshen, D. (Hg.): Frauen und Wissenschaft, Weinheim, S. 61-81.

Schinzel, B. Zimmer, Ch., Messmer, R. (2001). Mädchen im Internet; empirische Studie am Institut Frau und Technik; unveröffentlichtes Manuskript.

Schinzel, B., Ruiz Ben, E. (2002). Gendersensitive Gestaltung von Lernmedien und Mediendidaktik: von den Ursachen für ihre Notwendigkeit zu konkreten Checklisten.Verfügbar über: http://mod.iig.uni-freiburg.de/users/schinzel/publikationen/Info+Gesell/PS/BM BFGenderNM.pdf.

Schinzel, Britta (2001). Wissenschaftstheoretische Aspekte der Informatik; Verfügbar über: http://mod.iig.uni-freiburg.de/lehre/SoSe2001/wissen5.pdf.

Schinzel, Britta (2002). Cultural differences of female enrollment in tertiary education in Computer Science. In: Brunnstein, K., Berleur, J. (Hrsg.). Human Choice and Computers. Boston e.a.: Kluwer, S. 283-292.

Schinzel, Britta (2003) Gendersensitive Ansätze für Lehre und Lernen mit Neuen Medien In: Schinzel, B. (Hrsg.): RION Ausgewählte Studien der Begleitforschung zum Projekt Rechtsinformatik Online. IIG-Berichte 2003, Nr.: 1/00

Schinzel, Britta, Parpart, Nadja; Westermayer, Till (1999). Informatik und Geschlechterdifferenz. Tübinger Studientexte Informatik und Gesellschaft. Verfügbar über:
http://www.wisspro.de/iug_site/themen/gender/beitraege/studientext_gender.pdf

Schmitz, Sigrid, Schinzel, Britta (2002). GERDA: A brain research information system for reviewing and deconstructing gender differences. In: Pasero, Ursula Gottburgsen, Anja (Hrsg). Wie natürlich ist Geschlecht? Gender und die Konstruktion von Natur und Technik. Wiesbaden: Westdeutscher Verlag, S. 126-139.

Schulmeister, R. (1996). Grundlagen hypermedialer Lernsysteme. Bonn/Paris: Addison-Wesley.

Schulmeister, R. (2000). Gutachten für das BM:BWK: Selektions- und Entscheidungskriterien für die Auswahl von Lernplattformen und Autorenwerkzeugen. Verfügbar über: http://www.izhd.uni-hamburg.de/pdfs/Plattformen.pdf.

Schulmeister, R. (2001) Szenarien netzbasierten Lernens. In: Wagner, E. & Kindt, M. (Hrsgg.) Virtueller Campus. Szenarien – Strategien – Studium. Münster: Waxmann, S. 16-38.

Schütte, W. (1982). Die Einübung des juristischen Denkens : Juristenausbildung als Sozialisationsprozess. Frankfurt: Campus.

Schütte, Wilfried (2003). Diskursstrukturen in fachlichen Mailinglisten : Zwischen Einwegkommunikation und Interaktion. Beitrag für die AG „Text - und Diskursstrukturen in der internetbasierten Wissenskommunikation" 25. DGfS-Jahrestagung in München. Verfügbar über: http://www.hrz.uni-dortmund.de/~hytex/storrer/dgfs/schuette/vortrag.pdf.

Schwabe, G., Filk, C., Valerius, M. (2001). Warum Kooperation neu erfinden? - Zum Beitrag der CSCW-Forschung für das kollaborative e-learning. In: Buhl, H. U., Huther, A., Reitwiesner, B. (Hrsg.). Information Age Economy. Physika: Heidelberg, S. 381-394.

Searle, John (1994). Geist, Gehirn und Programm. In: Zimmerli, W.C., Wolf, S.. Künstliche Intelligenz. Stuttgart: Reclam, S. 232-265.

Seel, Norbert M. (2000). Psychologie des Lernens. München: Ernst Reinhardt.

Shank, Gary (1993). Abductive Multiloguing : The Semiotic Dynamics Of Navigating The Net. In: The Arachnet Electronic Journal on Virtual Culture. March 22, 1993. Volume 1, Issue 1. Verfügbar über: http://www.infomotions.com/serials/aejvc/aejvc-v1n01-shank-abductive.txt.

Siann, G., MacLeod, H., Glissov, P., Durndell, A. (1990). The Effect of Computer Use on Gender Differences in Attitudes to Computers. In: Computers and Education, Vol. 14, 2, S. 183-191.

Sinhart-Pallin, D. (1990). Die technik-zentrierte Persönlichkeit, Weinheim.

Slavin, R.E. (1995). Cooperative learning: Theory, research and practice. Boston: MA: Allyn and Bacon.

Sommerkorn, I. (1998). Zur Einführung - Beeinflußt die Schule das Technik(des)interesse von Mädchen und Jungen? - Alltagserlebnisse und wissenschaftliche Ergebnisse. In: Colloquium zu Fragen der Frauenforschung am IZHD, Hamburg.

Spiro, R.J., Coulson, R.L., Feltovich, P.J., Anderson, D.K. (1988). Cognitive flexibility theory: Advanced knowledge acquisition in ill-structured domains (Tech. Rep. No. 441). Champaign: University of Illinois at Urbana-Champaign, Center for the Study of Reading.

Spiro, R.J., Feltovich, P., Jacobson, M., Coulson, R., (1992). Cognitive Flexibility, Constructivism and Hypertext: Random Access Instruction for Advanced Knowledge Acquisition in ill-structured Domains. In: Duffy, T.M., Jonassen, D.H. (Hrsg.). Constructivism and the technology of Instruction: a conversation. Lawrence Erlbaum. Hillsdale, S. 57-75.

Stachowiak, H. (1973). Allgemeine Modelltheorie. Wien / New York: Springer.

Stachowiak, H. (Hrsg) (1983). Modelle – Konstruktion der Wirklichkeit. München: Fink.

Stachowiak, H. (Hrsg.) (1980). Modell und Modelldenken im Unterricht: Anwendungen der Allgemeinen Modelltheorie auf die Unterrichtspraxis. Bad Heilbrunn/Obb: Klinkhardt.

Stekeler-Weithofer, Pirmin (1995). Schema, Form und Urteilskraft, Zur Dialektik von Rationalität und Vernunft. In: Demmerling, Ch., Gabriel G., Rentsch, T. (Hrsg.). Vernunft und Lebenspraxis, Philosophische Studien zu den Bedingungen einer rationalen Kultur, Für Friedrich Kambartel. Frankfurt: Suhrkamp, S. 52-78.

Stelzer, Dirk (1998). Möglichkeiten und Grenzen des Prozessorientierten Software-Qualitätsmanagements. Verfügbar über: http://www.wirtschaft.tu-ilmenau.de/deutsch/institute/wi/wi3/infothek/documents/habil_st.pdf.

Taeger, J., Goldmann, E., Linkhorst, A. und W. Seiler (2003) Internetrecht. Studienbücher zur Rechtsinformatik (Herausgegeben von J. Taeger) Band 1. Oldenburg. Zugl.: CD-ROM Edition Rechtsinformatik (Herausgegeben von T. Dreier, B. Holznagel, J. Taeger) CD 1.

teme: Ergebnisse einer empirischen Studie – Marktüberblick und Auswahlempfehlungen. In: Bachmann, G., Haefeli, O., Kindt, M. (Hrsg). Campus 2002: Die Virtuelle Hochschule in der Konsolidierungsphase. Münster: Waxmann, S. 287-296.

Theunert, H. (1999): Medienkompetenz: eine pädagogisch und altersspezifisch zu fassende Handlungs-dimension. In: *Schell* et al., a. a. O., S. 50-59.

Theunert, H., Schorb, B. (1992): Zur pädagogischen Arbeit mit Computern. In: Bundesministerium für Bildung und Wissenschaft (Hrsg.), Mädchen und Computer.

Thevar, M. Suriya, Schinzel, Britta (2002). Gender based digital divide in the web related occupations in the universities: a cross country study. Publication in the 12th International conference of women engineers and scientists (ICWES12) in Ottawa July, S 27-31.

Thimm, C. (Hg.) (2000). Soziales im Netz. Sprache, Beziehungen und Kommunikationskulturen im Internet, Opladen/Wiesbaden.

Turkle, S. (1997). Seeing Through Computers. Education in a Culture of Simulation. In: The American Prospect, No. 31, March-April, S. 76-82.

Turkle, S. (1998). Leben im Netz. Identitäten in Zeiten des Internet, Reinbek.

Urhahne, D., Prenzel, M., von Davier, M., Senkbeil, M. & M. Bleschke (2000). Computereinsatz im naturwissenschaftlichen Unterricht – Ein Überblick über die pädagogisch-psychologischen Grundlagen und ihre Anwendung. Zeitschrift für Didaktik der Naturwissenschaften; Jg.6, S. 157-186.

Van der Vlist, Eric (2003). XML Schema: [XML-Daten modellieren] [Übers. und dt. Bearb.: Gisbert W Selke]. – Dt. Ausg. 1. Aufl.. – Beijing; Cambridge e.a..: O'Reilly.

Van Eimeren, B., Ridder, C.-M. (2001). Trends in der Nutzung und Bewertung der Medien 1970 bis 2000. In: Media Perspektiven. No. 11, S. 538-553.

Vassilaki, I., Martens, S. (2003). Computer- und Internet-Strafrecht. Studienbücher zur Rechtsinformatik (Herausgegeben von J. Taeger) Band 4. Oldenburg. Zugl.: CD-ROM Edition Rechtsinformatik (Herausgegeben von T. Dreier, B. Holznagel, J. Taeger) CD 4.

Volmerg, B., Creutz, A., Reinhardt, M., Eiselen, T. (1996). Ohne Jungs ganz anders? Geschlechterdifferenz und Lehrerrolle am Beispiel eines Schulversuchs. Bielefeld.

Walloschke, T., Remmele, B. (2003). Interpretation of the statutory law as a computerized decision model. In: E-Society 2003. Proceedings of IADIS International Conference, Lissabon, S. 1030-31.

Walloschke, Tanja (2002). Einführung ins Urheberrecht. Verfügbar über: http://mod.iig.uni-freiburg.de/lehre/WS2002/rechtsfragen_des_internet/index.htm.

Webb, N. (1989). Peer interaction and learning in small groups. In: International Journal of Educational Research. Vol. 13, S. 21-40.

Weingart, P. (1987). Interdisziplinarität als List der Institution. In: Kocka, J. (Hrsg.). Interdisziplinarität : Praxis-Herausforderung-Ideologie. Frankfurt: Suhrkamp, S. 159-166.

Wenger, E. (1998). Communities of Practice. Learning, Meaning and Identity. Cambridge University Press.

Wetterer, Angelika (2002). Strategien rhetorischer Modernisierung : Gender Mainstreaming, Managing Diversity und die Professionalisierung der Gender-Expertinnen. In: Frank, Brigitte. Positionen 25: Von der Frauenförderung zum Gender Mainstreaming. Verband Baden-Württembergischer Wissenschaftlerinnen. S. 6-29.

Wiesner, H. (2001). Virtuelles Lernen: Eine Befragung von DozentInnen. In: FifF-KO 1/2001

Wigfield, A., Eccles, J. S., Yoon, K. S., Harold, R. D., Arbreton, A., Freedman-Doan, K., Blumenfeld, P. C. (1997). Changes in children's competence beliefs and subjective task values across the elementary school years: A three-year study. In: Journal of Educational *Skaalvik*, E.M./y

Winkler, Hartmut (1993). Diskurs und System 3: Über Lorenz, Galton und Freuds Begriff der Verdichtung. Verfügbar über:
http://www.uni-paderborn.de/~winkler/disksys3.html.

Winkler, Hartmut (2002). Das Modell : Diskurse, Aufschreibesysteme, Technik, Monumente - Entwurf für eine Theorie kultureller Kontinuierung. In: Pompe, Hedwig, Scholz, Leander (Hrsg.). Archivprozesse. Die Kommunikation der Aufbewahrung. Köln, S. 297-315. Verfügbar über:
http://www.uni-paderborn.de/~winkler/modell_d.html.

Wolter, Andrä (1999). Die Transformation der deutschen Universität : historische Erbschaft und aktuelle Herausforderungen. In: Bildung und Gesellschaft im Wandel. Oldenburg, S. 21–60. Verfügbar über: http://docserver.bis.uni-oldenburg.de/publikationen/bisverlag/2000/schbil99/pdf/wolter.pdf.

World Wide Web Consortium (W3C). Verfügbar über: :http://www.w3c.org, http://www.edition-w3c.de (kleinere deutsche Ausgabe)

Wottawa, H., Thierau, H. (1990). Lehrbuch Evaluation. Bern, Stuttgart, Toronto.

Wygotski, L.S. (1974). Denken und Sprechen. Stuttgart: Fischer.

MIX
Papier aus verantwortungsvollen Quellen
Paper from responsible sources
FSC® C105338

If you have any concerns about our products,
you can contact us on
ProductSafety@springernature.com

In case Publisher is established outside the EU,
the EU authorized representative is:
**Springer Nature Customer Service Center GmbH
Europaplatz 3, 69115 Heidelberg, Germany**

Printed by Libri Plureos GmbH
in Hamburg, Germany